서비스 러닝의 이론과 실제

저자 소개

이크발 아흐마드(Iqbal Ahmad)

파키스탄 말라칸드 대학교(University of Malakand)의 교육학과 학과장이다. 말레이시아 기술대학교(Universiti Teknologi Malaysia)에서 교육 경영 및 교육 행정학 박사 학위를, 호주 가톨릭대학교(Australian Catholic University)에서 교육 리더십 석사 학위를 받았다. 그의 연구 결과는 국내외 저명한 학술지에 다수 게재되었다. 그는 대학원생을 대상으로 교육 관리, 연구, 교육학 과정을 가르치고 있다.

라니 굴(Rani Gul)

파키스탄 말라칸드 대학교 교육학과 조교수이다. 그는 지난 13년 동안 교육 분야에 종사해 왔다. 다양한 학술 및 행정 직책을 역임했으며 국내 및 국제 수준에서 방대한 교수·학습 경험을 보유하고 있다. 그의 연구는 교육 심리학, 언어학, 커리큘럼, 교육학, 교사 교육, 과학 교육 등 다양한 영역을 아우르는 광범위한 주제에 걸쳐 있다. 그는 사립 및 공립대학의 학부와 대학원 수준에서 교육 및 감독 활동을 해왔다.

서비스 러닝의 이론과 실제

Service-Learning
Theory and Practice

서비스 러닝의 이론과 실제

발행일 1판 1쇄 2024년 5월 31일

지은이 이크발 아흐마드(Iqbal Ahmad)·라니 굴(Rani Gul)
옮긴이 추병완·이범웅

펴낸이 박영호
기획팀 송인성, 김선명
편집팀 박우진, 김영주, 김정아, 최미라, 전혜련, 박미나
관리팀 임선희, 정철호, 김성언, 권주련

펴낸곳 (주)도서출판 하우
주소 서울시 중랑구 망우로68길 48
전화 (02)922-7090
팩스 (02)922-7092
홈페이지 http://www.hawoo.co.kr
e-mail hawoo@hawoo.co.kr
등록번호 제2016-000017호

ISBN 979-11-6748-140-5 93370

값 21,000원

서비스 러닝의 이론과 실제

Service-Learning
Theory and Practice

이크발 아흐마드 · 라니 굴 지음
추병완 · 이범웅 옮김

도서
출판

이 책은 서비스 러닝 접근법의 주요 개념, 원칙 및 적용 사례를 다룬다. 서비스 러닝은 시민 참여를 통해 학생의 학업, 개인, 리더십, 시민성 및 전문성 개발을 향상하기 위한 지역사회 기반 교육 접근법이다. 다른 전통적인 교육 접근법과 달리, 서비스 러닝을 하는 학생들은 교실에서 배운 지식과 기술을 지역사회 조직 및 주민들과 협력하여 실제 상황에서 사용할 수 있다.

이 책은 다양한 맥락에서 서비스 러닝이 어떻게 이해되고, 실행되고, 평가되는지에 대한 이론, 연구, 사례를 탐구한다. 이 책은 서비스 러닝의 원칙, 철학적 과제, 기회 및 적용에 대한 광범위한 논의를 통해 교육 기관에서 서비스 러닝을 구현하고 통합하는 데 필수적인 지침을 제공한다. 이 책에서 주요 주제는 다음과 같다.

- 서비스 러닝 이론
- 서비스 러닝의 개념

- 서비스 러닝에 대한 도전 과제
- 서비스 러닝의 적용
- 전문성 개발로서의 서비스 러닝
- 커뮤니케이션으로서의 서비스 러닝

독자들이 이해하기 쉽게 집필된 이 책은 교수법, 교육학, 사회학, 사회사업 분야에서 일하는 교수, 학생, 지역사회 조직, 연구자들이 관심을 가질 만한 책이다.

감 사 의 글

무엇보다도 연구를 성공적으로 마칠 수 있도록 연구 작업 내내 축복의 소나기를 내려주신 전능하신 하나님께 찬양과 감사를 드린다. 책을 쓴다는 것은 협업의 과정이며, 이 프로젝트가 가능하도록 도와주신 많은 분에게 감사드린다. 집필 과정 내내 변함없는 지지와 격려로 동기를 부여한 가족들에게도 진심으로 감사의 마음을 전한다. 그들의 사랑과 배려는 이 책의 토대가 되었다.

편집자들은 이 책을 완성하는 데 중요한 역할을 했으며, 그들의 지도와 전문 지식에 감사를 표한다. 그들의 통찰력과 제안은 이 책이 최종적인 형태로 완성되는 데 큰 도움이 되었으며, 그들의 파트너십과 협업이 없었다면 이 책을 완성할 수 없었을 것이다.

열정과 참여로 끊임없는 영감의 원천이 되어주신 독자 여러분께 감사의 말씀을 드린다. 독자들의 피드백과 격려 덕분에 당면한 과제에 집중할 수 있었으며, 독자들의 관심을 받게 되어 영광이다.

서비스 러닝의 이론과 실제

마지막으로 이 책을 완성하는 데 직간접적으로 도움을 주신 모든 분에게 감사의 말씀을 전한다.

차
례

(1장)

서비스
러닝의
개념화

20

**교육학으로서의
서비스
러닝**

**서비스 러닝과
다양성
태도**

4장

**서비스
러닝과
성찰**

5장

**서비스
러닝의
평가**

6장

**서비스 러닝과
적극적
시민성**

7장

**서비스 러닝
및
기술**

8장

**변혁적
교수법으로서의
서비스
러닝**

9장

**시민교육으로서의
서비스
러닝**

**서비스
러닝
이론**

190

**서비스
러닝
모델**

222

12장

**서비스
러닝과
직업교육**

13장

**서비스 러닝
실행에 영향을
미치는 요인**

결론 및 제언

1장

서비스 러닝의 개념화

서비스
러닝의
개념화

서비스 러닝은 교육 방법이다. 지난 수십 년 동안 전 세계적으로 급속도로 인기를 얻고 있다. 그러나 그런 사실에도 불구하고 현재 문헌에는 서비스 러닝의 본질, 개념, 정의에 관해 모호한 부분이 많다. 서비스 러닝에 관한 수많은 문헌이 존재한다. 그러나 권위 있는 개념 정의의 측면에서 볼 때 파편화되고, 체계적이지 못하다. 현재 서비스 러닝에 관한 문헌의 가장 큰 공백 중 하나는 기존의 개념 정의가 서비스 러닝의 성격, 목적, 범위에 따라 분류되지 않았다는 점이다. 서비스 러닝은 체험 교육 분야에서 하나의 운동이자 혁명이라고 불리지만 권위 있는 개념적 명료성이 부족하다. 이러한 상황으로 인해 학자들은 교수·학습 방법론으로서 서비스 러닝의 진정한 본질에 대해 당혹스러워하고 있다. 지금까지 가장 큰 논쟁은 서비스 러닝의 본질과 정의에 관한 것이었다.

현행 문헌의 두 번째 공백은 지역사회 기반 활동의 유형이 다양하다는 점이다. 각 유형에는 고유한 구조와 성격, 정의가 있다. 그렇지만 학자들은 서비스 러닝이 박애 봉사(philanthropic service), 자선 봉사(charity service), 지역사회 봉사(community service) 등과 같은 다른 지역사회 기반 봉사 활동과 어떻게 다른지 서로 명확하게 구분하지 못하고 있다. 따라서 학생, 학자, 교육 지도자들은 이러한 상황에 대해 혼란스럽고 당황한 표정을 짓는다. 학자들은 서비스 러닝의 개념적 폭과 깊이, 범위에 대해 아직 명확하지 않다. 이러한 혼란은 서비스 러닝의 본질, 의미, 구조에 대해 학자들 사이에서 더 많이 발견된다. 다른 한편으로, 서비스 러닝의 이점과 관련된 문헌은 충분히 존재하지만, 현재의 문헌은 서비스 러닝이라는 용어에 대한 하나의 명확한 정의를 제공하지 않는다. 이러한 혼란을 해결하기 위해 이 장의 첫 번째 목적은 서비스 러닝에 대한 다양한 이해와 정의를 분류하고 그 범위를 규정하는 것이다. 이것은 연구자와 실무자가 서비스 러닝의 진정한 본질과 변혁적인 교육 교수법으로서의 범위를 파악하는 데 도움이 될 것이다. 즉, 서비스 러닝과 다른 지역사회 봉사 활동의 주요 차이점은 서비스 러닝은 학생들이 한편으로는 지역사회 봉사에 참여하고, 다른 한편으로는 교과목 교육과정을 준비하는 교과목 기반 학문적 접근법이라는 사실이다. 서비스 러닝은 성찰(reflection)을 주요 요소로 포함하므로, 단순히 지역사회 관련 요구 사항을 충족하는 데 초점을 맞춘 다른 지역사회 기반 봉사 활동과 차별화된다. 지역사회 기반 봉사 활동에는 교육과정 요구에 근거한 성찰이나 교과목 준비의 측면이 없다. 지역사회 기반 활동에서 참가자들은 봉사 활동 중 성찰을 할 필요가 없다. 그러므로 서비스 러닝의 이러한 성찰 측면은 사회적으로 주도되고, 자발적으로 이루어지는 다른 지역사회 봉사와 차별화된다.

1965년 중반에 본격적으로 시작된 서비스 러닝은 학습자의 사회적·도덕적·정치적·시민적·지적·인성 발달 등과 같은 많은 기대로 인해 학계에서 급속히 인기를 얻었다. 더욱 흥미로운 것은 현재 서비스 러닝이 매우 효과적인 시민 교육학(civic pedagogy)으로 인식되고 있다는 점이다(Billig, 2012; Felten & Clayton, 2011). 서비스 러닝의 진정한 본질은 모든 수준의 교육 기관이 시민성 교육(citizenship education)의 오랜 목표를 달성할 수 있도록 하는 서비스 러닝의 힘에 있다. 전통적인 교육 방법론은 교사나 책에 의한 교실에서의 전달을 통한 지식의 이론적 확장을 강조한다(Bruce-Davis & Chancey, 2012). 이러한 교육 철학은 현재 빠르게 변화하는 사람들의 요구에 대응하기에는 비효율적인 것으로 보인다. 이러한 상황은 교육에 대한 이론과 실천의 간극을 만들어 냈다. 서비스 러닝은 진정한 관점에서 지식과 그 적용의 간극을 메울 수 있는 잠재력을 갖는다. 따라서 이 장의 두 번째 목적은 서비스 러닝의 다양한 모델, 유형, 평가 및 몇 가지 도전적인 과제를 더 간단한 방식으로 분석하고 논의하는 것이다. 이를 통해 독자들은 다양한 관점에서 서비스 러닝의 이론과 실천의 본질을 더 넓고 깊게 이해할 수 있을 것이다. 한 가지 그릇된 생각은 수많은 연구가 교육학, 철학, 전략, 경험, 접근법, 방법 등 다양한 형태로 서비스 러닝을 제시했다는 것이다.

그러나 이는 독자들에게 서비스 러닝의 진정한 본질에 대해 혼란을 주었고, 이러한 연구들조차도 서비스 러닝의 개념을 명확히 설명하는 데 거의 또는 불충분한 합리화를 제공했다. 이 장에서는 여러 학자와 연구자들이 제공한 다양한 정의와 이해에 비추어 서비스 러닝의 진정한 본질에 대해 별도로 논의한다. 이를 통해 독자들은 다양한 관점에서 서비

서비스 러닝의 이론과 실제

스 러닝이라는 개념을 더욱 폭넓게 이해할 수 있을 것이다.

교육학으로서의 서비스 러닝

서비스 러닝은 현재 인기 있는 교육학이 되었다(Metcalf, 2010). 그러나 이러한 사실에도 불구하고 서비스 러닝의 진정한 본질, 의미, 범위에 대해서는 학자들 간에 약간의 차이가 있다(Cruz & Giles, 2000; Novak, 2010). 서비스 러닝에는 여러 가지 의미가 있다. 기존 문헌에서는 서비스 러닝을 교육학, 전략, 접근법, 경험, 교육 방법 등으로 설명했다(Lopez & Tsai, 2012; Redman & Clark, 2002). 기존 문헌에는 서비스 러닝에 대한 다양한 정의가 존재한다. 이러한 상황은 서비스 러닝과 사회사업, 지역사회 사업, 자원봉사 활동과 같은 다른 봉사 활동들을 구분하는 것을 더욱 어렵게 만들었다.

많은 사람이 서비스 러닝을 이 모든 용어와 혼동하는 경우가 많다. 서비스 러닝은 이 중 어느 것도 아니다. 서비스 러닝은 교실에서의 학습과 지역사회에 대한 봉사를 연결하는 교수·학습 방법이다(Ottenritter, 2004). 일부 연구에서는 서비스 러닝을 교육 운동(educational movement)으로 정의하기도 했다. 예를 들어, 아마드와 그 동료(Ahmad et al., 2022), 실콕스와 리크(Silcox & Leek, 1997)는 서비스 러닝을 지역사회에서 공동체를 형성하는 운동으로 정의했다. 또 다른 연구에서 스탠튼과 그 동료(Stanton et al., 1999)는 서비스 러닝을 의식적인 교육적 성장과 관련하여 인간의 진정한 요구 사항을 충족시키는 것을 목표로 하는 과제를 성취하는 것으로 정의했다. 이 두 가지 정의는 서비스 러닝의 진정한 본질에 대한 학자들 간의 큰 차이를 보여준다. 서비스 러닝은 지역사회에 대한 봉사뿐만 아니라 학생들의 삶의 기술을 개발하는 것을 목표로 삼는다 (Sigmon, 1974). 따라서 서비스 러닝의 주요 초점은 학생들의 학문적 발달과 지역사회에 대한 봉사에 있다(Bringle & Hatcher, 2009). 이는 교육 방법으로서 서비스 러닝의 호혜적 특성을 보여준다. 서비스 러닝은 봉사하는 사람과 봉사를 받는 사람 모두에게 이익이 된다(Zhou et al., 2022; Butin, 2006). 하지만 문제는 아직 서비스 러닝의 정확한 의미에 대해 학자들 사이에 합의가 이루어지지 않고 있다는 사실이다.

서비스 러닝에 대한 기존의 정의는 학자들과 실무자들이 서비스 러닝이 지속 가능한 교육 프로그램이라는 주장에 대해 깊이 인식하도록 만들었다. 현재 문헌에서 이러한 격차에 대한 필연적 결과로서 이 장에서는 기존 문헌을 광범위하게 살펴봄으로써 서비스 러닝에 대한 다양한 이해를 탐구하고, 서비스 러닝에 대한 명확한 개념화를 시도한다. 다양한 정의들을 한데 모아 그 공통점을 탐색함으로써 서비스 러닝의 개념이 명확하게 드러날 수 있도록 하는 것이 이 장의 주된 목적이다. 이를 통해 궁극적으로 독자들이 서비스 러닝이 무엇인지, 그 목표와 특성은 무엇인지, 다른 분야와의 관계는 어떻게 되는지를 명확하게 이해할 수 있도록 돕고자 한다. 아이러니하게도 기존의 문헌에서 서비스 러닝이라는 용어는 교육학, 철학, 전략, 접근법, 경험, 방법 등 다양한 이름으로 분류되어 있다. 이러한 명칭은 독자들에게 서비스 러닝의 본질에 대한 혼란을 야기한다. 여러 논문에서 이러한 명칭이 서비스 러닝을 나타내는 데 사용되었기 때문에 서비스 러닝의 진정한 본질과 학문적 신뢰성에 대한 모호성을 낳았다. 이 장에서는 이러한 복잡성을 명확히 하고 독자들에게 서비스 러닝의 본질과 형태에 대해 더 명확한 그림을 제공하고자 한다.

서비스 러닝은 체험형 학습 교육학이다. 교수 방법으로서 그것은 이론과 실제를 연결하여 학습자가 새로 습득한 지식을 실제 상황에 적용할 수 있도록 한다. 이를 통해 학습자는 새로운 지식을 창출하고 그 지식을 사회 문제 해결에 활용할 수 있다. 경험으로서의 서비스 러닝에 대한 설명은 여러 가지가 있다. 여기서는 서비스 러닝이 어떤 경험인지 그리고 저자들이 경험으로서의 서비스 러닝을 사용하고 부르는 조건이 무엇인지를 설명한다(D. Cone & Harris, 1996; Felten & Clayton, 2011). 이와 관련하여 다음의 정의는 경험으로서의 서비스 러닝을 언급한다. 더 정확하게는, 브링글과 해처(Bringle & Hatcher, 1995)의 관점에서 볼 때, 서비스 러닝은 다음과 같다.

> 학생들이 (1) 특정 지역사회의 요구 사항을 충족시키는 조직적인 봉사 활동에 참여하고, (2) 봉사 활동을 통해 교과목 내용을 더 깊이 이해하며, 학문에 대한 폭넓은 이해와 시민적 책임감을 향상하기 위한 방식에서 봉사 활동에 대해 성찰하는 교과목 기반의 학점 인정 교육 경험이다(p. 112).

또 다른 연구에서 챕먼과 페라리(Chapman & Ferrari, 1999)는 서비스 러닝을 학생들이 교실에서 배운 새로운 지식과 자료를 실생활 맥락에서 다른 사람을 돕는 데 적용할 수 있도록 하는 교육적 경험이나 과정으로 정의한 바 있다.

아일러와 자일스 주니어(Eyler & Giles Jr, 1999)에 따르면, 서비스 러닝은 학습이 주기적으로 이루어지는 학습 경험이다. 이 주기는 행동과 성찰을 주요 구성 요소로 하는 것이 특징이다. 학생들은 교실에서 배운 새로운 지식을 지역사회의 필요나 문제를 파악하는 데 적용한다. 동시에 봉사 경험을 성찰하기도 한다. 이러한 성찰은 지역사회와 학생 모두에게 동등하게 도움이 된다. 지역사회 구성원들은 지역사회의 자원, 문제, 다양성, 자산, 도전과 기회에 대해 알게 되고, 학생들은 지역사회 생활, 직업 기회, 공동선에 공헌하는 방법에 대한 새로운 정보를 얻게 된다. 더 구체적으로 말하자면, 지역사회의 요구가 발견되어 충족되고, 학생들은 시민의식, 리더십, 문제 해결, 협업, 비판적 사고, 효과적인 의사소통과 같은 삶의 기술 향상과 함께 그들이 배우는 교과목을 더 깊이 있게 이해하게 된다.

서비스 러닝은 학생들이 강의실이나 실험실에서 배운 내용을 실제 상황의 문제에 적용하는 교수·학습 경험이다. 아이다호 대학교(Idaho university)는 서비스 러닝을 학생들이 교실을 넘어 지역사회와 실제 상황에서 학습을 적용할 수 있도록 하는 체험학습(experiential learning)으로 간주한다. 이러한 입장은 자코비(Jacoby, 2003)에 의해 더욱 강화되었다. 자코비는 서비스 러닝은 학생들이 지역사회 환경에서 인간의 필요를 해결하는 활동에 참여하는 체험적 교육이라고 말한다. 따라서 서비스 러닝은 만남과 더불어 학생들의 학습과 시민성 계발을 촉진하기 위해 목적을 가지고 의도적으로 고안된 것이다(Fertman, 1994). 그에 따르면, 서비스 러닝은 협업을 통해 실제 지역사회의 필요를 충족시키기 위해 이전의 학습을 적용하는 경험이다. 서비스 러닝의 초기 이론가 중 한 명인 시그몬(Sigmon, 1997)은 미학적 언어를 사용하여 서비스 러닝이라는 용어를 정의했다. 그에 따르면, 서비스 러닝은 실제로 많은 마음과 가슴이 모여 타인에 대한 자비를 보여주고, 봉사 경험으로부터 배우는 것이다.

서비스 러닝의 이론과 실제

다른 저명한 저자들(Weber & Sleeper, 2003)은 서비스 러닝을 체험학습이라고 불렀다. 이는 교육 목표와 함께 인간의 필요를 충족시키는 과제를 강조한다. 서비스 러닝은 학생들에게 기술을 연습하고 새로 배운 아이디어를 실제 환경에 적용하는 기회를 제공하는 동시에 책에서 배운 지식이 실제 상황과 어느 정도 연관성이 있는지를 평가하는 체험학습의 한 형태이다. 이러한 방식으로 학생들은 지식의 실제 적용을 확인하고 교육 내용에 대한 이해를 심화하여 다양한 환경에서 정보를 파악할 수 있다(Wilmarth, 2004).

교수법으로서의 서비스 러닝

서비스 러닝은 시민 교수법과 팀 교수법으로 빠르게 인기를 얻고 있다. 이는 시민성 계발과 협업이라는 두 가지 목적과 목표를 효과적으로 달성할 수 있기 때문이다. 지역사회와 교육 기관 사이에는 파트너십(partnership)이 존재한다. 이 파트너십은 지역사회 구성원, 학생, 학계 종사자 간의 긴밀한 협력의 가치를 촉진한다. 이 때문에 이 용어는 현재 문헌에서 교수법으로 많이 사용되고 있다. 그러나 교수법으로서의 서비스 러닝에 대한 단편적인 설명이 많아 독자들이 서비스 러닝이 어떻게 비판적 교수법인지에 대한 혼란을 초래한다. 이 부분에서는 교수법으로서 서비스 러닝에 대한 다양한 개념화를 단순화하고자 한다. 이를 위해 다양한 정의를 분석하고 독자들에게 통일된 그림을 제시한다.

예를 들어, 미국 지역사회 대학 협회(AACC)는 서비스 러닝을 학생들의 비판적 사고, 반성적 사고, 개인적 발달, 시민적 책임을 개발하기 위한 교실 수업과 지역사회 봉사의 연합으로 정의한다(Garcia & Robinson,

2005). 시민 교수법으로서 서비스 러닝에 대한 더 깊은 이해를 위해 AACC의 정의는 훌륭한 토대를 제공한다. 그러나 캠퍼스 콤팩트(Campus Compact, 2001)에서 제시한 정의가 더 구체적이고 명확하다. 미국 내 5,000여 개 대학 총장들의 모임인 캠퍼스 콤팩트는 만장일치로 '지역사회 봉사를 학문적 학습의 목표와 연결하고 지속적인 구조적 성찰을 통해 규제되는 교수법'으로 서비스 러닝을 정의한다(Heffernan & Compact, 2001).

이러한 이해는 고등 교육 서비스 러닝 정보 센터(the Higher Education Service-Learning Clearinghouse, 2008)에 의해 더욱 강조되었다. 이에 따르면, 서비스 러닝은 학생과 교사가 지역사회와 협력하여 문제와 이슈를 파악하고 해결하는 체험학습이다. 이러한 경험을 통해 학생들은 새로운 지식을 습득하고 기술을 개발하여 개인의 발전으로 이어진다. 지식 습득과 기술 개발은 서비스 러닝 학문 프로그램의 두 가지 필수 목표다(Bringle & Hatcher, 2009). 연구는 서비스 러닝을 호혜적 교수법이라고 부른다.

이는 교육 도구로서 서비스 러닝이 지역사회와 학생 모두에게 도움이 된다는 것을 의미한다. 더 중요한 것은 학생들이 다른 사람들을 비판적으로 관찰하고 새로운 경험을 쌓음으로써 더 넓은 배움의 기회를 얻게 되고, 이를 통해 수업 내용과 지역사회의 필요를 더 깊이 이해할 수 있다는 점이다(Annette, 2009).

일부 교육 기관에서는 서비스 러닝의 과정을 설명하기 위해 노력하기도 했는데, 예를 들어 미시간 대학교(University of Michigan) 내 지역사회 봉사 및 학습 센터의 긴즈버그(Ginsberg)는 서비스 러닝은 학문적 학습과 지역사회 봉사를 통합하는 교수법이라고 설명한다. 서비스 러닝의 과정을 통해 학생들은 지역사회에 가치 있는 공헌을 할 수 있다. 이는 공동체 생활과 학생들의 학업 성취에도 직간접적인 영향을 미쳤다(Zlotkowski, 2000). 이 점은 오스틴과 그 동료(Austin et al., 2000)에 의해 더욱 정교화되었다. 그들에 따르면, 서비스 러닝은 학생들이 지역사회에 직간접적인 봉사를 제공함으로써 교육과정의 목표를 달성할 수 있도록 하는 교육적 교수법이다. 앞서 언급한 논의를 바탕으로 서비스 러닝은 지역사회와 학습 결과를 연결하는 교육학적 기법이라는 결론을 내릴 수 있다(Quezada & Christopherson, 2005).

방법으로서의 서비스 러닝

서비스 러닝은 개방적이고 능동적인 학습 방법이다. 그것의 특징은 지역사회 봉사와 학교 학습을 결합한 것이다. 서비스 러닝에 참여하는 학생들은 새로 습득한 지식을 실생활 맥락에 적용하고 성찰을 통해 새로운 지식을 습득할 수 있다. 이러한 경험을 통해 학생들은 사회에 봉사하는 책임감 있는 태도와 역량을 강화할 수 있다(Deeley, 2010). 즉, 지역사회 참여 센터(Center for Community Engagement)는 서비스 러닝을 비판적 성찰과 시민적 책임에 초점을 맞춘 수업과 지역사회 봉사를 결합한 교수 방법으로 간주한다. 학생들은 지역사회의 필요를 해결하기 위해 조직적인 지역사회 봉사에 참여하게 된다. 이를 통해 학생들의 학업 능력, 시민적 책임감, 지역사회의 필요를 충족시키기 위한 헌신을 개발할 수 있다(Butin, 2010).

미국 고등 교육 협회(American Association of Higher Education)는 서비스 러닝을 학생들이 조직적인 봉사 활동에 참여함으로써 스스로 배우고 발전하는 방법이라고 정의한다. 이러한 활동은 지역사회 및 고등 교육 기관과 협력하여 지역사회의 필요를 파악하고 충족하기 위해 수행된다. 서비스 러닝은 지역사회의 필요를 충족하는 것 외에도 학생들의 시민적 책임감을 키우고 학업 과정에 대한 이해를 높인다. 교과목 내용의 향상은 서비스 러닝 활동에 대한 성찰을 통해 이루어진다(Bringle & Hatcher, 1996). 이와 유사하게, 전국 및 지역사회 서비스 협회(Corporation for National and Community Service)는 서비스 러닝을 호혜적 교수법으로 규정한다. 좀 더 간단히 말하자면, 서비스 러닝은 학생들의 학습과 지역사회 봉사를 결합하는 방법이다. 이는 학생과 지역사회 모두에게 도움이 된다. 지역사회나 지역사회 봉사 프로그램과 학교, 단과대학 또는 대학교 간의 협력을 통해 지역사회의 요구를 파악하고 이해관계자 모두의 적극적인 참여를 통해 이를 충족시킨다. 이러한 상호 협업은 봉사 활동이나 경험에 대한 성찰을 통해 학생들의 시민적 책임감을 높이고 교육 과정에 대한 이해를 높인다(Furco, 1996).

잉글랜드와 마신코브스키(England & Marcinkowski, 2007)의 말에 따르면, 서비스 러닝은 학생들에게 지역사회에 참여할 수 있는 교육 기회를 제공하는 방법이다. 이러한 이해는 서비스 러닝이 교실 학습과 지역사회 봉사를 통합하는 교수·학습 방법이라는 전국 및 지역사회 서비스 협회의 개념 정의를 통해 더욱 정교해졌다. 이러한 경험은 학생들에게 학업 능력을 향상시킬 뿐만 아니라 대상 지역사회에 봉사하는 기회를 제공한다(Seifer, 1998). 또 다른 연구에서 라마와 그 동료(Rama et al., 2000)는 서비스 러닝을 지역사회에 대한 봉사를 목적으로 하는 능동적인 학습 방법의 한 형태로 정의했다. 폴게이라스와 루나(Folgueiras & Luna, 2012)의 관점에서 볼 때, 서비스 러닝은 학업 교육과정과 지역사회 봉사를 연결하는 교수·학습 방법이다. 서비스 러닝은 학생들이 지역사회 봉사 활동에 참여함으로써 기술을 배우고 개발하는 데 도움이 된다(Finley, 2011).

배우고 봉사하는 미국 프로그램(The Learn and Serve America Program)은 서비스 러닝을 학생들이 지역사회 및 학교와의 협업을 통해 조직적인 봉사 경험에 적극적으로 참여함으로써 학습하고 발전하는 방법이라고 설명한다(Schmidt et al., 2007). 또 다른 연구에서 씨폴(Cipole, 2004)은 서비스 러닝을 당면한 문제나 지역사회의 필요를 해결하기 위해 교과목 내용을 적용하는 방법이라고 정의했다. 홈즈(Holmes, 2013)에 따르면, 서비스 러닝은 학생들에게 혜택을 주고 기술을 개발하는 인기 있는 교육 방법으로 떠오르고 있다. 1990년 전국 및 지역사회 봉사법(National and Community Service Act of 1990)에서도 서비스 러닝은 워터맨(Waterman, 2014)이 언급한 바와 같이, 지역사회의 필요를 충족하기 위해 조직적인 봉사에 적극적으로 참여함으로써 학생이 배우고 발전하는 방법이라고 명시되어 있다.

전략으로서의 서비스 러닝

미국 고등 교육 협회(AAHE, 2005)는 서비스 러닝을 학생들에게 의식적으로 구조화된 학습 기회를 제공하는 전략으로 정의했다. 봉사 활동은 지역사회의 특정 요구를 충족시키기 위해 지역사회에서 수행되며, 교육 기관이 지역사회 단체나 기관과 협력하여 봉사 활동을 조직한다. 또한, 봉사 활동은 학생들의 시민적 책임감을 고취하고 정해진 목표를 달성하기 위해 교육과정에 통합되어 있다. 마찬가지로 펠리시피 주립대학교(Pellissippi State University)도 서비스 러닝을 의미 있는 지역사회 봉사,

학문적 수업, 비판적 성찰을 통합하여 학습을 풍부하게 하고, 시민적 책임을 가르치며, 지역사회를 강화하는 체험적인 교수·학습 전략으로 선언했다. 또한, 전국 서비스 러닝 정보 센터(National Service-Learning Clearinghouse)에서는 서비스 러닝을 학습을 풍부하게 하고, 시민적 책임을 가르치며, 지역사회를 강화하기 위해 지역사회 봉사를 교실 수업 및 성찰과 연결하는 교수·학습 전략으로 정의하고 있다(Bernacki & Jaeger, 2008).

퍼코(Furco, 1996)의 글에서 언급된 전국 및 지역사회 서비스 협회는 서비스 러닝이 학생들의 학습을 풍부하게 하고, 시민적 책임을 가르치며, 지역사회를 강화하기 위해 지역사회 봉사를 교육 및 성찰과 연결하는 교수·학습 전략이라고 보고한다. 서비스 러닝에 참여하는 학생들은 지역사회의 필요를 충족하고 학업 성취도를 높일 수 있다. 학생들은 지역사회의 필요를 조사하고, 봉사 활동을 계획하며, 봉사 활동에 대해 성찰한다. 전반적으로 서비스 러닝 프로그램의 중요한 특징은 학생들이 봉사와 성찰을 통해 학습에 참여한다는 것이다. 그러나 또 다른 연구에서 벤더와 조던(Bender & Jordan, 2007)은 서비스 러닝을 지역사회 봉사를 학문적 내용이나 수업 목표와 통합하는 전략으로 정의한다. 좀 더 정확하게 말해서, 빌리그와 그 동료(Billig et al., 2005)의 말에 따르면, 서비스 러닝은 지역사회 봉사를 통해 학생들의 교실 학습을 심화시키는 연구 기반(research-based) 최상의 교수 전략이다.

연구는 서비스 러닝을 유연한 교육 전략으로 바라보고 있다. 이러한 측면에서 연구자들은 교육자들이 다양한 과목과 학년 수준에서 더 나은 교육을 위해 서비스 러닝을 사용할 수 있으며 학교 밖에서도 효과적이라고 제안한다(Kaye, 2004). 비슷한 방식으로, 브링글과 클레이튼

(Bringle & Clayton, 2012)의 글에서 언급된 전국 서비스 러닝 조직(National Service-Learning Organization)도 서비스 러닝을 의미 있는 지역사회 봉사를 교육 및 성찰과 연결하여 학습 경험을 풍부하게 하고, 시민적 책임을 가르치며, 지역사회를 강화하는 교수·학습 전략으로 간주한다. 최근 배우고 봉사하는 미국(Learn and Serve America)은 서비스 러닝을 "의미 있는 지역사회 봉사, 수업과 성찰을 통합하여 학습 경험을 풍부하게 하고, 시민적 책임을 가르치며, 지역사회를 강화하는 교수·학습 전략"(Ryan, 2012, p. 1)이라고 정의했는데, 이는 세이퍼(Seifer, 1998)의 글에서 언급된 내용이다.

접근법으로서의 서비스 러닝

헌터와 브리스빈(Hunter & Brisbin, 2000)은 그들의 연구 중 하나에서 서비스 러닝은 지역사회의 필요를 해결하고 도움이 필요한 개인, 가족, 지역사회에 도움을 제공하는 교육적 접근법이라고 설명했다. 아일러와 자일스 주니어(Eyler & Giles Jr, 1999)는 교육적 접근법으로서의 서비스 러닝은 학생들이 성찰과 토론을 통해 교과목 내용을 지역사회의 봉사와 연결하도록 요구한다고 정의했다. 보다 구체적으로 미국 지역사회 대학협회(AACC)는 브링글과 해처(Bringle & Hatcher, 1995)의 글에서 서비스 러닝이 지역사회 봉사와 교실 수업을 혼합하는 접근법이라고 언급했다. 서비스 러닝은 비판적 성찰과 시민적 책임에 초점을 맞추고 있다. 다고스티노(D'Agostino, 2010)는 최근 연구에서 서비스 러닝을 지역사회 활동과 학습을 혼합하여 학습한 개념과 지식을 실제 상황에 적용하는 데 도움이 되는 접근법이라고 말했다. 즉, 서비스 러닝은 의미 있는 지역사회 봉사와 교육과정 기반 학습을 결합한 교육 도구나 방법이라는 뜻이다. 서비스 러닝을 통해 학생들은 설정된 목표를 달성하기 위해 실생활 맥락에서 이러한 기술을 적용함으로써 학업 및 사회적 기술을 향상할 수 있다(Holmes, 2013).

결론

앞서 언급한 논의를 바탕으로, 서비스 러닝은 지역사회 봉사와 교실 학습을 의미 있는 관계로 통합하는 교수 방법이라는 결론을 내릴 수 있다. 이러한 통합은 지역사회뿐만 아니라 학생들, 나아가 모든 이해관계자에게 혜택을 준다. 구체적으로, 그것은 학생들이 교실에서 얻은 새로 개발된 기술과 기법을 지역사회 환경에서 실제 문제를 해결하는 데 적용할 수 있으므로 많은 혜택을 유발한다. 이 방법의 기초는 듀이(Dewey, 1916)와 콜브(Kolb, 1984)의 이론에 뿌리를 두고 있다(Miettinen, 2000). 앞서 언급한 서비스 러닝의 특징을 고려할 때, 한 가지 분명한 것은 서비스 러닝이 호혜적인 교수·학습 기법이라는 점이다. 이러한 특성은 다른 모든 전통적인 교육 방법과 차별화된다. 앞서 언급한 분석을 종합해 보면, 서비스 러닝은 교육 방법인 동시에 철학이라는 결론을 내릴 수 있다. 철학으로서 서비스 러닝은 체험 교육의 목적, 목표, 취지에 가장 잘 부합한다. 방법으로서 서비스 러닝은 학습자가 능동적인 시민과 전문가가 되는 방법을 배울 수 있게 한다.

앞서 언급한 논의를 통해 서비스 러닝의 세 가지 단계인 준비, 실천, 성찰이 전통적인 교실을 넘어 학생들이 지역사회 구성원들과 협력하는 실제 세계(지역사회)로 학습을 가져간다는 점에서 다른 모든 교수·학습

서비스 러닝의 이론과 실제

방법과 차별화된다는 점도 명확해졌다. 이러한 협업을 통해 학생들은 팀 워크와 시민적 책임감을 기를 수 있다. 세 번째로 중요한 점은 다른 수업 방법과 달리 서비스 러닝은 지역사회와 학생 모두에게 혜택을 주는 호혜적이라는 사실이다. 서비스 러닝 활동의 결과로 학생들은 성찰을 통해 교과목 내용을 더 깊이 이해하게 되고, 지역사회는 봉사를 받게 된다. 앞서 언급한 서비스 러닝의 정의와 분류를 통해 서비스 러닝에 대한 다양한 개념이 존재하지만, 이러한 모든 개념은 준비, 봉사, 성찰, 축하라는 서비스 러닝의 네 가지 필수 원칙이나 구성 요소를 분명히 포함하고 있음을 알 수 있다.

참고 문헌

Ahmad, I., & Gul, R. (2021). Impact of online service-learning on civic and social justice behavior of undergraduate laboratory-based graduates. *Human Arenas*. https://doi.org/10.1007/s42087-021-00244-9

Ali, H. O., Rahman, A. A., & Abidin, W. Z. (2012). Service learning: An investigation into its viability as a strategy to achieve institutional goals. *Procedia-Social and Behavioral Sciences*, 56, 388–395.

Annette, J. (2009). Active learning for active citizenship' democratic citizenship and lifelong learning. Education, *Citizenship and Social Justice*, 4(2), 149–160.

Astin, A. W., Vogelgesang, L. J., Ikeda, E. K., & Yee, J. A. (2000). How service learning afects students. *Higher Education Research Institute*. University of California.

Bender, G., & Jordaan, R. (2007). Student perceptions and attitudes about commu\-nity service-learning in the teacher training curriculum. *South African Journal of Education*, 27(4), 631–654.

Bernacki, M. L., & Jaeger, E. (2008). Exploring the impact of service-learning on moral development and moral orientation. *Michigan Journal of Community Service Learning*, 14(2).

Billig, S. H. (2012). Service-learning. *International Guide to Student Achievement*, 158.

Billig, S. H., Root, S., & Jesse, D. (2005). *The impact of participation in service-learning on high school students' civic engagement*. CIRCLE Working Paper 33. Center for Information and Research on Civic Learning and Engagement

서비스 러닝의 이론과 실제

(CIR-CLE). University of Maryland.

Bringle, R. G., & Clayton, P. H. (2012). Civic education through service learning: What, how, and why. *Higher Education and Civic Engagement*: Comparative Perspectives, 101–124.

Bringle, R. G., & Hatcher, J. A. (1995). A service-learning curriculum for faculty. *Michigan Journal of Community Service Learning*, 2(1), 112–122.

Bringle, R. G., & Hatcher, J. A. (1996). Implementing service learning in higher education. *The Journal of Higher Education*, 221–239.

Bringle, R. G., & Hatcher, J. A. (2009). Innovative practices in service-learning and curricular engagement. *New Directions for Higher Education*, 2009(147), 37–46.

Bruce-Davis, M. N., & Chancey, J. M. (2012). Connecting students to the real world: Developing gifted behaviors through service learning. *Psychology in the Schools*, 49(7), 716–723.

Butin, D. W. (2006). The limits of service-learning in higher education. *The Review of Higher Education*, 29(4), 473–498.

Butin, D. W. (2010). *Service-learning in theory and practice: The future of community engagement in higher education.* Palgrave Macmillan.

Campus Compact. (2001). *Presidents' statement of principles.* Retrieved from http://www.compact.org/membership/list-of-members-by-state/list/

Chapman, J. G., & Ferrari, J. R. (1999). An introduction to community-based service learning (CBSL). *Journal of Prevention & Intervention in the Community,* 18(1–2), 1–3.

Cipolle, S. (2004). Service-learning as a counter-hegemonic practice evidence pro and con. *Multicultural Education,* 11(3), 12–23.

Cone, D., & Harris, S. (1996). Service-learning practice: Developing. *Michigan Journal of Community Service Learning*, 3, 31–43.

Cruz, N. I., & Giles, D. (2000). Where's the community in service-learning research. *Michigan Journal of Community Service Learning*, 7(1), 28–34.

D'Agostino, M. J. (2010). Measuring social capital as an outcome of service learning. *Innovative Higher Education*, 35(5), 313–328.

Deeley, S. J. (2010). Service-learning: Thinking outside the box. *Active Learning in Higher Education*, 11(1), 43–53.

England, Y. A., & Marcinkowski, T. (2007). Environmental service-learning programs in Florida high schools and colleges: Nature, status, and efects as determined by a statewide program census. *The Journal of Environmental Education*, 38(4), 51–60.

Eyler, J., & Giles Jr., D. E. (1999). *Where's the learning in service-learning? Jossey-Bass higher and adult education series*. ERIC.

Felten, P., & Clayton, P. H. (2011). Service-learning. *New Directions for Teaching and Learning*, 2011(128), 75–84.

Fertman, C. I. (1994). *Service learning for all students*. Fastback 375. ERIC.

Finley, A. (2011). *Civic learning and democratic engagements: A review of the literature on civic engagement in post-secondary education*. Unpublished Paper. Retrieved March 12, 2012, from https://uwosh.edu/usp/wp-content/uploads/ sites/30/2017/01/fnley2011-civic-learning-democratic-engagements.pdf

Folgueiras, P., & Luna, E. (2012). How service learning is understood within Catalonian secondary schools. *Journal for Civic Commitment*, 19.

Furco, A. (1996). Service-learning: A balanced approach to experiential education. *Expanding Boundaries: Serving and Learning,* 1, 1–6.

Garcia, R. M., & Robinson, G. (2005). Transcending disciplines, reinforcing curricula: Why faculty teach with service learning. AACC-RB-05–3. *American Association of Community Colleges*, 1–11.

서비스 러닝의 이론과 실제

Gul, R., Ahmad, I., Tahir, T., & Ishfaq, U. (2022b). Development and factor analysis of an instrument to measure service-learning management. *Heliyon*, 8(4). https://doi.org/10.1016/j.heliyon.2022.e09205

Hefernan, K., & Compact, C. (2001). *Fundamentals of service-learning course construction. Campus Compact,* Brown University.

Holmes, A. E. C. (2013). *An exploration of middle school teachers' essences of participation in service-learning activities.* University of Central Missouri.

Hunter, S., & Brisbin, R. A. (2000). The impact of service learning on democratic and civic values. *PS: Political Science & Politics,* 33(3), 623–626.

Jacoby, B. (2003). Fundamentals of service-learning partnerships. *Building Partnerships for Service-Learning,* 1–19.

Kaye, C. B. (2004). *The complete guide to service learning.* Free Spirit Pub.

Lopez, C., & Tsai, K. C. (2012). Service learning through mission and ministry. *International Journal of Education,* 4(2), 127–137.

Metcalf, L. E. (2010). Creating international community service learning experiences in a capstone marketing-projects course. *Journal of Marketing Education,* 19(4).

Miettinen, R. (2000). The concept of experiential learning and John Dewey's theory of refective thought and action. *International Journal of Lifelong Education,* 19(1), 54–72.

Novak, J. (2010). Learning through service: A course designed to infuence positively students' disability-related attitudes. *Journal of Education for Teaching,* 36(1), 121–123.

Ottenritter, N. W. (2004). Service learning, social justice, and campus health. *Journal of American College Health,* 52(4), 189–192.

Quezada, R. L., & Christopherson, R. W. (2005). Adventure-based service learning: University students' self-refection accounts of service with children. *Journal of Experiential Education,* 28(1), 1–16.

Rama, D. V., Ravenscroft, S. P., Wolcott, S. K., & Zlotkowski, E. (2000). Service-learning outcomes:

Guidelines for educators and researchers. *Issues in Accounting Education*, 15(4), 657–692.

Redman, R. W., & Clark, L. (2002). Service-learning as a model for integrating social justice in the nursing curriculum. *Journal of Nursing Education*, 41(10), 446–449.

Ryan, Molly. (2012, June). *Service-learning after learn and serve America: How fve states are moving forward*. Education Commission of the States.

Schmidt, J. A., Shumow, L., & Kackar, H. (2007). Adolescents' participation in service activities and its impact on academic, behavioral, and civic outcomes. *Journal of Youth and Adolescence*, 36(2), 127–140.

Seifer, S. D. (1998). Service-learning: Community-campus partnerships for health professions education. *Academic Medicine*, 73(3), 273–277.

Sigmon, R. L. (1974). Service-learning in North Carolina. *New Directions for Higher Education*, 1974(6), 23–30.

Sigmon, R. L. (1997). *Linking service with learning in liberal arts education*. Retrieved from https://fles.eric.ed.gov/fulltext/ED446685.pdf

Silcox, H. C., & Leek, T. E. (1997). International service learning: Its time has come. *Phi Delta Kappan*, 78(8), 615–618.

Smith, K. A., Sheppard, S. D., Johnson, D. W., & Johnson, R. T. (2005). Pedagogies of engagement: Classroom-based practices. *Journal of Engineering Education*, 94(1), 87–101.

Stanton, T. K., Giles Jr., D. E., & Cruz, N. I. (1999). *Service-learning: A movement's pioneers refect on its origins, practice, and future*. Jossey-Bass higher and adult education series. ERIC.

Waterman, A. S. (2014). *Service-learning: Applications from the research*. Routledge.

Weber, P. S., & Sleeper, B. (2003). Enriching student experiences: Multi-disciplinary exercises in service-learning. *Teaching Business Ethics*, 7(4), 417–435.

Wilmarth, L. R. (2004). *Service-learning and diversity: The relationship of race, gender, and prior service experience to students' self-perceived appreciation of diference and awareness of structural inequality.* University of Maryland.

Zhou, G., Gul, R., & Tufail, M. (2022). Does servant leadership stimulate work engagement? The moderating role of trust in the leader. *Frontiers in Psychology*, 13.

Zlotkowski, E. (2000). Service-learning research in the disciplines. *Michigan Journal of Community Service Learning*, 22(3).

2장

교 육 학 으 로 서 의
서 비 스   러 닝

2장

교육학으로서의
서비스
러닝

서비스 러닝의 탄생과 성장은 논란의 여지가 있다(Giles & Eyler, 1994). 서비스 러닝은 주로 애덤스(Addams), 듀이(Dewey), 도로시(Dorothy)의 이론에 영향을 받은 진보주의 교육 시대와 연관되어 있다(Dale & Drake, 2005; Metcalf, 2010). 그러나 이후 연구에 따르면 1990년대까지는 이 용어가 문헌에 거의 등장하지 않은 것으로 밝혀졌다(Speck, 2001). 서비스 러닝이라는 용어의 기원은 1950년대로 거슬러 올라가며, 1960년대와 1970년대의 사회적·정치적 논쟁을 연결하기 위한 교육 프로젝트로 거슬러 올라간다(Bringle & Hatcher, 1996; Furco, 2002a). 또한, 일부 유명 전문 기관들도 직간접적으로 서비스 러닝의 개념과 연관되어 있다. 이러한 조직은 서비스 러닝 개념의 홍보와 발전에 이바지했다. 이러한 유명한 조직은 미국 체험교육 학회(NSEE)와 캠퍼스 아웃리치 기회 연맹(COOL:

Campus Outreach Opportunity League)이다. 이 단체들은 서비스 러닝의 개념을 긍정적으로 전파하고 더 정의로운 사회를 만드는 데 적극적으로 나섰다. 설립 초기부터 서비스 러닝의 주요 목표 중 하나는 지역사회 참여였다(Stott & Jackson, 2005). 그러나 1970년대 후반, 서비스 러닝이 지역사회 발전과 더불어 학생 발달에도 큰 역할을 한다는 사실이 밝혀졌다(Morgan & Streb, 2001). 이 시기는 학문적·비학문적 역할과 관련하여 서비스 러닝의 완전한 힘이 인식된 시기였다(Billig, 2004).

이 시기는 서비스 러닝의 호혜적 특성을 받아들였다. 이후에는 교육적 접근법으로서 서비스 러닝이 다른 방법과 비교할 때 독특하다는 인식이 더욱 확고해졌다(Giles & Eyler, 1994). 한편으로는 학생들의 학문적 성장을 준비시키고, 다른 한편으로는 봉사 대상인 지역사회에 대한 봉사를 제공한다. 많은 연구자는 이러한 방식으로 개념화할 때, 서비스 러닝은 학문적 학습과 지역사회 봉사를 의도적으로 통합하는 교육 모델이라고 지지했다(Rhoads & Howard, 1998; Bridgeland et al., 2008). 서비스 러닝이 시민적 성향을 개발할 뿐만 아니라 학생들의 교과목 학습을 강화하고 비판적 사고와 문제 해결과 같은 고등 사고 기술을 향상시킨다는 증거가 점점 더 많이 제시되고 있다(Eyler & Giles, 1999; Burnett et al., 2005).

서비스 러닝의 중요성

많은 연구는 오늘날 청소년의 교육적 발달을 위한 중요한 주도권으로 서비스 러닝을 언급한다(Kaye, 2004; Burnett et al., 2005; Baggerly, 2006; Goodman & West-Olatunji, 2007). 서비스 러닝은 지역사회 봉사나 자원

봉사와는 다르다. 서비스 러닝의 본질은 이론보다는 학습과 실천에서 호혜성을 강조하는 독특한 교육학이라는 사실이다(Kaye, 2004; Burnett et al., 2005). 서비스 러닝이라는 용어는 학생들이 (a) 확인된 사람과 지역사회의 필요를 충족시키는 조직적인 봉사 활동에 참여하고, (b) 봉사 활동을 통해 교과목 내용에 대한 더 깊은 이해와 학문에 대한 폭넓은 인식을 얻는 방식으로 봉사 활동에 대해 성찰하고 상응하며, (c) 향상된 개인적 가치와 시민적 책임감에 대해 성찰하는 학점 인정 교육 경험으로 정의된다(Bringle & Hatcher, 1996). 세계교육과 서비스 러닝 연구소(Institute of Global Education and Service-Learning, 2008)에 따르면, 서비스 러닝은 지역사회에서의 봉사를 학습과 연결하는 활동이다. 그것은 학생들에게 새로 배운 지식과 기술을 실제 상황에 적용하여 지역사회의 필요를 파악하고, 많은 학습 기법이나 교수법으로는 불가능한 문제를 해결할 수 있는 기제를 개발할 수 있는 실습 경험을 제공한다. 따라서 서비스 러닝은 봉사 목표를 학생의 학습 목표와 결합한다. 그래서 서비스 러닝의 주요 목표는 서비스가 아닌 학습이다. 앞서 언급했듯이, 서비스 러닝의 또 다른 독특한 측면은 교육학으로서 서비스 러닝이 학생과 봉사 활동이 수행되는 지역사회 모두에게 혜택을 준다는 사실이다(Howard, 1998).

서비스 러닝의 과정은 자기 성찰(self-reflection), 자기 발견(self-discovery), 수사가 아닌 경험을 통한 가치·기술·지식의 습득을 특징으로 삼는다. 이러한 서비스 러닝의 특성으로 인해 서비스 러닝은 독특한 교수·학습 접근법으로 자리 잡았으며, 효과적인 교육 실천으로서의 그것의 보편성과 적합성에 대한 많은 문제를 불러일으켰다(Burnett et al., 2004). 서비스 러닝 활동에 실질적으로 참여하는 학생들은 강의 방식이나 받아쓰기와 같은 전통적인 교육 방법으로는 거의 불가능한 지역사회와 협력적이고 서로에게 힘을 실어주는 관계를 발전시키는 충분한 기회를 갖는다(Kaye, 2004; Goodman & West-Olatunji, 2007).

교육학으로서의 서비스 러닝은 교육과정 개발, 전문 기술 향상, 개인적 성장과 같은 분야에서 학생들에게 많은 이점을 제공한다(Burnett et al., 2005; Murray et al., 2006). 서비스 러닝에 관한 저자들은 서비스 러닝의 혜택이 학생에게만 국한되는 것이 아니라 오히려 학교, 대학 및 대학교와 같은 교육 센터는 지역사회 지원 활동, 학교·대학·대학교의 교육과정 개선, 지역사회 요구에 대한 대응, 고용주의 요구 파악 등과 같은 다양한 주도권을 통해 서비스 러닝의 이점을 얻을 수 있다고 말한다. 마찬가지로 지역사회 역시 서비스 제공과 궁극적으로 사회에 유용한 개인으로서 봉사하는 미래 시민을 양성하는 형태로 서비스 러닝의 이점을 누릴 수 있다.

서비스 러닝에 대한 도전

서비스 러닝은 시작부터 여러 가지 문제에 직면하였다. 가장 심각한 문제 중 하나는 일반적으로 통용되는 정의가 부족하다는 것이다. 지난 20년 동안 서비스 러닝에 대한 200개 이상의 정의가 발표되었다(Furco, 2002b). 이것은 교육자와 학생 모두에게 혼란을 초래하여 효과적인 교육학으로서 서비스 러닝의 증진을 더욱 방해한다(Jacoby & Associates, 1996). 가장 큰 문제는 서비스 러닝이 자원봉사, 인턴십이나 자선과 같은 의미로 잘못 사용되었다는 것이다. 이로 인해 교육자와 연구자 사이에서 서비스 러닝의 정의에 대한 불만이 제기되었다. 일부는 서비스 러닝을 '학습을 풍부하게 하고, 시민적 책임을 가르치며, 지역사회를 강화하기 위한 학문적 연구와 지역사회 봉사의 연결'이라고 정의하였다(Fiske, 2001; Pritchard & Whitehead, 2004). 연구에 따르면, 서비스 러닝은 학생들이 실제 상황에서 지식, 기술, 비판적 사고, 판단력을 발휘하여 그들이 생활하는 지역사회의 다양한 사회적 요구를 충족시키는 데 유용한 활동이다(Wren, 2004). 서비스 러닝은 자원봉사, 자선 활동, 지역사회 봉사와는 다르다. 서비스 러닝은 봉사보다는 학습을 주된 목적으로 하는 체험학습 접근법이다. 그러나 봉사를 받는 지역사회와 봉사를 제공하는 학생 모두에게 혜택을 제공한다는 점에서 서비스 러닝은 매우 독특하다. 따라서 서비스 러닝은 본질적으로 협력적이고 상호 작용적이다. 서비스 러닝의 초점은 학문적·시민적 성과를 창출하는 것이다(Furco, 2002a).

서비스 러닝을 정의하는 것은 조건에 따라 다양한 형태를 취하기 때문에 다소 어렵다. 서비스 러닝을 전략, 프로그램, 철학, 교육학으로 설명할 수 있다(Root & Billig, 2008). 서비스 러닝은 철학이자 교육학이며 전략이기도 하다(Moore, 2000; Limieux & Allen, 2007). 철학과 교육학으로서의 서비스 러닝은 지역사회 봉사와 학문적 내용의 통합을 기반으로 하므로, 학생들의 시민성 발달을 촉진한다. 전략으로서의 서비스 러닝은 학생들이 지역사회의 문제를 해결하고 지역사회 조직 및 단체와 같은 다른 사람들과의 관계를 강화하는 데 도움이 되는 기술을 개발한다(Ramaley, 2000; Strange, 2000; Fenzel & Peyrot, 2005; Lemieux & Allen, 2007). 이렇듯 서비스 러닝은 문헌에서 풍부한 역사를 갖고 있지만, 연구자들 사이에서 거의 만장일치로 보편적으로 받아들여지는 서비스 러닝에 관한 개념 정의가 일부 존재한다. 예를 들어, 고베카와 리쉬(Govekar & Rishi, 2007)에 따르면, 서비스 러닝은 지역사회 봉사학습과 학점을 취득할 수 있는 학문적 경험을 연결하는 교육적 접근법이다. 스트루펙과

휘튼(Strupeck & Whitten, 2004)은 서비스 러닝을 '학생들에게 실제의 학습 경험을 제공하는 능동적 학습(active learning)의 한 형태'라고 정의했다.

라마와 그 동료(Rama et al., 2000)는 서비스 러닝에 대한 보편적인 정의를 채택하는 데 있어 가장 큰 문제는 다양한 서비스 러닝 프로그램과 프로젝트가 존재하기 때문임을 지적하였다. 서비스 러닝 프로젝트 중 일부는 고도로 구조화된 장기 프로젝트이지만, 일부는 단 하루의 봉사와 같은 단기 프로젝트이다(Govekar & Rishi, 2007; Rama et al., 2000; Strupeck & Whitten, 2004; Warburton & Smith, 2003). 교육 방법으로서의 서비스 러닝은 봉사 목표와 학습 목표를 결합한 것이다. 그것의 주된 목적은 서비스를 제공하는 사람과 받는 사람 모두에게 도움이 되는 것이다. 봉사 경험은 학생들의 학습을 풍부하게 하고 시민적 책임감, 협업심, 자기 발견, 자기 성찰, 가치·기술·지식 내용을 증진하는 기회 획득을 발전시킨다(Gelmon, 2001; Seifer, 2005). 서비스 러닝 활동의 다양성에도 불구하고, 모든 유형의 서비스 러닝은 학점 이수, 지역사회 봉사, 구조화된 성찰, 협업과 상호성이라는 네 가지 주요 구성 요소를 공통으로 포함한다(Rama et al., 2000). 브링글과 해처(Bringle & Hatcher, 1995)는 서비스 러닝을 (a) 학생들의 시민적 발달을 촉진하는 지역사회의 요구를 충족시키는 지역사회에서 조직화 된 봉사 활동에 적극적으로 참여하고, (b) 봉사 활동에 대해 비판적으로 사고하여 교과 내용을 더 잘 배우고 이해하며, (c) 봉사 활동 중에 협동하여 팀워크와 시민적 책임감을 키우는 데 도움이 되는 학점 부여형 교수·학습 교육학이라고 정의했다. 스투카스와 그 동료(Stukas et al., 2009)는 자원봉사 활동과 서비스 러닝은 차이가 있다고 말했다. 자원봉사 활동에서 자원봉사자는 수혜자에게 무료로 서비스를 제공한다. 그것의 주된 목적은 학습이 아닌 사회봉사이다. 그러나 서비스 러닝은 봉사보다는 학습에 주로 초점을 맞춘다.

서비스 러닝의 설계, 실행, 지속 가능성을 저해하는 몇 가지 문제가 있다. 이러한 문제에는 부적절한 수익자 관여, 훈련 부족, 재정 부족, 교육적 우려, 제도적·물리적 우려, 평가 부족, 서비스 러닝에 대한 부정적 태도 등이 있다(Bringle et al., 2010). 예를 들어, 또 다른 연구에서 에거(Egger, 2008)는 지역사회 봉사와 학생의 학습을 혼합하는 것은 바람직하지 않다고 제안했다. 그는 그것이 실제로 공동체주의적이고 반개인주의적인 사회 의제(social agenda)를 조장하기 때문에 귀중한 자원의 낭비인 동시에 시간 낭비라고 주장했다. 스보보다 박(Svoboda Bak, 2012) 그리고 아인펠드와 콜린스(Einfeld & Collins, 2008)의 연구에 따르면, 서비스 러닝에 참여하는 것은 학생들이 시민 기술을 향상하고, 지역사회에 대한 헌신을 높이며, 민주적 가치를 증진하고, 가치 있는 시민으로 성장하는 데 도움이 된다고 한다.

슈워츠만(Schwartzman, 2007)은 서비스 러닝의 효율성을 저해하는 잠재적 장벽으로 물리적 환경을 지적했다. 부틴(Butin, 2003)은 서비스 러닝과 관련된 복잡한 과정으로 인한 진정한 평가와 관련된 문제를 논의했다. 퀘자다와 크리스토퍼슨(Quezada & Christopherson, 2005)은 서비스 러닝 참여와 관련된 결과를 평가하기 위한 특정 평가 기제가 누락되어 있음을 발견했다. 교사들이 평가 방법에 대한 노하우가 부족하거나 서비스 러닝 활동이나 프로젝트가 완료될 때까지 기다려야 하므로, 많은 서비스 프로젝트에 대한 평가가 이루어지지 않고 있다. 따라서 많은 시간이 걸리고, 평가를 실행해야 할 시간에는 이미 학기가 끝나는 경우가 많다(Arenas et al., 2006). 반면에 치커링(Chickering, 2008)은 서비스 러닝이 유용하다고 주장했다. 서비스 러닝은 학문적·도덕적·사회적 이점을 가지고 있다.

　또한, 앞서 킬스마이어와 그 동료(Kielsmeier et al., 2004)는 서비스 러닝이 유익한 교육학이라는 사실을 발견했다. 그들에 따르면 서비스 러닝은 사람들에게 봉사하는 데 중요하다. 봉사 활동을 수행하는 과정에는 많은 장애물이 있지만, 효과적인 서비스 러닝 프로그램을 통해 현대 교육의 많은 사회적·도덕적·윤리적·정치적 문제를 해결할 수 있다(Kenan, 2009). 많은 연구는 서비스 러닝이 학생들의 대인관계 발달, 지역사회 연결, 경력 개발, 문제 해결 능력을 증진한다는 사실을 밝혀냈다. 서비스 러닝은 다양성에 대한 학생들의 태도와 자기효능감(self-efficacy) 믿음을 긍정적으로 발전시키는 실용적인 교육 도구이다(Ethridge, 2006; Lawrence & Butler, 2010). 서비스 러닝은 학생들이 개인적·시민적 책임을 보다 효과적으로 수행할 수 있는 능력을 향상한다(Ottenritter, 2004; Kielsmeier et al., 2004). 서비스 러닝에 대한 압력과 부담에도 불구하고, 연구자들은 서비스 러닝이 지역사회 노출을 통해 학생들의 시민성 발달을 촉진하는 강력한 교육법이라고 주장한다. 사이먼스와 클리어리(Simons & Cleary, 2006)는 학생들이 전통적인 교실에서도 충분한 학문적 지식을 얻을 수 있지만, 서비스 러닝은 전통적인 교실의 한계를 넘어 더 넓은 배움의 기회를 제공한다고 설명한다. 2000년 보겔게상과 아스틴(Vogelgesang and Astin)의 연구(Simons & Cleary, 2006에서 인용)에서는 154명의 서비스 러닝 참여자와 서비스 러닝에 참여하지 않은 545명의 학생을 비교했다. 이 연구에 따르면, 종강 시험에서 서비스 러닝에 참여한 학생들이 서비스 러닝에 참여하지 않은 학생들보다 우수한 성적을 거두었다. 같은 연구에서 서비스 러닝에 참여한 학생들이 중간고사와 기말고사에서 더 높은 성적을 거둔 것으로 나타났다.

177개 교육 기관의 학부생 22,236명을 대상으로 한 또 다른 종단 연구에서 보겔게상과 아스틴(Vogelgesang & Astin)은 서비스 러닝 참여자가 비참여자에 비해 평균 학점이 높다는 사실을 발견했다. 퀘자다와 크리스토퍼슨(Quezada & Christopherson, 2005)은 자신감, 인내심, 관용, 리더십 기술 향상 등 서비스 러닝의 긍정적인 결과를 많이 보고했다. 브라운(Brown, 2001)은 서비스 러닝 프로젝트에 참여한 고등학생에 관한 현상학적 연구를 수행했다. 그 결과 서로에 대한 공감이 증가하고 자원봉사에 대한 열망이 오래 지속하는 것으로 나타났다. 또 다른 연구에서 디암브라와 그 동료(Diambra et al., 2009)는 서비스 러닝 프로젝트에 참여한 후에 학생들의 인식을 분석했다. 연구 결과는 학생들이 서비스 러닝 활동을 통해 사회적 기술이 향상되고 서로에 대한 긍정적인 기대가 높아지면서 자신의 고유한 역할을 인식하게 되었다는 사실을 보여주었다.

서비스 러닝의 기회

기본적으로 서비스 러닝은 참여 학습(engaged learning)이다(Ehrlich, 1995). 서비스 러닝에 참여하는 학생들은 여러 가지 면에서 혜택을 받는다. 학생들은 지역사회의 필요와 자신의 의무에 대해 배려하고 책임감 있는 태도를 지니게 된다(Eyler & Giles, 1999). 연구는 서비스 러닝이 학생들의 자기효능감을 높여주고 문제 해결, 팀워크 능력, 기획력을 향상한다고 보고한다(Rhoads & Howard, 1998; Arman & Scherer, 2002). 학문적 교육학으로서 서비스 러닝은 효과적인 의사소통, 리더십, 문제 해결, 비판적 사고 기술과 같은 생활 기술(life skills)을 발전시키는 참여적인 태도

서비스 러닝의 이론과 실제

와 행동을 장려함으로써 학생들의 교육적 관심을 촉진한다. 이러한 기술은 많은 연구자에 의해 현재 취업 경쟁이 치열한 시장에서 고용 가능성을 위해 필수적인 것으로 간주된다(Murray et al., 2006). 이 모든 것은 앞서 언급한 교육의 더 큰 목표에 가족, 학교, 지역사회의 노력을 통합함으로써 가능해진다(IGESL, 2008). 서비스 러닝 과정에서 필수적인 요소 중 하나는 지역사회이다. 양질의 서비스 러닝 활동을 구조화하는 것은 교육 기관이 지역사회의 요구와 문제를 파악하고 학교, 대학, 대학교와 긍정적인 파트너십을 구축하여 이를 완화하는 데 도움이 된다(Eyler & Giles, 1999). 이러한 방식으로 지역사회는 청소년을 문제가 아닌 자원으로 바라본다. 이러한 파트너십은 새로운 세대의 배려심 있고, 경험이 풍부하며, 적극적이고, 사회에 헌신적인 새로운 세대의 시민을 양성할 것이다.

서비스 러닝의 핵심 요소를 통합함으로써 지역사회, 학생, 교사, 조직과 같은 모든 이해관계자가 앞서 언급한 혜택을 공동으로 누릴 수 있다(Markus et al., 1993). 최근 일부 저자는 서비스 러닝이 적극적이고 책임감 있는 시민 육성, 미래를 위한 리더 준비, 효과적인 사회 공헌자 양성 등 교육의 숭고한 목표를 달성하기 위한 효과적인 수업 도구로 인기를 얻고 있음에도 불구하고 서비스 러닝 기반 학습이 대중의 관심을 받지 못했다고 보고했다(Kaye, 2004; Baggerly, 2006). 하지만 이러한 대중의 무관심에도 불구하고 서비스 러닝은 사회, 젊은이, 조직에 더 많은 이득을 가져다주는 기회를 제공한다(Burnett et al., 2005).

청소년이 교육을 받는 기관은 학교만이 아니다. 지역사회에 기반을 둔 조직도 학생들의 교육적 발전을 위해 전통적인 교실보다 더 실용적인 학습 환경을 제공할 수 있다(Honnet-Porter & Poulsen, 1989). 지역사회에서의 학습은 개방적이고 비판적이며 호혜적이다. 학생들은 외부의 주입식 교육이 아닌 개인적인 탐구를 통해 더 나은 학습 기술과 지식을 개발할 수 있다(Saleem et al., 2021; Shumer & Duckenfeld, 2004). 체험적인 교육 실천으로서의 서비스 러닝은 이러한 목표를 가장 잘 달성할 수 있다(Burnett et al., 2004). 심리학자들도 학습은 개인이 과거의 경험을 바탕으로 새로운 지식을 재구성하는 건설적인 과정이라는 데 동의한다. 사람들은 수동적으로 듣는 것보다 상호 작용과 경험을 통해 더 잘 학습한다(Dewey, 1938; Bandura, 1977; Piaget, 1978; Kolb, 1984).

결론

이 장에서는 서비스 러닝이 인기 있는 교육학적 전략이라는 결론을 내렸다. 서비스 러닝은 적극적이고 보람 있는 학습 실천으로서 그 인기가 계속 높아지고 있다. 서비스 러닝은 학생, 지역사회, 기관 등 모든 이해관계자에게 많은 이점을 제공한다. 서비스 러닝은 봉사 개념을 학습과 효과적으로 통합하는 독특한 교수·학습 모델이다. 그 결과 다른 교수·학습 전략에서는 거의 불가능한, 봉사를 받는 사람과 제공하는 사람 모두가 이득을 얻을 수 있다. 반대에도 불구하고, 서비스 러닝은 지금까지 독특한 학문적 입지를 유지해 왔다. 이 장은 교육학으로서 서비스 러닝의 장점과 과제에 대해 많이 알려진 것 같지만, 아직 알려지지 않은 것이 많다는 통찰을 제공한다. 이 장은 향후 연구가 서비스 러닝이 경청 기술, 교사의 전문성 개발, 지역사회 개발에 미치는 영향 등과 같은 서비스 러닝의 즉각적인 결과로서 다른 중요한 영역을 조사할 수 있음을 시사한다.

서비스 러닝의 이론과 실제

참고 문헌

Arenas, A., Bosworth, K., & Kwandayi, H. P. (2006). Civic service through schools: An international perspective. *Compare*, 36(1), 23–40.

Arman, J. F., & Scherer, D. (2002). Service learning in school counselor preparation: A qualitative analysis. Journal of Humanistic Counseling, *Education and Development*, 41, 69–86.

Baggerly, J. (2006). Service learning with children afected by poverty: Facilitating multicultural competence in counseling education students. *Journal of Multicultural Counseling and Development*, 34, 244–255.

Bandura, A. (1977). *Social learning theory*. Prentice Hall.

Billig, S. H. (2004). Heads, hearts, and hands: The research on K-12 service-learning. In J. Kielsmeier, M. Neal, & M. McKinnon (Eds.), *Growing to greatness 2004* (pp. 12–25). National Youth Leadership Council. Retrieved June 24, 2009, from www.nylc.org/inaction_init.cfm?oid=3698

Bridgeland, J. M., Dilulio, J. J., & Wulsin, S. C. (2008). *Engaged for success: Service-learning as a tool for high school dropout prevention*. Civic Enterprises. www.servicelearning.org/library/lib_cat/index.php?library_id=7540

Bringle, R. G., & Hatcher, J. A. (1995). A service-learning curriculum for faculty. *Michigan Journal of Community Service-learning*, 2, 112–122.

Bringle, R. G., & Hatcher, J. A. (1996). Implementing service-learning in higher education. *Journal of Higher Education*, 67(2), 221–239.

Bringle, R. G., Hatcher, J. A., & Muthiah, R. N. (2010). The role of service-learning on the retention of frst-year students to second year. *Michigan Journal of Community Service Learning*, 16(2), 38–49.

Brown, D. M. (2001). *Pulling it together: A method for developing service-learning and community partnerships based in critical pedagogy.* Corporation for National Service.

Burnett, J. A., Hamel, D., & Long, L. L. (2004). Service learning in graduate counselor education: Developing multicultural counseling competency. *Journal of Multicultural Counseling and Development*, 32, 180–191.

Burnett, J. A., Long, L. L., & Horne, H. L. (2005). Service learning for counselors: Integrating education, training, and the community. *Journal of Humanistic counseling, Education, and Development*, 44, 158–167.

Butin, D. W. (2003). Of what use is it? Multiple conceptualizations of service-learning in education. *Teachers College Record*, 105(9), 1674–1692.

Chickering, A. (2008). Strengthening democracy and personal development through community engagement. In S. C. Reed & C. Marienau (Eds.), *Linking adults with community: Promoting civic engagement through community based learning: New directions for adult and continuing education*. Jossey-Bass.

Dale, P., & Drake, T. (2005). Connecting academic and student afairs to enhance student learning success. *New Directions for Community Colleges*, 131, 51–64.

Dewey, J. (1938). *Experience and education*. Collier Books.

Diambra, J. F., McClam, T., Burton, B., Fuss, A., & Fudge, D. L. (2009). Using a focus group to analyze student's perceptions of a service-learning project. *The College Student Journal*, 43(1), 114–122.

Egger, J. (2008). No service to learning: "Service-learning" reappraised. *Academic Questions*, 21(2), 183–194. http://doi.org/10.1007/s12129-008-9057-7

Ehrlich, T. (1995). Taking service seriously. *American Association of Higher Education Bulletin*, 47(7), 8–10.

Einfeld, A., & Collins, D. (2008). The relationships between service-learning, social

서비스 러닝의 이론과 실제

justice, multicultural competence, and civic engagement. *Journal of College Student Development*, 49(2), 95–109.

Ethridge, E. (2006). Teacher modeling of active citizenship via service-learning in teacher education. *Mentoring & Tutoring*, 14(1), 49–65.

Eyler, J., & Giles, D. (1999). *Where's the learning in service-learning?* Jossey-Bass Publishers.

Fenzel, L. M., & Peyrot, M. (2005). Relationship of college service-learning and community service participation with subsequent service-related attitudes and behavior of alumni. *Michigan Journal of Community Service Learning*, 12, 23–31.

Fiske, E. B. (2001). *Learning in deed. The power of service-learning for American schools*. W.K. Kellogg Foundation.

Furco, A. (2002a). Institutionalizing service-learning in higher education. *Journal of Public Affairs*, 8, 32–47.

Furco, A. (2002b). Is service-learning really better than community service? In S. H. Billig (Eds.), *Service-learning: The essence of pedagogy* (p. 25). Information Age Publishing.

Gelmon, S. B. (2001). *Assessing service-learning and civic engagement: Principles and techniques*. Campus Compact.

Giles, D., & Eyler, J. (1994). The theoretical roots of service-learning in John Dewey: Toward a theory of service-learning. *Michigan Journal of Community Service Learning*, 1, 77–85.

Goodman, R. D., & West-Olatunji, C. A. (2007). Social justice and advocacy training for counselors: Using outreach to achieve praxis. *Retrieved October* 10, 2008, from http://eric.ed.gov/ERICDocs/data/ericdocs2sql/content_storage_01/0000019b/ 80/2a/74/3c.pdf

Govekar, M. A., & Rishi, M. (2007). Service learning: Bringing real-world education into the b-school classroom. *Journal of Education for Business*, 83, 3–10.

Honnet-Porter, E., & Poulsen, S. (1989). *Principles of good practice for combining service and learning*. Wingspread Special Report. The Johnson Foundation.

Howard, J. (1998). Academic service-learning: A counternormative pedagogy. In R. Rhoads & J. Howard (Eds.), *Academic service learning: A pedagogy of action and refection* (pp. 21–30). Jossey-Bass.

Institute for Global Education & Service Learning. (2008). *Service learning professional development manual*. www.igesl.org

Jacoby, B., & Associates. (1996). *Service-learning in higher education: Concepts and practices*. Jossey-Bass.

Kaye, C. B. (2004). *The complete guide to service learning: Proven, practical ways to engage students in civic responsibility, academic curriculum, and social action*. Free Spirit.

Kenan, S. (2009). The missing dimension of modern education: Values education. Kuram ve Uygulamada Eğitim Bilimleri/educational sciences. *Theory and Practice*, 9(1), 279–295.

Kielsmeier, J. C., Scales, P. C., Roehlkepartain, E. C., & Neal, M. (2004). Community service and service-learning in public schools. *Reclaiming Children and Youth*, 13(3), 138.

Kolb, D. A. (1984). *Experiential learning: Experience as the source of learning and development*. Prentice-Hall.

Lawrence, M. N., & Butler, M. B. (2010). Becoming aware of the challenges of helping students learn: An examination of the nature of learning during a service-learning experience. *Teacher Education Quarterly*, 37(1), 155–175.

Lemieux, E. M., & Allen, P. D. (2007). Service learning in social work education: The state of knowledge, pedagogical practicalities, and practice conundrums. *Journal of Social Work Education*, 43(2), 309–325.

Markus, G., Howard, J., & King, D. (1993). Integrating community service and classroom instruction enhances learning: Results from an experiment. *Educational Evaluation and Policy Analysis*, 15, 410–419.

Metcalf, L. E. (2010). Creating international community service learning experiences in a capstone marketing-projects course. *Journal of Marketing Education*, 32(2), 155–171.

Moore, D. T. (2000). The relationship between experimental learning research and service-learning research. Michigan Journal of Community Service Learning, *Special Issue*, 124–128.

Morgan, W., & Streb, M. (2001). Building citizenship: How quality service-learning develops civic values. *Social Science Quarterly,* 82(1), 154–169.

Murray, C. E., Lampinen, A., & Kelley-Soderholm, E. L. (2006). Teaching family systems theory through service-learning. *Counselor Education and Supervision*, 46, 44.

Mushtaq, R., & Gul, R. (2018). Capacity building initiatives for visually impaired students in Khyber Pakhtunkhwa, Pakistan. *WALIA Journal,* 34(1), 151–157. www.waliaj.com

Ottenritter, N. W. (2004). Service learning, social justice, and campus health. *Journal of American College Health*, 52(4), 189–191.

Piaget, J. (1978). Behavior and evolution (D. Nicholson-Smith, Trans.). *Random House.* (Original work published 1976)

Pritchard, F. F., & Whitehead, G. I. (2004). *Serve and learn: Implementing and evaluating service-learning in middle and high schools.* L. Erlbaum Associates.

Quezada, R. L., & Christopherson, R. W. (2005). Adventure-based service learning: University students' self-refection accounts of service with children. *Journal of Experiential Education*, 28(1), 1–16.

Rama, D. V., Ravenscroft, S. P., Wolcott, S. K., & Zlotkowski, E. (2000). Service-learning outcomes: Guidelines for educators and researchers. *Issues in Accounting Education*, 15, 657–692.

Ramaley, J. (2000). *Embracing civic responsibility*. Retrieved February 15, 2005, from http://aahebulletin. com/pubic/archive/march00f2.asp

Rhoads, R., & Howard, J. (Eds.). (1998). *Academic service learning: A pedagogy of action and refection*. Jossey-Bass.

Root, S., & Billig, S. H. (2008). Service-learning as a promising approach to high school civic engagement. In J. Bixby & J. Pace (Eds.), *Educating democratic citizens in troubled times: Qualitative studies of current eforts*. State University of New York Press.

Schwartzman, R. (2007). *Service learning pathologies and prognoses*. Paper presented at the National Communication Association, Chicago, IL. Retrieved from https:// fles.eric.ed.gov/fulltext/ED499084.pdf

Seifer, S. D. (2005). Tools and methods for evaluation service learning in higher education. *Learn and serve America & community-campus partnerships for health*. http:// servicelearning.org/instant_info/fact_sheets/he_facts/tools_methods/index.php

Shumer, R., & Duckenfeld, M. (2004). Service-learning: Engaging students in community-based learning. In F. P. Schargel & J. Smink (Eds.), *Helping students graduate: A strategic approach to dropout prevention* (pp. 155–163). Eye on Education.

Simons, L., & Cleary, B. (2006). The infuence of service learning on students' personal and social development. *College Teaching*, 54(4), 307–319.

Speck, B. (2001). Why service-learning? *New Directions for Higher Education*, 114, 3–13.

Stott, K. A., & Jackson, A. P. (2005). Using service-learning to achieve middle school

서비스 러닝의 이론과 실제

comprehensive guidance program goals. *Professional School Counseling*, 9, 156–159.

Strange, A. A. (2000). Service-learning: Enhancing student outcomes in a college-level lecture course. *Michigan Journal of Community Service Learning*, 7, 5–13.

Strupeck, C. D., & Whitten, D. (2004). Accounting service-learning experiences and the IRS volunteer income tax assistance programme: A teaching note. *Accounting Education*, 13(1), 101–112.

Stukas, A. A., Worth, K. A., Clary, E. G., & Snyder, M. (2009). The matching of motivations to afordances in the volunteer environment: An index for assessing the impact of multiple matches on volunteer outcomes. *Nonprofit and Voluntary Sector Quarterly*, 38(1), 5–28.

Svoboda Bak, K. (2012). Service-learning now-an education reform strategy with staying power. *Colleagues*, 9, 1.

Warburton, J., & Smith, J. (2003). Out of the generosity of your heart: Are we creating active citizens through compulsory volunteer programs for young people in Australia? *Social Policy and Administration*, 37, 772–786.

Wren, D. J. (2004). Reaching out, reaching in. *Principal Leadership*, 5(1), 28–33.

3장

서비스 러닝과 다양성 태도

3장

서비스 러닝과
다양성
태도

다양성은 적극적 시민성의 필수 요소 중 하나다(Eyler & Giles Jr, 1999; Eyler et al., 1997). 다양성은 개인이 다른 사람들과 공존하며 서로의 차이를 인정하고 인간 사회의 관계 체계를 인식하는 능력으로 정의된다(Bowman & Brandenberger, 2012). 기본적으로 다양성은 관용과 협업의 개념과 밀접한 관련이 있는 민주적 가치다(Hurtado et al., 2012). 많은 연구자는 교육 기관이 목표를 새롭게 설정하고 이를 다른 분야의 학생들 간의 민주적이고 시민적인 가치관의 발전과 결부시킬 것을 상기시켜 왔다. 이러한 목표를 달성하기 위해 그들은 학생과 지역사회 파트너 모두에게 유용한 서비스 러닝을 권장했다(Bowman & Denson, 2012; Furco, 2003; Holsapple, 2012).

오늘날 비즈니스와 사회의 세계가 점점 더 다양해짐에 따라 교육 기

서비스 러닝의 이론과 실제

관은 학생들이 급변하는 다양한 세상을 살아갈 수 있도록 다양하고 도전적인 업무 환경에 대비할 수 있도록 준비시키는 것이 중요해졌다 (Bringle & Hatcher, 1996; Nelson et al., 2012). 다양성 태도와 서비스 러닝의 관계는 브링글과 해처(Bringle & Hatcher, 1996)가 제시한 정의에서 다음과 같이 명확히 드러난다.

> 서비스 러닝은 학생들이 확인된 지역사회의 요구에 부응하는 조직적인 봉사 활동에 참여하여, 교과목 내용에 대한 더 많은 이해와 학문에 대한 더 넓은 인식, 시민적 책임감을 향상하는 방식으로 봉사 활동에 대해 성찰하는 학점 취득이 가능한 교육 경험이다(Bowman, 2012; Moely et al., 2002; Bringle & Hatcher, 1996).

수많은 연구가 학생들의 다양성 태도 발달의 예측 요인으로서 서비스 러닝의 역할을 조사했다. 흥미로운 점은 지금까지 서비스 러닝 프로그램 참여의 결과로 학생들의 성별, 피부색, 인종 행동 등과 같은 서비스 러닝의 다양한 측면을 조사한 연구는 거의 없었다는 것이다. 소수의 연구만이 학생들의 구조적인 불평등과 지역사회 생활에 대한 전반적인 인식을 평가하였다. 하지만 이러한 연구들은 구조적 불평등의 개념을 설명하지 않았다. 이 연구는 서비스 러닝에 관한 기존 문헌의 이러한 공백을 메우는 데 기여한다. 이 연구는 서비스 러닝의 역할을 보다 넓은 차원에서 분석한다. 이를 위해 본 연구는 서비스 러닝의 결과인 인종, 피부색, 성별 태도 측면에서 다양성 태도의 구성 요소로서 서비스 러닝과 인간 사회의 구조적 불평등의 관계를 살펴본다.

다양성은 인종, 피부색, 성별 및 기타 사회 문제와 같은 다양한 관점에 대한 개방성 및 인정과 같은 구조적 불평등에 대한 개인의 신념과 관련이 있다(Hurtado, 2006). 다양성은 복잡한 현상이다. 그것은 유형과 맥락 측면에서 더 명확한 설명을 요구한다. 문헌에서는 사회 정의 훈련, 다문화주의, 인종주의, 성별 차이, 다양성을 위한 색채 등 다양성을 나타내는 다양한 다른 명칭이 사용되었다(Baldwin et al., 2007). 사실 이러한 용어는 모두 고유한 맥락적 의미와 적용을 갖는다. 어떤 사람들은 인종적 차이를 다양성을 위해 사용했고, 다른 사람들은 인종적 변수의 일부로 피부색과 성별을 더 설명함으로써 포괄적인 언어를 사용했다.

또한, 일부 연구에서는 다양성 태도의 차원으로 인종, 연령, 사회 계층, 성적 지향을 논의하기도 했다(Moely et al., 2002). 넓게 정의하자면, 다양성의 개념은 한 개인이 다른 사회문화적 환경에서 다른 개인 및 사회구조와 상호 작용하는 것을 의미한다. 이를 통해 개인은 타인의 인식, 관점, 신념은 물론 성차별, 인종 간 상호 작용, 특정 지역사회의 피부색 차이에 대한 인식과 같은 사회적 문제와 구조를 비판적으로 검토할 수 있다(Shephard, 2008). 여러 연구는 교실이나 지역사회 환경이 학생들에게 다양성 경험을 제공하는 데 유용하다는 사실을 보고하였다(Furco, 2003; McCarthy & Tucker, 1999).

캠퍼스뿐만 아니라 지역사회 환경이 학생들의 정체성 형성, 경험, 문화적 상호 작용에 더 깊은 영향을 미친다는 주장이 있다. 캠퍼스는 지역사회의 축소판이다. 이는 학생들이 한 장소에서 다양한 사람들과 더 많은 상호 작용을 할 수 있는 기회의 장을 열어주기 때문에 학생들의 다양성 태도에도 똑같이 영향을 미친다. 이 두 환경(학교와 지역사회)의 다양성은 학생들의 다양성 학습과 발달에 매우 중요한데, 그 이유는 학생들이 이곳에서 피부색, 인종, 성별과 같은 사회적, 문화적, 기타 구조에 대해 최대한의 개방성을 표현하기 때문이다(Marullo, 1998). 연구자들은 학생들이 다양한 사회경제적, 문화적 배경을 가진 다양한 사람들을 접할 수 있다는 점을 더욱 높이 평가했다. 이는 새로운 상호 작용의 결과로 새로운 습관과 사고방식을 배우면서 다양성 태도에 긍정적인 영향을 미친다(Castro, 2010; Pohan, 1996).

연구자들은 학생들이 새로운 사람들과의 상호 작용을 통해 대학생 시절에 그들의 관점과 삶의 방식에 더 깊은 변화를 가져올 수 있다고 주장한다(Bowman, 2010). 이 시기는 다양한 문화, 나이, 성별, 인종을 가진 다문화 민주주의 사회에서 살아가는 다른 사람들에 대한 일반적인 인식을 촉진할 수 있는 다양성 태도가 형성되는 가장 중요한 시기이다(Loewenson & Hunt, 2011).

학창 시절은 습관과 태도가 공식적으로 발달하는 시기로, 방대한 사회 환경을 폭넓게 접하는 것이 특징이다. 따라서 연구자들은 학생들이 다양한 사람들의 경험을 폭넓게 접할 수 있도록 다양한 기회와 연계해야 한다고 제안했다. 이것은 같은 환경에 사는 다른 사람들에 대한 태도를 긍정적으로 발전시키는 데 도움이 될 것이다. 이러한 상호 작용은 상당한 결과를 가져올 것이다(Buch & Harden, 2011). 연구자들은 다양성의 세 가지 차원, 즉 구조적 다양성, 다양성 관련 이니셔티브, 다양한 상호 작용을 제시했다. 이 모든 형태가 배타적인 것은 아니다. 이들은 서로 다르다. 다양성 훈련이나 교육은 한 번에 모든 차원을 함께 발전시킬 수도 있고, 그 반대의 경우도 마찬가지다(Bell et al., 2007; Bowman, 2011). 이는 특정 시점에 학습자에게 제공되는 환경과 사회적 기회에 따라 달라진다. 또한, 연구자들은 구조적 다양성이 캠퍼스 내 다양한 집단이나 개인의 수치적 표현과 관련이 있다고 덧붙였다. 이는 기본적으로 한 교육 기관 속의 다양한 사람들을 표상하는 것이다. 구조적 다양성에 대한 교육을 위해 캠퍼스의 다양성 수준에 따라 다양한 코스와 프로그램을 설계하고 운영할 수 있다. 다양한 상호 작용에는 아이디어, 정보, 경험의 공유가 포함된다. 이러한 경험을 통해 학생들은 인종, 피부색, 성별, 정체성 측면에서 지역사회에서의 차이점을 배울 수 있다(Denson & Bowman, 2013).

다양한 경험은 학생들이 다른 배경을 가진 사람들과 그들의 사회적 배경을 이해하는 데 도움이 된다. 저자들은 학생, 기관, 기업, 사회 전반 등 다양성 노출에 참여하는 모든 사람에게 다양한 유형의 상호적 혜택이 있다고 강조했다. 연구에 따르면 다양성에 노출되면 인지적, 정의적, 대인관계 영역 등 모든 영역에서 학생의 성장과 발달이 향상된다고 한다. 또한, 다양성은 학생의 발달과 함께 기관의 성과에도 영향을 미친다. 동시에 교수진, 특히 유색인종 교수진이 다양성에 기여할 가능성이 더 크다는 연구 결과도 있다(Bowman, 2013). 다양성의 가치는 성적 지향, 능력, 성별, 사회 계층, 종교, 인종 및 기타 사회 정체성과 같은 다른 차원으로 확장된다. 이 모든 것이 교육 기관의 발전에도 직간접적으로 기여한다(Castro, 2010; Mitton-Kükner et al., 2010).

다양성은 개인과 기관의 이익 외에도 사회나 지역사회의 경제와 민간 부문을 개선하는 데도 도움이 된다. 예를 들어, 민간 비즈니스 기관이나 개인이 수행한 연구에 따르면 교육 기관은 다양한 피부색, 성별, 인종을 가진 사람들과 함께 다양한 글로벌 업무 환경에서 일할 수 있는 기술을 갖춘 인재를 양성하는 것이 필수적인 것으로 나타났다(Bowman, 2011; N. Cone, 2009). 따라서 미래의 근로자는 문화적으로 유능하고 다양한 업무 환경에서 일할 수 있는 기술을 갖춰야 한다. 다른 연구자들은 이러한 근로자가 더 유연하고 경제적으로 실행 가능하며 더 성공적이라고 주장한다. 이러한 기술을 보유한 사람들은 협력적 시민성을 촉진하는 다양한 민주 사회에서 유용하게 살아갈 수 있다(Jarrell et al., 2014). 다른 연구들은 그러한 사람들이 인종에 대한 이해, 문화적 인식과 평가, 사회적·정치적 이슈에 대한 참여, 다양성에 대한 개방성을 증가시켰다는 것을 보여주고 있다. 글로벌 업무 환경에서 효과적으로 일할 수 있는 인력을 위해서는 고등 교육 기관이 다양한 업무 환경과 사회에서 일할 수 있는 능력, 기술, 태도를 갖춘 학생들을 준비시키는 것이 필수적이다(Bowman, 2010; Denson, 2009).

서비스 러닝과 다양성

서비스 러닝은 학생들의 다양성 태도 개발에 시너지 효과를 제공한다. 그것은 학생들이 사회 변화의 주체로 활동할 수 있는 협력적 환경을 조성한다(Cardinal et al., 2014). 따라서 서비스 러닝은 다양한 사회 환경에서 사회 정의, 공존, 타인 인정에 대한 아이디어를 촉진하는 강력한 도구가 될 수 있다. 학생들이 다른 사람들과 어울릴 기회를 접하면, 그들은 사회에서 다른 사람들을 존중하고 포용하는 마음을 갖게 된다. 또한, 그들은 문화적 역동성과 다양성을 인식하게 된다(Cole & Zhou, 2014). 다른 사람들과의 상호 작용을 통해 학생들은 평화로운 공존으로 이끄는 사람들 사이의 유사점을 발견한다. 서비스 러닝은 비판 교육학(critical pedagogy)이다. 서비스 러닝은 사회에서 사회적 가치에 대해 배울 수 있는 새로운 장을 제공한다. 학생들은 사회에서 더 폭넓은 상호 작용을 통해 또래, 봉사 기관 담당자, 지역사회 구성원 등 사회 구성원들과 독특한 관계를 맺는 기회를 얻게 된다. 학생들은 아이디어와 가치를 증진하는 데 도움이 되는 지역사회 사람들과 새로운 관계를 구축한다. 이는 긍정적인 고정관념을 강화하고 사회의 권력 불균형과 관련된 문제를 해결하는 데 도움이 될 수 있다(Bentley-Williams & Morgan, 2013).

연구에 따르면, 서비스 러닝은 학생들이 지역사회에서 봉사자로서 함께 일할 때 다른 사람들과의 친밀감과 존중감을 키우는 데 도움이 되는 것으로 나타났다. 그렇지만 일부에서는 여전히 우리 사회에 극복해야 할 사회적 불의, 인종차별, 성차별, 이성애주의의 관행이 존재한다고 생각한다(Killoran et al., 2014). 그러나 대부분의 연구는 서비스 러닝이 다양성과 호혜성 문제에 대한 학생들의 긍정적인 태도 형성에 효과적으로 기여하는 교육학이라는 것을 입증했다(Burns et al., 1999). 상호성, 협력, 팀워크의 개념을 기반으로 하는 서비스 러닝은 학생들이 사회 문제에 관한 기술과 태도를 증진하고 차별 없이 문제에 대한 해결책을 모색할 수 있는 길을 열어준다. 이러한 발전은 결국 바람직한 사회 변화로 이어진다(Dauenhauer et al., 2010).

이러한 사실에도 불구하고, 이러한 협력적이고 호혜적인 관계가 이타주의와 자질에 대한 인정으로 이어지지 않을 수 있다는 우려가 있다. 때때로 많은 사람은 사회적 규범과 정체성이 결여될 수 있다고 생각한다(Marullo, 1998). 학습자 관점에서 이러한 생각은 학습자 사이에서 박탈감과 태만함을 조장할 수 있다. 많은 사회에서 공존과 친밀의 문화를 허용하지 않는 억압과 복수의 문화와 시스템이 여전히 존재하는 것처럼, 이런 일이 얼마든지 발생할 수 있다. 따라서 고등 교육에서 서비스 러닝과 다양성의 교차점은 사회사업보다는 상호 투쟁을 기반으로 사회적 평등을 위해 작동해야 한다고 믿어진다(Castro, 2010; Hurtado, 2005).

서비스 러닝의 이론과 실제

학생들이 다양한 교육 환경에 노출되는 것은 서비스 러닝 연구에서 덜 집중된 분야 중 하나로 밝혀졌다(Hirschinger-Blank & Markowitz, 2006). 연구자들은 고등 교육 기관의 다양성이 학생들이 새로운 사회 발전과 삶의 도전에 대해 배우는 훌륭한 기회를 제공한다고 믿는다. 고등 교육에서 서비스 러닝이 제공하는 많은 이점은 차이에 대한 개방성, 다양한 개인의 문제에 대한 민감성 증가, 사고의 복잡성 증가에 대한 지식, 사회에서 나오는 다양성에 대한 광범위한 개관이다(Bowman & Brandenberger, 2012).

서비스 러닝에 참여하는 학생들은 인종적 편견, 문화적 다양성, 사회 구성원 간의 차이에 대한 문제를 알고 있다고 믿어진다. 또래와의 긴밀한 접촉은 학생들이 인종을 넘어 사교적으로 어울리도록 장려한다고 주장된다. 학생들이 다양성과 차이의 문제에 대해 논의할 가능성과 우정 사이에는 밀접한 관계가 있다(Loewenson & Hunt, 2011). 연구에 따르면 성별과 다양성 태도 사이에는 유의미한 관계가 없는 것으로 나타났다. 또한, 학생들이 사회에서 다른 사람들과 교류할 때 친밀감과 협력, 인식, 감수성을 키울 수 있다고 믿어진다. 다양성 문제에 대한 이러한 태도와 다른 인종 및 문화권의 개인과의 사회적 상호 작용 수준은 더 긍정적인 사회 변화로 이어지는 새로운 사회적 연결고리를 개발할 수 있는 더 많은 기회를 창출한다(Buch & Harden, 2011). 다양성에 대한 새로운 지식을 쌓는 기회를 제공하는 것 외에도 학생들은 복잡한 사회 문제를 해결할 수 있는 능력을 향상할 수 있다. 학생들이 현장에서 다양한 배경을 가진 사람들과 함께 일하면서 시간을 보내면 사회 변화와 사회 정의에 대해 더욱 긍정적인 태도를 갖는다(Worrell-Carlisle, 2005). 다양성에 대한 학생들의 지식과 봉사 활동 시간 사이에는 더 강한 상관관계가 있다. 사회의 다양성 문제와 사회 정의 및 다양성에 대한 학생들의 태도에 관한 연구는 많지 않았다. 우리의 연구는 특히 서비스 러닝 연구에서 이 분야에 초점을 맞추고 있다. 우리는 고등 교육 기관의 구조적 다양성이 사회의 다양성에 대한 학생들의 태도 발달에 크게 기여한다고 믿는다. 다양성이 보장된 대학에 다니는 학생들은 그렇지 않은 학생들보다 자신의 개별 경험에 대해 더 높은 수준의 만족도를 보고할 가능성이 크다(Bowman, 2011). 우리의 연구는 기존 연구에 대한 검토를 바탕으로 다양한 고등 교육 기관에 다닐 기회가 있는 학생들이 사회에서 타인에 대해 보다 긍정적인 태도를 가지고 있다는 이론을 제시한다.

다양성 연구의 한계

서비스 러닝과 학생들의 다양성 태도에 관한 문헌은 많이 있다. 그러나 고등 교육에서 다양성에 대한 학생들의 태도에 관한 연구는 거의 없다. 다양한 학습 환경이 고등 교육 기관에서 학생들의 사회 정의감과 다양성 태도에 어떤 영향을 미치는지는 명확하지 않다(Kiely, 2005). 이와 관련하여 가장 두드러진 문제는 현재까지 다양성 개념에 대한 이해가 협소하다는 사실이다. 지금까지 모든 연구는 인종과 민족이라는 용어를 사용하여 다양성의 정의를 사용했다. 이러한 한계는 피부색, 성별, 권력, 관계, 언어, 문화 등 다양성의 다른 측면에 대한 목소리가 무시되었음을 보여준다. 기존 연구의 대부분은 자기 보고 형식을 사용하여 수행되었기 때문에 한계가 있다. 따라서 우리의 연구에서는 다양한 관점을 탐색하고 문제에 대한 보다 객관적인 분석을 제시하기 위해 더 광범위한 범위의 문헌을 검토한다(Knutsen-Miller et al., 2009; Powell & Powell, 2015). 고등 교육의 다양성 성과에 관한 연구에 대한 또 다른 비판은 응답자의 관점을 확인하는데 사용된 측정의 타당성과 신뢰성이다. 우리는 타당도와 신뢰성 문제를 피하려고 검토 접근법(review appraoch)을 사용했다. 그 결과, 우리는 현재의 문헌이 다양성의 개념, 특히 고등 교육에서 학생들의 다양성을 발달시키기 위한 서비스 러닝의 역할에 대한 이해를 넓힐 수 있다고 주장한다.

결론

이 장의 결론은 서비스 러닝이 학생들에게 다양성을 효과적으로 이해하는 기회를 제공한다는 것이다. 이전 연구에서는 다양한 맥락에서 학생들의 다양성 태도 발달을 예측하는 요인으로 서비스 러닝을 강조했다. 문헌에 따르면, 다양성은 인종, 피부색, 성별, 사회의 구조적 불평등 측면에서 차이를 인식하는 등 다양한 측면을 가진 복합적인 구성 요소이다. 서비스 러닝이 민주 사회의 시민으로서 학생들의 다양성 태도의 다양한 측면을 어떻게 발전시키는지 아는 것은 중요하다. 우리의 검토는 고등 교육에서 다양성의 결과는 설명하는 것이 더 복잡하다는 것을 발견했다. 학생들의 다양성 태도를 발달시키는 데 있어 서비스 러닝의 역할에 대해서는 여러 가지 결과가 엇갈리고 있다. 이 장에서는 고등 교육 참여를 통한 학생의 다양성 태도 발달이 서비스 러닝 연구에서 새롭게 떠오르는 개념이라는 결론을 내린다. 우리의 검토는 서비스 러닝과 다양성 간의 관계를 더 잘 이해하기 위해서는 고등 교육에서 학생들의 관용 및 능력과 관련된 연구자들의 검토가 필요하다고 결론에 이른다.

이 장에서는 서비스 러닝 경험에 참여한 학생들이 다양한 배경과 인종을 가진 사람들에 대한 부정적인 고정관념을 줄였다는 결론을 내린다. 서비스 러닝 활동에 참여하는 고등 교육 기관의 학생들은 한 사회에서 차이와 인구통계학적 차이에 대한 수용이 더 큰 것으로 나타난다. 또한, 우리의 연구는 서비스 러닝이 심리 사회적 건강, 타인에 대한 이해 증진, 타인과의 관계 능력 향상에 긍정적으로 이바지한다는 결론을 내린다.

참고 문헌

Aberle-Grasse, M. (2000). The Washington study-service year of Eastern Mennonite University refections on 23 years of service learning. *American Behavioral Scientist*, 43(5), 848–857.

Baldwin, S. C., Buchanan, A. M., & Rudisill, M. E. (2007). What teacher candidates learned about diversity, social justice, and themselves from service-learning experiences. *Journal of Teacher Education*, 58(4), 315–327.

Bell, C. A., Horn, B. R., & Roxas, K. C. (2007). We know it's service, but what are they learning? Pre-service teachers' understandings of diversity. *Equity & Excellence in Education*, 40(2), 123–133.

Bentley-Williams, R., & Morgan, J. (2013). Inclusive education: Pre-service teachers' reflexive learning on diversity and their challenging role. *Asia-Pacifc Journal of Teacher Education*, 41(2), 173–185.

Bowman, N. A. (2010). College diversity experiences and cognitive development: A meta-analysis. *Review of Educational Research*, 80(1), 4–33.

Bowman, N. A. (2011). Promoting participation in a diverse democracy a meta-analysis of college diversity experiences and civic engagement. *Review of Educational Research*, 81(1), 29–68.

Bowman, N. A. (2012). Promoting sustained engagement with diversity: The reciprocal relationships between informal and formal college diversity experiences. *The Review of Higher Education*, 36(1), 1–24.

Bowman, N. A. (2013). How much diversity is enough? The curvilinear relationship between college diversity interactions and frst-year student outcomes. *Research in Higher Education*, 54(8), 874–894.

Bowman, N. A., & Brandenberger, J. W. (2012). Experiencing the unexpected: Toward a model of college diversity experiences and attitude change. *The Review of Higher Education*, 35(2), 179–205.

Bowman, N. A., & Denson, N. (2012). What's past is prologue: How precollege exposure to racial diversity shapes the impact of college interracial interactions. *Research in Higher Education*, 53(4), 406–425.

Bringle, R. G., & Hatcher, J. A. (1996). Implementing service learning in higher education. *The Journal of Higher Education*, 221–239.

Buch, K., & Harden, S. (2011). The impact of a service-learning project on student awareness of homelessness, civic attitudes, and stereotypes toward the homeless. *Journal of Higher Education Outreach and Engagement*, 15(3), 45–61.

Burns, M., Storey, K., & Certo, N. J. (1999). Efect of service learning on attitudes towards students with severe disabilities. *Education and Training in Mental Retardation and Developmental Disabilities*, 58–65.

Cardinal, B. J., Whitney, A. R., Narimatsu, M., Hubert, N., & Souza, B. J. (2014). Obesity bias in the gym: An under-recognized social justice, diversity, and inclusivity issue. *Journal of Physical Education, Recreation and Dance*, 85(6), 3–6.

Castro, A. J. (2010). Themes in the research on pre-service teachers' views of cultural diversity implications for researching millennial pre-service teachers. *Educational Researcher*, 39(3), 198–210.

Cole, D., & Zhou, J. (2014). Do diversity experiences help college students become more civically minded? Applying Banks' multicultural education framework. *Innovative Higher Education*, 39(2), 109–121.

Cone, N. (2009). A bridge to developing efcacious science teachers of all students: Community-based service-learning supplemented with explicit discussions and activities about diversity. *Journal of Science Teacher Education*, 20(4), 365–383.

서비스 러닝의 이론과 실제

Dauenhauer, J. A., Steitz, D. W., Aponte, C. I., & Fromm Faria, D. (2010). Enhancing student gerocompetencies: Evaluation of an intergenerational service learning course. *Journal of Gerontological Social Work,* 53(4), 319–335.

Denson, N. (2009). Do curricular and co-curricular diversity activities infuence racial bias? A meta-analysis. *Review of Educational Research,* 79(2), 805–838.

Denson, N., & Bowman, N. (2013). University diversity and preparation for a global society: The role of diversity in shaping intergroup attitudes and civic outcomes. *Studies in Higher Education,* 38(4), 555–570.

Eyler, J., & Giles Jr., D. E. (1999). *Where's the learning in service-learning?* Jossey-Bass higher and adult education series. ERIC.

Eyler, J., Giles Jr., D. E., & Braxton, J. (1997). The impact of service-learning on college students. *Michigan Journal of Community Service Learning,* 4, 5–15.

Hirschinger-Blank, N., & Markowitz, M. W. (2006). An evaluation of a pilot service-learning course for criminal justice undergraduate students. *Journal of Criminal Justice Education,* 17(1), 69–86.

Holsapple, M. A. (2012). Service-learning and student diversity outcomes: Existing evidence and directions for future research. *Michigan Journal of Community Service Learning,* 18(2), 5–18.

Hurtado, S. (2005). The next generation of diversity and intergroup relations research. *Journal of Social Issues,* 61(3), 595–610.

Hurtado, S. (2006). Linking diversity with the educational and civic missions of higher education. *The Review of Higher Education,* 30(2), 185–196.

Hurtado, S., Alvarez, C. L., Guillermo-Wann, C., Cuellar, M., & Arellano, L. (2012). A model for diverse learning environments. In *Higher education: Handbook of theory and research* (pp. 41–122). Springer.

Jarrell, K., Ozymy, J., Gallagher, J., Hagler, D., Corral, C., & Hagler, A. (2014). Constructing the foundations for compassionate care: How service-learning afects nursing students' attitudes towards the poor. *Nurse Education in Practice*, 14(3), 299–303.

Kiely, R. (2005). Transformative international service-learning. *Academic Exchange Quarterly*, 9(1), 275–282.

Killoran, I., Woronko, D., & Zaretsky, H. (2014). Exploring pre-service teachers' attitudes towards inclusion. *International Journal of Inclusive Education*, 18(4), 427–442.

Knutsen-Miller, K., Gomez, S., Strage, A., Knutson-Miller, K., & Garcia-Nevarez, A. (2009). Meeting the need for K-8 teachers for classrooms with culturally and linguistically diverse students: The promise and challenge of early feld experiences. *Teacher Education Quarterly*, 36(4), 119–140.

Loewenson, K. M., & Hunt, R. J. (2011). Transforming attitudes of nursing students: Evaluating a service-learning experience. *Journal of Nursing Education*, 50(6), 345–349.

Marullo, S. (1998). Bringing home diversity: A service-learning approach to teaching race and ethnic relations. *Teaching Sociology*, 259–275.

McCarthy, A. M., & Tucker, M. L. (1999). Student attitudes toward service-learning: Implications for implementation. *Journal of Management Education*, 23(5), 554–573.

Mitton-Kükner, J., Nelson, C., & Desrochers, C. (2010). Narrative inquiry in service learning contexts: Possibilities for learning about diversity in teacher education. *Teaching and Teacher Education*, 26(5), 1162–1169.

Moely, B. E., McFarland, M., Miron, D., Mercer, S., & Ilustre, V. (2002). Changes in college students' attitudes and intentions for civic involvement as a function of service-learning experiences. *Michigan Journal of Community Service Learning*, 9(1).

Moely, B. E., Mercer, S. H., Ilustre, V., Miron, D., & McFarland, M. (2002). Psychometric properties and correlates of the Civic Attitudes and Skills Questionnaire (CASQ): A measure of students' attitudes related to service-learning.

Michigan Journal of Community Service Learning, 8(2).

Nelson, J. K., Poms, L. W., & Wolf, P. P. (2012). Developing efcacy beliefs for ethics and diversity management. *Academy of Management Learning & Education*, 11(1), 49–68.

Overall, P. M. (2010). The efect of service learning on LIS students' understanding of diversity issues related to equity of access. *Journal of Education for Library and Information Science*, 251–266.

Pohan, C. A. (1996). Pre-service teachers' beliefs about diversity: Uncovering factors leading to multicultural responsiveness. *Equity and Excellence in Education*, 29(3), 62–69.

Powell, R. G., & Powell, D. (2015). *Classroom communication and diversity: Enhancing instructional practice*. Routledge.

Shephard, K. (2008). Higher education for sustainability: Seeking afective learning outcomes. *International Journal of Sustainability in Higher Education*, 9(1), 87–98.

Stanton, T. K., Giles Jr., D. E., & Cruz, N. I. (1999). *Service-learning: A movement's pioneers refect on its origins, practice, and future. Jossey-Bass higher and adult education series*. Jossey-Bass Inc., Publishers, 350 Sansome St., San Francisco, CA 94104.

Waterman, A. S. (2014). *Service-learning: Applications from the research*. Routledge.

Wilmarth, L. R. (2004). *Service-learning and diversity: The relationship of race, gender, and prior service experience to students' self-perceived appreciation of difference and awareness of structural inequality*. University of Maryland, College Park.

Worrell-Carlisle, P. J. (2005). Service-learning: A tool for developing cultural awareness. *Nurse Educator*, 30(5), 197–202.

4장

서 비 스   러 닝 과   성 찰

4장

서비스
러닝과
성찰

지난 수십 년 동안 서비스 러닝은 하나의 학문적 분야로 크게 확장되었다(Aberle-Grasse, 2000). 서비스 러닝은 학생들의 학문적 학습, 개인적 성장, 시민 의식, 리더십 기술을 효과적으로 증진하는 것으로 알려져 있다. 이러한 목표를 달성하는 데 있어 성찰의 역할은 매우 중요한 것으로 여겨진다. 성찰은 서비스 러닝의 필수 원칙이자 요소 중 하나다(Anson, 1997). 기존의 문헌에 따르면, 성찰은 상호성이나 다양성과 같은 다른 요소에 가려져 그 중요성이 잘 드러나지 않았다. 연구자들은 성찰이 서비스 러닝 프로그램의 주요 목표 중 하나인 학습의 측면과 밀접하게 연관되어 있다고 이미 주장한 바 있다(Ash & Clayton, 2004). 둘째, 서비스 러닝 활동 중 성찰의 실천에 대한 오해가 있다(Bowen, 2007). 이 장의 주된 목적은 서비스 러닝의 개념과 실천에 만연한 이러한 오해를 명확히 하

서비스 러닝의 이론과 실제

는 것이다. 또한 이 장에서는 성찰의 실제 역할과 학생들의 학습에 미치는 영향을 강조하고자 한다.

성찰은 학습 효과를 극대화하는 데 중요한 역할을 담당한다. 성찰은 이론과 실제 사이의 실질적인 연결과 연관성을 만드는 데 도움이 된다(Ash et al., 2005). 또한, 성찰은 기본적으로 학생들의 학업 및 개인적 성과에 대한 중요한 예측 변수로 작용한다. 그렇지만 성찰의 개념과 본질이 서비스 러닝의 저자와 실천가들 사이에서 항상 미스터리로 남아 있다는 일반적인 인식이 있다(Averill et al., 2007). 서비스 러닝의 진정한 잠재력을 실현하기 위해서는 이 수수께끼를 탐구하고 논의해야 할 참된 필요성이 존재한다(Carrington & Selva, 2010; Welch & James, 2007).

성찰의 개념

연구는 성찰이 학습의 극대화를 위해 매우 중요하다는 사실을 입증하였다. 이러한 이해는 학습에 대한 구성주의 이론과 경험주의 이론에 기반을 둔다(Ash et al., 2005). 이러한 중요한 이론 중에는 콜브(Kolb)의 학습 사이클(learning cycle) 이론과 메지로우(Mezirow)의 변혁적 학습(transformational learning) 모델이 있다. 콜브는 그의 경험적 학습 주기 이론에서 학습은 건설적인 과정이며, 지식 생성은 특정 과정을 기반으로 한다고 주장했다(Carrington & Selva, 2010). 이 과정은 하나의 주기로 시작되며 주기의 첫 번째 단계는 구체적인 경험(concrete experience)이다. 이후 인지적 성찰(cognitive reflection), 추상적 이론화(abstract theorisation), 능동적 실험(active experimentation)과 같은 다른 과정이나

단계로 이어진다(Crossman & Kite, 2007; Dubinsky, 2006).[1]

성찰의 역할은 서비스 러닝의 실천에서 쉽게 찾아볼 수 있다. 서비스 러닝은 학생들에게 실제 상황에서 구체적인 실험과 현장 실습을 할 수 있는 충분한 기회를 제공한다(Carrington & Selva, 2010; Dunlap, 1998). 이를 통해 학습 경험을 개념 및 이론과 연결하여 학습을 더욱 강화하고 가정을 검증하며 향후 적용을 위한 새로운 지식을 생성한다. 동시에 메지로우의 변혁적 학습 모델은 기본적으로 학생들의 행동과 학습 모두에 변화를 가져오는 데 중점을 둔다(Anson, 1997).[2]

....

1 **역주** 콜브의 학습 사이클 이론에 따르면, 학습자는 구체적인 경험을 통해 정보를 인식하고 반성적 성찰을 통해 정보를 받아들이게 된다. 그 후 추상적인 개념화를 통해 새로운 정보를 받아들이고, 능동적 실험으로 정보를 처리하게 된다. 이렇게 능동적 실험을 통해 정보를 획득하는 과정에서 다시 구체적인 경험을 통해 새로운 정보를 인식하게 된다.

2 **역주** 메지로우의 변혁적 학습 이론은 종종 7단계 모델로 묘사되며, 변혁적 학습을 경험할 때 개인이 겪는 과정을 설명한다. 메지로우의 변혁적 학습 모델은 다음과 같다. ① 촉발 사건 또는 방향감각 상실 딜레마 : 변혁은 일반적으로 개인의 기존 신념, 가치 또는 가정에 도전하는 사건이나 상황에서 시작된다. 이 방향감각 상실 딜레마는 인지 부조화를 발생시켜 개인이 이전에 가지고 있던 관점에 의문을 제기한다. ② 자기 성찰과 비판적 성찰 : 촉발 사건 이후 개인은 비판적 성찰에 참여하며 자신의 신념과 가정, 세상을 이해하는 방식을 검토한다. 자신의 신념에 대한 근본적인 이유를 성찰하고 새로운 경험이나 정보에 근거하여 자신의 타당성을 평가한다. ③ 대안 탐색 : 이 단계에서 개인은 다양한 관점과 촉발 사건을 해석하는 방식을 이해하고자 대안적 관점을 탐색한다. 그들은 이해의 폭을 넓히기 위해 다른 사람들과 대화에 참여하거나 관련 문헌을 읽거나 다양한 정보원을 찾을 수 있다. ④ 새로운 통찰과 관점 획득 : 개인이 비판적 성찰에 참여하고 대안을 탐색하면서 새로운 통찰과 관점을 얻는다. 그들은 더 넓은 맥락에서 촉발 사건을 보기 시작하고 관련된 문제의 복잡성을 인식한다. ⑤ 새로운 이해 개발 : 이 단계에서 개인은 촉발 사건과 관련 문제에 대한 이해의 근본적인 변화를 겪는다. 그들은 자신이 얻은 새로운 통찰을 바탕으로 자신의 신념, 가치, 가정을 수정하고 보다 포괄적이고 비판적인 관점을 발전시킨다. ⑥ 행동하기 : 변혁적 학습은 단순히 새로운 통찰력을 얻는 것에 그치지 않고, 그러한 통찰력을 바탕으로 행동하는 것을 포함한다. 이 단계에서 개인은 자신의 변

서비스 러닝의 이론과 실제

이것은 실제로 학생들이 구조화된 문제 파악, 비판적 토론, 가능한 해결책 모색을 통해 개념 적용을 이해하게 될 때 발생한다(Eyler, 2002, 2001). 이러한 목표는 학생들을 도전적인 상황에 놓이게 하는 서비스 러닝을 통해 충분히 달성할 수 있다. 이 기간에 학생들은 구조화된 문제를 접하고 팀으로 협력하여 문제를 해결하려고 노력한다. 이 과정이 성찰과 의미 있는 대화를 통해 촉진된다면 궁극적으로 사회적으로 책임감 있는 행동과 학생 발달의 성장으로 이어진다(Eyler, 2002; Felten et al., 2006).

일반적으로 콜브와 메지로우 모두 이러한 주장을 지지한다. 이 이론가들은 학생들에게 바람직한 서비스 러닝의 발달 결과를 도출하는 데 있어 성찰의 중요성을 더욱 강조한다(Gould & Baldwin, 2004). 다른 연구자들은 콜브의 학습 사이클과 메지로우의 변혁적 학습 모델에 대한 연구를 더욱 확장했다. 예를 들어, 독해력 연구는 서비스 러닝에서 성찰을 활용하고 촉진하기 위한 몇 가지 프레임워크를 제공한다고 제안한다(Hatcher & Bringle, 1997). 독해력에 관한 문헌에 따르면, 학생들의 사전지식이 활성화되면 새로운 개념을 이해하는 데 도움이 된다고 한다. 여기에는 학생들이 텍스트를 자신과 연결하고 다른 텍스트를 더 넓은 세계와 연결하는 것도 포함된다(Hatcher et al., 2004). 마찬가지로, 서비스 러닝은 학생들이 교실에서의 경험을 실제 상황과 이전의 삶의 경험에 연결할 수 있도록 함으로써 학습을 촉진하는 데 도움이 된다. 이러한 방식으

혁된 이해에 따라 행동하고, 변화를 옹호하며, 개인적, 사회적 또는 조직적 변혁에 기여할 수 있는 권한을 갖게 된다. ⑦ 통합과 재통합 : 마지막으로 개인은 자신의 새로운 신념과 관점에 대한 검증과 지지를 추구하며, 이를 자신의 정체성으로 통합한다. 학습을 강화하기 위해 변화된 견해를 공유하는 공동체나 네트워크를 찾고 지속적인 대화와 성찰에 참여할 수 있다.

로 학생들의 학습이 강화된다(Ikeda, 2000).

텍스트를 자신과 연결하고 텍스트를 세상과 연결하면 독자의 문해력이 향상되는 것처럼, 학생들이 서비스 러닝 경험을 자신의 세계와 성공적으로 연결할 때 더 깊은 학습이 이루어진다(Koth, 2003; Leming, 2000). 즉, 성찰은 서비스 러닝 과정에서 학습을 향상한다. 서비스 러닝 이론은 듀이(Dewey)의 철학적 사상에 기반을 두고 있다. 그는 학습을 학생들이 자신의 지식을 삶의 경험과 연결하는 양방향 과정이라고 불렀다. 그에 따르면, 성찰은 경험의 세계와 관념의 세계를 연결하는 주요 연결고리 또는 교량이다. 성찰은 학습자가 새로 배운 지식을 새로운 삶의 경험에 적용하는 진정한 학습이 이루어지는 방식이다(Hatcher & Bringle, 1997; Lo, 2009).

성찰의 중요성

성찰은 서비스 러닝에서 단순한 개념이 아니다. 그것은 사용 가능한 지식과 신념, 그 근거, 결과에 대한 적극적이고 지속적이며 신중한 고려를 포함하는 성찰적(반성적) 사고다(Marchel, 2004). 일부 연구자에 따르면, 성찰은 기술을 습득하고 피드백을 제공하는 기반이 되는 연습이다. 성찰을 통해 학습자는 다각적인 발전과 개인적 성장 방식을 채택할 수 있다. 또한, 지식의 구성에 영향을 미치고 효과적인 마음의 습관을 개발한다(McCaugherty, 1991; McClam et al., 2008).

성찰은 고차원적인 인지적 경험일 뿐만 아니라 학습자가 비판적으로 사고하고 더 열정적으로 경험에 참여하는 정서적 경험이기도 하다(Mofat & Decker, 2000). 지금까지 서비스 러닝 연구 작업에서 정서에 관한 관심은 거의 없었지만, 효과적인 성찰을 위해서는 학습자의 학습 과정에 대한 정서적 관여가 매우 중요하다(Molee et al., 2010). 일부 저자는 효과적인 성찰이 정서와 인지 간의 상호관계에 의존한다고 생각한다. 따라서 서비스 러닝을 수행하는 동안 학생들의 감정을 유도할 필요가 있다(Panah, 2008). 감정은 효과적인 학습의 토대가 되는 동기부여의 원천이다. 즉, 성찰은 어떤 상황에서든 이론과 실천을 연결하는 과정이자 매개체로서 작용하기 때문에 단순한 행동이 아닌 양방향적 행동이다(Pusch & Merrill, 2008).

이 과정에는 학생들이 봉사 활동을 하는 동안 자신의 신념, 가정 및 관행을 평가하고 재평가하는 이성적인 방법을 탐구하는 것이 포함된다(Quezada & Christopherson, 2005). 이것은 학습의 정의적 차원과 경험을 연결하는 데 도움이 된다. 그 결과, 학생들은 자신들 사이에서 더 깊은 관계를 발전시킬 뿐만 아니라 복잡한 개념과 실제 상황에서의 적용을 이해하게 된다(Rhoads & Howard, 1997). 그러므로, 여기서 성찰은 이성적, 정의적 사고와 감정이 상호 작용하는 연결고리 또는 접점의 역할을 하며, 학생들이 개념을 상호 작용하고 상황을 이해할 수 있는 더 넓고 의미 있는 기회를 제공한다. 따라서 성찰은 변화의 원천이 된다(Slivovsky et al., 2004). 성찰은 상황에 대한 새로운 이해, 새로운 마음 상태, 더 많은 정보에 입각한 행동 방침을 촉진한다. 변혁의 과정은 학습의 뿌리를 더욱 강화한다. 이것은 교육의 궁극적인 목표이다(Slivovsky et al., 2004).

성찰 모델

성찰은 학습의 핵심이다. 학습에는 여러 가지 모델이 있지만, 서비스 러닝 과정에서는 두 가지 모델이 매우 중요하다(Ash et al., 2005; J. Eyler, 2002). 이 두 가지 모델은 봉사 과정에서 성찰하는 방법, 성찰의 학습 경험이나 효과적인 활용과 관련하여 기본적인 지침을 교수자에게 제공한다. 이와 관련하여 아일러와 자일스(Eyler & Giles, 1999)와 같은 저자는 다음과 같이 제안했다.

> 성찰 활동은 경험과 지식의 연결(connection), 봉사 전·봉사 중·봉사후 성찰의 지속성(continuity), 주제를 학습자의 실제 경험에 적용하는 맥락(context), 학생들의 관점에 대한 도전(challenging), 서비스 러닝 과정에서 학생들에게 제공되는 정서적 지원의 코칭(coaching) 등 5가지 C로 특징지어질 수 있다.

또한, 해처와 그 동료(Hatcher et al., 2004)와 같은 일부 다른 연구자도 이 모델과 유사한 모델을 제시한다. 이들은 서비스 러닝 중 평가 활동이 봉사 경험 및 수업 내용, 수업의 학습 목표와 명확하게 연계되어야 한다고 주장했다. 이는 학기 중에 이루어지는 평가에 대한 설명, 기대치 및 기준의 측면에서 구조화되어야 한다. 이렇게 하면 학생은 더 많은 시간과 공간을 확보하여 중요한 문제를 심도 있게 검토할 수 있고, 교수자는 학생에게 피드백을 제공할 수 있다(Welch & James, 2007).

따라서 학생들은 비판적 분석과 반성적 실천을 개선하는 방법을 알게 될 것이다. 여기에는 학생들이 자신의 개인적인 신념·가치·목표를 탐색하고, 명확하게 하며, 심지어 변경하거나 변경할 수 있는 더 많은 시간이 포함된다(Ash & Clayton, 2004; Bowen, 2007). 앞서 언급한 이 모든 과정은 서비스 러닝 분야의 강사와 리더가 제공하고 사용하는 이 두 가지 모델을 기반으로 명확히 설명할 수 있다. 이는 또한 성찰을 전략으로 사

서비스 러닝의 이론과 실제

용하여 서비스 러닝에서 학생의 발달, 성장 및 학습을 가장 잘 알고 지원하는 방법에 대한 교육자의 지침이 될 것이다(Rhoads & Howard, 1997; Welch, 1999).

성찰과 학습

연구에 따르면, 서비스 러닝 과정에서 체계적이고 규칙적인 성찰은 비판적 사고, 분석, 평가 및 의사 결정과 같은 학생들의 인지 능력을 향상하는 데 도움이 된다고 한다(Eyler, 2002). 성찰은 효과적인 학습을 위한 진정한 토대를 마련하는 가치다. 저자들은 서비스 러닝 활동을 할 때 활동의 양보다는 성찰 활동의 본질에 초점을 맞출 필요가 있다고 제안한다. 교육 내용을 효과적으로 처리하기 위해서는 교수자가 학생들 간의 가치 공유를 처리하는 데 주의를 기울여야 한다(Ash et al., 2005; Lo, 2009). 이는 개인뿐만 아니라 집단적으로도 이루어질 수 있다. 이를 위해 정기적인 성찰 활동은 학생들의 학습과 발달의 기회를 넓히는 데 중요한 역할을 할 것이다(Bowen, 2007; Slivovsky et al., 2004).

일부 저자는 교수자가 교실 토론, 전자 토론, 현장 학습, 직독, 창의적 글쓰기, 예술적 표현과 같은 다양한 성찰 활동과 양식을 사용해야 한다고 권장했다(Anson, 1997; Hatcher et al., 2004). 혹자는 의미 있는 학습을 위해서는 구조화된 사고가 성찰을 통해 이루어질 수 있는 토대를 제공한다고 결론지었다. 이것은 서비스 행동 개선뿐만 아니라 학습에도 기여할 수 있다(Felten et al., 2006; McClam et al., 2008).

또 다른 연구에서는 성찰적 글쓰기가 독해력 향상에 도움이 되고 향후 작업을 위한 이론적 틀을 제공한다는 사실이 밝혀졌다(Koth, 2003).

저자들은 또한 프롬프트(prompt)와 마커(marker)를 사용하면 강사가 학생들에게 의미 있는 성찰적 방법을 가르치는 데 도움이 된다는 사실을 발견했다. 프롬프트는 학생들이 쓰기 활동을 하는 동안 시작 도구로 사용되며, 마커는 쓰기 도구로 사용된다. 성찰적 콘텐츠는 학생들을 단순한 글쓰기를 넘어 새로운 아이디어와 가능성, 새로운 경험에 대한 설명으로 이끈다(Mofat & Decker, 2000; Strouse, 2003).

많은 연구자는 교수자가 학생을 위한 글쓰기 활동 계획 및 프롬프트를 논의하고 개발하여 학생들이 봉사를 텍스트, 상황, 그리고 가장 중요한 수업 목표와 연결할 수 있도록 해야 한다고 권고했다(Ash et al., 2005). 이것은 학생들이 이론과 실제의 연결과 그 안에서 성찰의 역할을 이해하는 데 도움이 될 것이다. 이와 관련하여 학생들의 성찰과 교수자들의 피드백은 학생들이 의미 있는 글쓰기를 배울 수 있는 능력을 향상하는 데 매우 중요하다는 점을 분명히 해야 한다(Ash & Clayton, 2004; Eyler, 2002).

성찰의 실제 적용

성찰은 서비스 러닝에서 다양한 방식으로 수행된다(Eyler, 2001). 예를 들어, 학생들은 자신의 서비스 러닝 경험을 객관적으로 기술하면서 누가, 언제, 어디서, 누구에게, 어떻게, 왜와 같은 일반적인 질문에 답한다(Averill et al., 2007). 또한, 학생들은 학습 목표의 다양한 범주에서 제시된 질문을 사용하여 서비스 경험을 조사하려고 한다(Ash & Clayton, 2004). 학습 목표의 범주에는 개인적 성장, 시민 참여, 학업 참여 및 향상 등이 포함된다. 따라서 성찰은 학생의 개인적 성장에 초점을 맞춰야 한다. 또한, 성찰 과정에서 학생들은 서비스 러닝 활동의 강점, 약점, 가정, 가치관을 파악해야 한다는 점도 고려해야 한다(Hatcher & Bringle, 1997; Slivovsky et al., 2004).

또한, 학생들은 타인을 위한 봉사의 결과로서 그 활동이 개인의 성장과 발달에 미치는 영향에 대해 논의해야 한다(Hatcher et al., 2004). 시민 참여의 결과로, 학생들은 봉사를 기회로 활용하여 그 상황에 필요한 변화를 가져오는 방법을 설명할 수 있어야 한다(Ash et al., 2005; Ikeda, 2000). 그 결과, 그들은 교육의 또 다른 중요한 목표인 사회에서 효과적인 변화의 주체가 될 수 있다. 또한, 시민 참여의 목표는 변화를 위한 다양한 전략과 접근법을 설명하고 사용함으로써 봉사를 통해 지역사회의 요구를 충족하는 것으로 여겨진다(Quezada & Christopherson, 2005; Welch, 1999).

학문적 이해를 증진하기 위한 성찰은 관련된 학문적 개념을 탐구하고 적용하는 것을 지향하며, 학습이 일어나는 방식을 생각하는 것뿐만 아니라 그들의 교실 상황에서 학습을 사색하고 관련 개념을 재고할 필요성을 평가하면서 유사점과 차이점에 의존한다(Mofat & Decker, 2000; Strouse, 2003). 성찰 과정 동안에 학생들은 학습이 어떻게 이루어졌는지, 학습의 주된 목적과 이유는 무엇인지, 새로운 지식이 새로운 상황이나 실제 생활에 어떻게 적용될 수 있는지에 관해 토론하면서 학습을 적극적으로 표현한다(Ash & Clayton, 2004). 성찰적인 실천의 또 다른 중요한 측면은 교수자도 단순한 관찰자가 아닌 학습 과정의 파트너가 된다는 점이다(McClam et al., 2008; Strouse, 2003). 성찰 과정에서 교수자는 학습과 봉사에 대한 토론과 평가를 위해 시간을 적절하게 사용하는 것이 중요하다(Ash & Clayton, 2004).

이것은 학생들이 서비스 러닝의 과정에서 단순한 수혜자가 아닌 진정한 나눔의 주체가 될 가능성을 높이는 데 도움이 된다(Aberle-Grasse, 2000; Slivovsky et al., 2004). 많은 저자는 서비스 러닝의 결과와 시민성 계발, 학문적 성장 등과 같은 교실 학습의 목표와 연계하는 것을 강조하였다(Ash & Clayton, 2004). 서비스 러닝 동안에 서비스 측면은 학문적 목표와 지역사회의 요구를 완전한 성찰로 연결한다. 효과적인 성찰을 촉진하기 위해 교직원들은 서비스 러닝 활동이 원하는 지식, 기술 향상 및 가치 습득을 지원하는 방식으로 구성되도록 해야 할 필요가 있다(Averill et al., 2007; Quezada & Christopherson, 2005).

결과를 파악하고 구체화한 후에는 원하는 학습을 지원할 수 있도록 활동을 구조화해야 하며, 이를 위해 성찰적인 실천의 시기를 결정해야 한다는 점을 명심해야 한다(Slivovsky et al., 2004). 기본적으로 성찰은 서비스 활동 전, 활동 중, 활동 후에 다양한 방식으로 이루어지기 때문에 그에 따라 다양한 방식으로 구조화되어야 한다(Ash & Clayton, 2004; Rhoads & Howard, 1997). 또한, 평가 방법을 파악하여 활용하고 명확한 평가 기준을 정의할 필요가 있다. 평가 방법과 기준은 학생들이 이해하기 쉽도록 잘 서술되어야 한다. 이것은 성찰의 목적, 목표, 방식, 방법을 명확히 하는 데 도움이 될 것이다(Ash & Clayton, 2004; Hatcher & Bringle, 1997).

결론

앞서 살펴본 내용을 바탕으로 이 장에서는 성찰이 학습을 촉진하는 데 유용한 도구라는 결론을 내린다. 성찰을 수행하기 위한 정형화된 모

서비스 러닝의 이론과 실제

델은 없다. 그러나 검토 결과, 교수자들은 해당 활동을 설계하고 실행하는 데 핵심적인 역할을 하는 것으로 나타났다. 또한, 검토 결과는 성찰이 새로운 지식과 다양한 맥락에서의 적용 사이의 연결고리를 만드는 데 필요한 도구라는 사실도 발견했다. 이 장에서는 선진국과 개발도상국의 맥락에서 성찰을 위한 엄한 규칙은 없다고 제안한다. 그러나 성찰의 기간과 성과는 서비스 러닝의 중요한 측면이다. 또한, 이 장에서 우리는 성찰을 제대로 수행하기 위해서는 구체적인 목표, 잘 구조화된 서비스 러닝 활동, 적절한 시기에 지속적인 성찰 활동, 그리고 명확하고 구체적인 평가 기준이 서비스–학습 그리고 학습–서비스로 연결될 수 있어야 한다는 결론에 도달했다. 문헌 검토에 근거하여 우리는 서비스 러닝에서 성찰의 중요성은 학습 과정이 성찰적 사고에 의해 효과적으로 특징지어진다는 사실에 의해 입증된다고 주장한다. 이 장에서 우리는 성찰이 학습 과정에서 학생들의 인식을 위한 원천이라는 결론을 맺는다. 이는 학생들이 습득한 새로운 지식과 인간의 문제를 해결하기 위한 새로운 맥락에서의 실제 적용을 구성·수정·검증·수선하고 향상하는 데 도움을 준다. 이처럼 성찰은 학생들의 발달과 서비스 러닝의 목표 달성을 위한 도구가 된다. 마지막으로 성찰의 결과로 학생들은 자신의 신념에 도전하고, 자신의 가정을 시험하며, 새로운 지식을 창출하고, 새로운 아이디어를 개발한다고 주장할 수 있다.

참고 문헌

Aberle-Grasse, M. (2000). The Washington study-service year of Eastern Mennonite University refections on 23 years of service learning. *American Behavioral Scientist*, 43(5), 848–857.

Anson, C. M. (1997). On refection: The role of logs and journals in service-learning courses. In L. Adler-Kassner, R. Crooks, & A. Watters (Eds.), *Writing the community: Concepts and models for service-learning in composition* (pp. 167–180). AAHE.

Ash, S. L., & Clayton, P. H. (2004). The articulated learning: An approach to guided refection and assessment. *Innovative Higher Education*, 29(2), 137–154.

Ash, S. L., Clayton, P. H., & Atkinson, M. P. (2005). Integrating refection and assess\-ment to capture and improve student learning. *Michigan Journal of Community Service Learning*, 11(2), 49–60.

Averill, N. J., Sallee, J. M., Robinson, J. T., McFarlin, J. M., Montgomery, A. A., Burkhardt, G. A., & Elam, C. L. (2007). A frst-year community-based service learning elective: Design, implementation, and refection. *Teaching and Learning in Medicine*, 19(1), 47–54.

Bowen, G. (2007). *Refection method and activities for service learning: A student manual and workbook*. Kendal/Hunt.

Carrington, S., & Selva, G. (2010). Critical social theory and transformative learning: Evidence in pre-service teachers' service-learning refection logs. *Higher Education Research & Development*, 29(1), 45–57.

Crossman, J. M., & Kite, S. L. (2007). Their perspectives: ESL students' refections on collaborative community service learning. *Business Communication*

서비스 러닝의 이론과 실제

Quarterly, 70(2), 147–165.

Dubinsky, J. (2006). The role of refection in service learning. Business Communica\-tion Quarterly, 69(3), 306–311. Dunlap, M. R. (1998). Methods of supporting students' critical refection in courses incorporating service. *Teaching of Psychology*, 25(3), 208–210.

Eyler, J. (2001). Creating your refection map. New Directions for Higher Education, 2001(114), 35–43. Eyler, J. (2002). Refection: Linking service and learning – Linking students and communities. *Journal of Social Issues*, 58(3), 517–534.

Eyler, J., & Giles, D. E. (1999). *Where's the learning in service-learning?* Jossey-Bass.

Felten, P., Gilchrist, L. Z., & Darby, A. (2006). Emotion and learning: Feeling our way toward a new theory of refection in service-learning. *Michigan Journal of Community Service Learning*, 12(2), 38–46.

Gould, N., & Baldwin, M. (2004). *Social work, critical refection and the learning organisation*. Ashgate.

Hatcher, J. A., & Bringle, R. G. (1997). Refection: Bridging the gap between service and learning. *College Teaching*, 45(4), 153–158.

Hatcher, J. A., Bringle, R. G., & Muthiah, R. (2004). Designing effective reflection: What matters to service-learning? *Michigan Journal of Community Service Learning*, 11(1), 38–46.

Ikeda, E. (2000). *How refection enhances learning in service-learning courses*. Paper Presented at the American Educational Research Association (AERA), National Conference, New Orleans, LA. Retrieved from https://fles.eric.ed.gov/fulltext/ ED442436.pdf

Koth, K. (2003). Deepening the commitment to serve: Spiritual refection in service-learning. *About Campus*, 7(6), 2–7.

Leming, J. S. (2000). Integrating a structured ethical refection curriculum into high school community service experiences: Impact on students' sociomoral development. *Adolescence*, 36(141), 33–45.

Lo, W. Y. W. (2009). Refections on internationalisation of higher education in Taiwan: Perspectives and prospects. *Higher Education*, 58(6), 733–745.

Marchel, C. A. (2004). Evaluating refection and sociocultural awareness in service learning classes. *Teaching of Psychology*, 31(2), 120–123.

McCaugherty, D. (1991). The use of a teaching model to promote refection and the experiential integration of theory and practice in frst-year student nurses: An action research study. *Journal of Advanced Nursing*, 16(5), 534–543.

McClam, T., Diambra, J. F., Burton, B., Fuss, A., & Fudge, D. L. (2008). An analysis of a service-learning project: Students' expectations, concerns, and refections. *Journal of Experiential Education*, 30(3), 236–249.

Mofat, J., & Decker, R. (2000). Service-learning refection for engineering: A faculty guide. In E. Tsang (Ed.), *Design that matters: Concepts and models for service-learning in engineering* (pp. 31–39). AAHE.

Molee, L. M., Henry, M. E., Sessa, V. I., & McKinney-Prupis, E. R. (2010). Assessing learning in service-learning courses through critical refection. *Journal of Experiential Education*, 33(3), 239–257.

Panah, K. (2008). Exploring patterns in teachers' conceptions of citizenship and political participation: A survey of secondary school teachers in Karachi, Pakistan. *Journal of Research and Refections in Education*, 2(2), 103–120.

Pusch, M. D., & Merrill, M. (2008). Refection, reciprocity, responsibility, and committed relativism: Intercultural development through international service learning. In V. Savicki (Ed.), *Developing intercultural competence and transformation: Theory, research, and application in international education* (pp. 297–321). Stylus.

Quezada, R. L., & Christopherson, R. W. (2005). Adventure-based service learning: University students' self-refection accounts of service with children. *Journal of Experiential Education*, 28(1), 1–16.

Rhoads, R. A., & Howard, J. (1997). Academic service learning: A pedagogy of action and refection. *New Directions for Teaching and Learning* (73). Jossey-Bass.

Slivovsky, L. A., DeRego Jr., F. R., Zoltowski, C. B., Jamieson, L. H., & Oakes, W. C. (2004). *An analysis of the refection component in the epics model of service learning.* Paper Presented at the Proceedings of the American Society for Engineering Education Annual Conference and Exposition, Salt Lake, UT. Retrieved from https://peer.asee. org/an-analysis-of-the-refection-component-in-the-epics-model-of-service-learning

Strouse, J. H. (2003). Refection as a service-learning assessment strategy. *Journal of Higher Education Outreach and Engagement*, 8(2), 75–87.

Welch, M. (1999). The ABCs of refection: A template for students and instructors to implement written refection in service-learning. *NSEE Quarterly*, 25(2), 23–25.

Welch, M., & James, R. C. (2007). An investigation on the impact of a guided refec\-tion technique in service-learning courses to prepare special educators. *Teacher Education and Special Education: The Journal of the Teacher Education Division of the Council for Exceptional Children*, 30(4), 276–285.

5장

서비스 러닝의 평가

5장

서비스
러닝의
평가

서비스 러닝의 평가에 관해서는 현재 문헌에서 논쟁이 벌어지고 있다. 지난 수년간의 연구 결과에 따르면, 서비스 러닝이 학생들의 학습을 촉진하는 것으로 나타났다(Driscoll et al., 1996; Gelmon, 2001). 그러나 서비스 러닝이 학생들의 학습에 어떤 영향을 미치는지, 그리고 이를 증명할 수 있는 증거는 무엇인지에 대한 중요한 질문이 제기되고 있다(Narayanan, 2011). 이러한 질문과 다른 질문들로 인해 저술가, 서비스 교수진, 관리자들은 혼란스럽고 불확실한 상태에 놓여 있다. 많은 서비스 러닝 프로그램이 학생과 지역사회 모두에 더 깊은 혜택을 가져다주었지만, 서비스 러닝의 개념과 실천에 관련된 불명확한 평가 관행으로 인해 그것의 함의는 탐색되지 않았거나 불명확한 상태로 남아 있다. 이 장의 주요 목적은 현재 서비스 러닝 분야의 이러한 상황을 검토하고 서비스

서비스 러닝의 이론과 실제

러닝에서의 평가와 그 적용이라는 오랜 문제에 대한 해답을 제시하는 것이다.

고등 교육 수준에서 서비스 러닝은 많은 도전에 직면해 있다. 그러한 도전 중 하나는 다른 학문적 교육 모델들 사이에서 훨씬 이상화되고 덜 실현된 역할과 위치로 인해 항상 위태로운 학문 분야로서의 지속 가능성이다(Furco, 1996). 저자들은 서비스 러닝이 제대로 인정받기 위해서는 일반 또는 특정 교육 프로그램에 널리 통합되어야 하며, 항상 의문과 논쟁이 제기되는 실질적인 효과를 보장하기 위해 효과적인 평가 기법과 방법을 사용해야 한다고 생각한다(Carver, 1997; Holland, 2001). 이를 위해 대학 수준에서 다양한 교육 평가 관행이 채택될 수 있다. 이 장에서는 고등 교육에서 서비스 러닝의 질적 평가 관행이 필요한 이유를 설명하고자 한다.

다양한 교육 프로그램에 참여하는 학생들의 인지적·정의적 성과를 측정하는 데 사용할 수 있는 다양한 교육 도구가 있다. 서비스 러닝은 그러한 교육적인 학술 프로그램 중 하나다(Tonkin & Quiroga, 2004). 서비스 러닝은 교과목의 학습 목표 달성과 함께 조직적이고 구조화된 봉사 활동을 제공함으로써 지역사회의 필요를 실현하는 데 도움이 되는 학문적 교수법이나 교육적 경험으로 정의된다(Bringle & Hatcher, 1996). 일부에서는 서비스 러닝을 학점을 포함하는 교육적 실천으로 정의하며, 이때 서비스 러닝은 사회나 지역사회의 필요를 교실의 학습이나 목표와 효과적으로 연결하는 성찰을 포함한다(Seifer, 1998; Sigmon, 1996).

서비스 러닝의 평가는 학문적 교과목이나 모델로서 서비스 러닝의 다양한 역할과 연관성으로 인해 오랫동안 논쟁의 대상이 되어 왔다 (Bringle et al., 2004). 교수진이나 실무자가 교육 현장에서 학습자의 발달과 향상 수준을 결정할 수 있는 충분한 증거를 제공하는 형성평가와 총괄평가의 다양한 유형이 있다(Ash & Clayton, 2004; Gelmon, 2000). 이러한 평가 관행은 학습의 인지적 영역과 정의적 영역을 평가하는 데 초점을 맞추고 있다. 또한, 학문적 분야로서 서비스 러닝은 수행의 질과 학생의 발달에 미치는 영향을 판단하기 위해 다양한 평가 기법을 필요로 한다(Kuh, 2001; Strage, 2000).

교육과정 개발과 개선에서 평가의 중요한 역할을 고려할 때, 서비스 러닝 교육과정은 평가 결과의 증거를 원천으로 하여 형성되어야 한다고 여겨진다(Weigert, 1998). 서비스 러닝에서 평가는 학생의 발달을 위해 양질의 학습 기회를 제공하기 위한 것으로 여겨진다. 또한, 평가는 서비스 러닝이 학생들의 학습 결과를 어떻게 형성하고 향상하는지를 밝혀내야 한다(Bringle & Hatcher, 2000). 이것은 자주 제기되는 질문 중 일부이다. 이러한 증거에도 불구하고, 서비스 러닝이 교육과정을 변화시킬 수 있는 가능성은 거의 없다. 따라서 연구자들은 체계적이고 지속적인 평가가 프로그램 평가자, 관리자, 교수진에게 체험학습 교육학으로서 서비스 러닝이 학생들의 학습과 발달에 미치는 강력하고도 많은 영향을 직접적으로 제공하는 기회를 제공할 수 있다고 믿는다(Suskie, 2010; Tonkin & Quiroga, 2004). 이를 위해 최근 일부 저자는 교수진과 행정가들이 다양한 모델을 활용하여 현지의 필요와 교육과정의 요구사항을 고려하여 양질의 평가 절차와 도구를 설계하고 관리해야 한다고 제안한다(Zhang et al., 2011).

더 나은 평가는 대학원이나 학부 프로그램의 품질에 서비스 러닝을 연계할 수 있는 다양한 방법을 제공한다고 믿어진다(Molee et al., 2010). 그러나 서비스 러닝에 대한 비평가들은 고등 교육이 학계 밖에서 성공을 거두는 데 중요한 지식과 기술, 특히 학생들이 실제 문제 해결과 비판적 사고를 할 수 있도록 준비시키는 데 필요한 지식과 기술에 초점을 맞추지 못했다고 주장한다(George & Shams, 2007). 문헌에 따르면, 서비스 러닝 활동 중에 학생들이 교실에서 배운 내용을 서비스 러닝 프로그램의 주요 목표인 지역사회 또는 외부 세계에서 적용하거나 사용할 수 있도록 하는 노력이 거의 이루어지지 않고 있다고 언급하고 있다(Dunn et al., 2004; Gelmon, 2003).

물론 성적 및 기타 평가 절차는 대개 주요 개념을 이해하거나 개념화하는 데 약간의 노력이나 저급한 사고력을 요구하는 단답형, 선택형 또는 에세이 작성 문제와 관련된 정보를 수집한다(Hatcher & Bringle, 1997). 서비스 러닝의 역할은 고등 교육 기관에 대한 이러한 문제나 비난을 일부 개선하거나 완화할 수 있다는 것이다. 그 이유는 변혁적 교육학으로서의 서비스 러닝을 통해 학생들이 제공된 서비스와 확인된 문제점을 비판적으로 조사·분석·성찰할 수 있기 때문이다. 서비스 러닝은 다양한 맥락에서 사고하는 기술을 가르친다. 또한, 서비스 러닝은 지적 성장과 발달을 촉진하기 위한 도전과 지원의 적절한 균형을 제공한다(Bringle & Hatcher, 1996; Ward & Wolf-Wendel, 2000).

지식 적용에 대한 평가에 관한 한, 서비스 러닝은 이론을 실천으로, 실천을 이론으로 전환할 수 있는 최고의 플랫폼을 제공한다(Ash &

Clayton, 2004). 평가의 주된 목적이 모든 형태와 측면에서 학습과 지식 발달을 증진하는 것이기 때문에(Sanderson & Vollmar, 2000), 서비스 러닝에 대한 형성평가와 총괄평가의 증가는 서비스 실천의 질을 개선하고 학생들의 학습을 향상하는 데 중요한 피드백을 제공할 것이다(Holland, 2001; Serow, 1997). 이와 관련하여 많은 교수진이 서비스 러닝 과목을 가르치면서 설문조사, 면담, 관찰 등 다양한 방법을 통해 평가에 활용할 수 있는 자료를 수집하는 것으로 나타났다(Tonkin & Quiroga, 2004). 그러나 그들은 이러한 증거나 문서를 학생들의 성과나 프로그램 효과에 관한 의사 결정에 체계적으로 활용하지는 않는다. 만약 그들이 그것을 제대로 활용한다면, 이는 동료들과 협력하고 교과목과 교육과정 전반의 결과를 평가하는 데 도움이 될 것이다. 이 모든 것은 자료 수집을 체계적으로 검토하고, 학생 성과 결과에 대해 동료들과 더 많은 토론을 하도록 이끌 것이다. 이것은 서비스 러닝 실무자 및 연구자들과 공유될 수 있다(Bowman & Brandenberger, 2010; Kearney, 2004).

또한, 평가 실무에 서비스 러닝 실무자를 참여시키는 것도 필수적이다. 그것은 더 다양한 서비스 러닝 평가 절차와 출처 및 연구 문헌을 확보할 수 있는 추가적인 이점을 제공할 것이다(Abes et al., 2002). 시간이 지남에 따라 강의실 프로그램과 기관 전반의 서비스 러닝 평가가 수행됨에 따라서 더 전문적으로 건전한 평가 절차와 도구를 사용하는 것이 더 쉬워질 것이다(Toncar et al., 2006). 또한, 이것은 교직원들이 평가 결과를 고등 교육의 경영진뿐만 아니라 평가, 서비스 러닝, 교수·학습과 관련된 학회에서 발표하는 기회를 제공할 것이다. 이것은 풀뿌리 수준에서 더 많은 서비스 러닝 연구자와 연구 도구를 자극할 것이다(Shumer et al., 2000).

서비스 러닝에서 평가의 가능성

평가는 평가해야 할 특정 프로그램과 관련된 목적과 목표를 설정하는 것으로 시작되는 활동이다(Balazadeh, 1996; Gelmon, 2003). 따라서 평가의 첫 번째 중요한 단계는 목적과 목표를 파악하는 것이다. 서비스 러닝 실무자들도 서비스 활동을 평가하기 위한 목적과 목표를 명확히 해야 한다. 목적과 목표는 기본적으로 구체적인 서비스 러닝 프로그램의 결과물이다(Applegate & Morreale, 1999). 두 번째로 중요한 단계는 결과를 측정하기 위한 도구를 개발하는 것이다. 서비스 러닝 결과를 측정하거나 평가하는 방법에는 여러 가지가 있다. 여기에는 설문조사, 태도 척도 등이 있다(Butin, 2006). 이러한 도구는 평가를 보완하고 맥락을 제공하며 학생 학습과 관련된 관련 조치를 지시하는 데 중요한 역할을 담당한다. 실무자는 평가 보고서에 서비스 러닝 활동의 모든 측면을 다루는 이러한 도구를 포함해야 한다(Oates & Leavitt, 2003).

평가 과정의 또 다른 핵심 측면은 측정이 프로그램 목표와 관련이 있고 의미가 있어야 의사 결정 과정을 공정하게 촉진하고 그 결과가 서비스 실천을 개선하는 데 도움이 될 수 있다는 사실이다(Hegeman et al., 2003). 여기서 서비스 러닝 평가의 주요 목표는 실천의 개선이라는 것이 분명해진다. 이러한 목표를 달성하기 위해 서비스 러닝 교수진은 프로그램의 필요와 범위에 따라 다양한 평가 도구와 기법을 개발하여 사용하며, 심지어 현지에서 만든 루브릭을 포함하여 평가해야 하는 경우도 존재한다. 다른 사람들은 비록 다른 곳에서 개발되었지만, 관련성이 있고 신뢰할 수 있는 도구를 채택하여 사용한다(LaMaster, 2001; Schafer et al., 2000).

서비스 러닝 평가를 위한 도구 및 기법

교수진은 서비스 러닝을 평가하기 위해 다양한 유형의 도구를 사용한다. 그중 일부는 채택되어 적용되고, 다른 일부는 자체적으로 개발된다(Clayton et al., 2010). 학문적 모델로서 서비스 러닝은 모든 분야에서 학생들의 시민성, 윤리성, 사회성 및 리더십 개발과 같은 다양한 결과에 영향을 미친다는 증거가 있다. 그러나 앞서 언급했듯이 이 검토 분석의 주요 목적은 서비스 러닝의 평가 관행을 검토하는 데 중점을 둔다(Shaw & Jolley, 2007). 평가에는 두 가지 유형이 있다. 하나는 프로그램 평가와 관련된 평가이고, 다른 하나는 서비스 러닝 프로그램에 참여한 결과 학생들의 인지적 결과를 평가하는 인지적 평가이다.

이 장에서 우리는 특히 서비스 러닝 프로그램에 참여한 학생들의 인지적 성과에 대한 현재 문헌을 조사한다(Gray et al., 2000). 예를 들어 연구 척도, 설문조사, 에세이 작성, 프로토콜, 체크리스트, 인터뷰 등 교수진이 서비스 러닝 성과를 평가할 때 일반적으로 사용하는 다양한 도구가 있다. 여기서 언급해야 할 점은 프로그램의 맥락과 성격에 따라 서비스 러닝 교수진이 이러한 도구 중 하나를 사용할 수 있다는 사실이다(Galantino et al., 2006). 이러한 도구는 지식 적용, 비판적 사고력, 문제해결 능력, 학습자의 지적 성장과 같은 인지적 결과와도 연계될 수 있다. 연구자들은 교수진이 학생 발달에 관한 자료 수집을 목적으로 평가 도구를 현장에 적용하기 전에 그것을 반드시 검토해야 한다고 제안한다. 또한, 적용 전에 평가 도구의 타당도와 신뢰도를 검토하여 필요한 평가 도구가 올바른 측정에 도움이 될 수 있는지를 보증해야 한다(Hydorn, 2007; Werder & Strand, 2011).

서비스 러닝 학습자의 인지적 성과를 구체적으로 평가하기 위해 연구 척도가 개발되어 사용되는 중이다. 이를 위해 일반적으로 스트라우스(Strouse, 2003)가 개발한 인지 학습 척도(Cognitive Learning Scale)가 사용된다. 이 척도는 사전 검사와 사후 검사를 포함하는 8개의 항목으로 구성되어 있다. 이 척도는 특정한 교과목의 요구사항에 대해 질문한다. 이 척도는 특정 교과목과 관련된 개념을 실제 상황 및 문제에서 정당화·설명·적용하는 능력과 같은 매우 구체적인 결과를 측정한다. 그것은 기본적으로 사전 검사와 사후 검사 사이에 학습한 내용에 대한 수강생의 답변이나 판단을 평가하기 때문에 학습에 대한 간접적인 척도라고 할 수 있다. 이와 관련하여 브링글과 그 동료(Bringle et al., 2004)와 같은 많은 저자는 자료 수집을 위해 연구 척도(research scales)를 사용했다.[1] 이 척도는 원래 서비스 러닝 결과를 평가하기 위해 만들어진 것은 아니지만, 다양한 방식으로 일반적인 서비스 러닝 결과와 관련이 있다.

또 다른 평가 도구로는 문제 해결 목록(Problem-Solving Inventory)이 있다. 이 도구는 서비스 러닝 활동에 참여하는 학습자의 문제 해결 능력에 대한 개인의 인식을 평가한다. 이 도구는 기본적으로 비판적 사고와 관련된 척도를 포함하는 간접 측정 도구이기도 하다. 연구 분야에서 자주 사용되는 또 다른 평가 도구는 왓슨 클레이저 비판적 사고 평가(Watson Claser Critical Thinking Appraisal)이다. 이 도구는 여러 서비스 러닝 경험에서 사용되는 유명한 측정 방법이다. 이 도구는 서비스 러닝 프로그램에서 학생들의 비판적 사고 능력 평가에 대한 지침을 제공한다.

---

1   **역주** 연구 척도는 사회과학 연구에서 태도, 행동, 성격 특성, 심리 상태 등과 같은 다양한 구성이나 변수를 측정하는 도구이다. 이러한 척도는 일반적으로 신뢰성과 타당성을 확보하기 위해 항목 생성, 정교화, 타당성 검증의 엄격한 과정을 거쳐 개발된다.

이 측정 도구는 5가지 척도를 포함한다. 추론, 가정 인식, 연역, 해석, 논거 평가가 바로 그것이다. 서비스 러닝 경험을 측정할 때 사용할 수 있는 또 다른 도구는 캘리포니아 비판적 사고 기술 테스트(California Critical Thinking Skills Test)이다. 이 측정 도구는 비판적 사고 구인의 5가지 인지적 차원, 즉 분석, 평가, 추론, 연역적 추론, 귀납적 추론을 제공한다.

코넬 비판적 사고 테스트(Cornell Critical Thinking Test)는 수년 동안 서비스 러닝 분야에서 사용된 또 다른 평가 도구이다. 이 도구는 6가지 차원, 즉 귀납, 연역, 관찰, 신뢰도, 가정, 의미로 구성되어 있다. 서비스 러닝 참가자의 지적 발달을 측정하기 위해 학자들은 지적 발달 척도(Scale for Intellectual Development)를 개발했다. 이 척도는 1983년에 어윈(Erwin)이 지적 발달을 위한 페리(Perry)의 계획(1968-1999)의 세 가지 혹은 네 가지 단계를 측정하기 위해 개발했다. 이 척도는 네 가지 차원, 즉 이원론, 상대주의, 헌신, 공감으로 구성되어 있다(Butin, 2010; Jarmon et al., 2009). 대부분의 지적 발달 평가 도구는 개념화 척도(conceptualisation measures)의 직접적 방식과 간접적 방식에 대한 새로운 차원을 설명한다. 이러한 척도는 학생들이 사고하는 방식을 설명한다. 기본적으로 이러한 도구는 서비스 러닝 프로그램에 참여하는 학생들의 신념과 태도를 평가한다(McClam 외, 2008). 또한, 그것은 자기보고 과제나 과업에 대한 학생의 반응을 직접 측정하기도 한다.

무어가 개발한 혼합 척도 또는 학습 환경 선호도(Learning Environment Preferences)라는 또 다른 평가 도구가 있다. 이 척도의 기본 목표는 이원론, 초기 다중성, 후기 다중성, 맥락적 상대주의, 인지 복잡성 지수를 평가하는 것이다. 이 혼합 측정 척도는 1990년에 개발된 쇼머(Schommer)의 지적 발달 척도와 인식론적 질문지에 관한 연구를 기반으로 한다. 이 평가 척도는 지식의 안정성, 지식의 구조, 학습 속도, 학습 능력과 같은 네 가지 차원에서 학생들의 지식과 학습에 대한 신념을 측정한다(Young et al., 2007).

서비스 러닝 결과를 측정하는 데 사용되는 또 다른 평가 도구는 문제 해결 분석 프로토콜(Problem-Solving Analysis Protocol)이다. 연구자들은 서비스 러닝 분야의 비판적 사고 분석을 위해 이 측정 도구를 사용한다. 학생들의 지식 개념과 학습을 측정하기 위해 인지 수준 및 질적 글쓰기 평가 도구는 학생들의 글쓰기 능력과 인지 능력을 평가하기 위한 직접적인 측정 도구로 사용된다. 이러한 평가 도구는 서비스 러닝 교수진에게 교실 환경에서 비판적 사고와 문제 해결 능력을 구체적으로 평가할 수 있는 지식과 능력을 제공한다. 이러한 평가 모델은 1994년에 개발된 킹(King)과 키치너(Kitchner)의 성찰적 판단 모델(Reflective Judgmental Model)[2], 1980년에 발표된 피셔(Ficher)의 역동적 기술 이론

2　**역주** 성찰적 판단 모델은 개인이 불확실하거나 모호한 정보에 대해 비판적으로 분석하고 판단하는 능력을 발전시키는 단계들의 발달적 순서를 제안한다. 이러한 단계들은 불확실성과 복잡성을 다룰 수 있는 자신의 사고 과정과 역량의 정교성을 높인다는 특징이 있다. 이 모델은 크게 세 단계로 구성되어 있다. ① 전(前)성찰적 사고 : 이 단계에서 개인은 단순하거나 절대적이거나 흑백의 사고 방식에 의존하는 경향이 있다. 그들은 지식을 확실하고 객관적이라고 볼 수 있으며, 종종 기존의 믿음에 도전하는 관점이나 증거를 고려하는 데 어려움을 겪는다. 그들은 자신의 판단을 안내하기 위해 권위 있는 인물이나 구체적인 사실에 크게 의존할 수 있다. ② 준성찰적 사고 : 이 단계의 개인들은 절대적 확신의 한계를 인식하고 다양한 관점과 해석의 존재를 인식하기 시작한다. 그들은 증거와 주장을 더 비판적으로 고려하기 시작할 수 있지만, 여전히 모호함과 불확실성으로 어려움을 겪는다. 그들은 지식이 항상 단순하지는 않다는 것을 이해할 수 있지만, 아직 서로 다른 관점을 평가하는 일관된 기준을 찾지 못했을 수도 있다. ③ 성찰적 사고 : 이 단계는 성찰적 판단 모델에 따른 가장 높은 수준의 인지 발달을 나타낸다. 이 단계의 개인은 모호성과 불확실성에 편안하고 복잡한 문제를 비판적으로 분석할 수 있다. 이들은 증거의 해석과 평가를 통해 지식이 구성된다는 것을 인식하고 적극적으로 다각적인 관점을 모색한다. 이들은 다양

(Dynamic Skill Theory)을 기반으로 한다.[3] 이 척도는 서비스 러닝이 서비스 경험에 참여한 결과로써 학생들의 고차적 사고력을 어떻게 증진하는지를 평가하기 위해 개발되었다(Furco, 1999, 2007).

서면 작업, 현장 작업, 과제 및 프로젝트 작업과 같은 서비스 러닝 활동에서 학습자의 특정한 인지적 수행과 정의적 수행을 측정하는 데 사용되는 인터뷰와 질문지와 같은 다른 유형의 평가 도구도 존재한다(Hesser, 1995). 서비스 러닝 평가에 사용되는 유명한 평가 도구 중 하나는 문제 해결 인터뷰 프로토콜(Problem Solving Interview Protocol)이다. 이 도구는 서비스 러닝의 다양한 결과를 평가하는 데 사용된다. 이 인터뷰 프로토콜은 서비스 활동 참여 전후에 서비스 러닝이 사회적 프로그램에 대한 원인, 해결책, 전략을 파악하는 학생의 능력에 미치는 영향과 관련된 학생의 태도를 조사한다. 다양한 평가 도구 외에도 서비스 학습 분야에서 사용할 수 있는 다른 대체 도구가 있으며, 이 도구는 서비스 학습 활동에 참여한 경험에 대한 대학생의 결과를 평가하는 데 사용할 수 있다(Bringle et al., 2004).

한 정보를 종합하고 현실 세계 문제의 복잡성을 고려한 미묘한 판단을 내릴 수 있다.

3   역주 역동적 기술 이론(DST)은 인지 심리학 및 발달 심리학 분야의 이론적 틀로, 개인이 환경과의 상호 작용을 통해 시간이 지남에 따라 어떻게 자신의 기술을 습득하고 정교화하고 적응하는지 설명한다. 이것은 기술 습득의 역동적이고 비선형적인 발달 특성을 강조함으로써 기술 습득에 대한 전통적인 관점에 도전한다.

서비스 러닝은 다양하고 역동적인 분야다. 이 장의 검토 분석에서는 서비스 러닝의 개념, 적용, 과제 유형, 성과 측정에 사용할 수 있는 다양한 방법과 유형의 평가 도구와 관련하여 서비스 러닝 평가의 여러 측면을 분석했다. 고등 교육에서 서비스 러닝의 성과를 측정할 때 사용할 수 있는 다양한 도구에 대한 여러 가지 주장이 제시되고 설명되었다. 이 장에서는 특히 학생들의 인지 능력 발달과 관련된 평가 도구를 검토했다. 우리는 프로그램 평가 사정 도구를 다루지 않았다. 따라서 이 장에서는 향후 연구에서 학문적 기술과 지식을 개발하는 데 있어 서비스 러닝 프로그램의 효과를 이해하기 위해 사용되는 다양한 서비스 러닝 프로그램 평가 도구를 조사할 것을 제안한다.

이 장에서 우리는 주로 서비스 러닝 평가의 '방법' 측면에 초점을 맞추었으며, 고등 교육에서 서비스 경험을 실천하는 것과 관련된 몇 가지 이점을 정확히 파악했다. 우리는 향후 연구는 중등 또는 고등 교육 수준에서 서비스 러닝 평가의 '방법' 측면을 반드시 조사해야 한다고 제안한다. 이 장에서 우리는 서비스 러닝이 목표에 기반한 능동적이고 실제적인 관점을 지향하는 교육학이라는 결론을 내렸다. 서비스 러닝 프로그램의 질을 높이고 증진하기 위해서는 다양한 텍스트와 분야에서 서비스 경험의 다양한 차원을 다룰 수 있는 더 많은 품질 평가 기법을 사용해야 한다. 이는 대학 수준에서 평가 관행에 대한 복잡하고 어려운 논쟁을 해결하는 데 도움이 될 것이다. 이러한 검토 분석은 서비스 러닝 분야에서 점점 더 다양하고 역동적인 평가 관행을 사용하는 것이 교실 밖에서 지역사회를 위해 봉사에 참여하는 학생들의 기술, 지식, 능력을 더 잘 측정하는 데 중요한 역할을 할 것이라는 통찰을 제공한다. 이러한 검토를 바탕으로 우리는 교수진, 프로그램 관리자 및 연구자들이 다양한 평가 관행을 강조하고 실제 경험과 관련이 있을 수 있는 현재의 비평을 해결하려고 노력할 것을 권면한다.

참고 문헌

Abes, E. S., Jackson, G., & Jones, S. R. (2002). Factors that motivate and deter faculty use of service-learning. *Michigan Journal of Community Service Learning*, 9(1), 5–17.

Applegate, J. L., & Morreale, S. P. (1999). Service-learning in communication: A natural partnership. In E. Zlotkowski, D. Droge, & B. O. Murphy (Eds.), *Voices of strong democracy: Concepts and models for service-learning in communication studies* (pp. ix–xiv). American Association for Higher Education.

Ash, S. L., & Clayton, P. H. (2004). The articulated learning: An approach to guided refection and assessment. *Innovative Higher Education*, 29(2), 137–154.

Balazadeh, N. (1996). *Service-learning and the sociological imagination: Approach and assessment*. Paper Presented at National Historical Black Colleges and Universities Faculty Development Symposium, Memphis, TN. Retrieved from https://fles.eric.ed.gov/fulltext/ED402854.pdf

Bowman, N., & Brandenberger, J. (2010). Quantitative assessment of service-learning outcomes: Is self-reported change an adequate proxy for longitudinal change. In J. Keshen, B. A. Holland, & B. E. Moely (Eds.), *Research for what? Making engaged scholarship matter* (pp. 25–43). Information Age.

Bringle, R. G., & Hatcher, J. A. (1996). Implementing service learning in higher education. *The Journal of Higher Education*, 67(2), 221–239.

Bringle, R. G., & Hatcher, J. A. (2000). Institutionalization of service learning in higher education. *Journal of Higher Education*, 71(3), 273–290.

Bringle, R. G., Phillips, M. A., & Hudson, M. (2004). *The measure of service learning: Research scales to assess student experiences.* American Psychological

Association.

Butin, D. W. (2006). The limits of service-learning in higher education. *The Review of Higher Education*, 29(4), 473–498.

Butin, D. W. (2010). *Service-learning in theory and practice: The future of community engagement in higher education*. Palgrave Macmillan.

Carver, R. L. (1997). Theoretical underpinnings of service learning. *Theory into Practice*, 36(3), 143–149.

Clayton, P. H., Bringle, R. G., Senor, B., Huq, J., & Morrison, M. (2010). Diferentiating and assessing relationships in service-learning and civic engagement: Exploitative, transactional, or transformational. *Michigan Journal of Community Service Learning*, 16(2).

Driscoll, A., Holland, B., Gelmon, S., & Kerrigan, S. (1996). An assessment model for service-learning: Comprehensive case studies of impact on faculty, students, community, and institution. *Michigan Journal of Community Service Learning*, 3(1), 66–71.

Dunn, D. S., Mehrotra, C. M., & Halonen, J. S. (2004). *Measuring up: Educational assessment challenges and practices for psychology*. American Psychological Association.

Furco, A. (1996). Service-learning: A balanced approach to experiential education. In B. Taylor (Ed.), *Expanding boundaries: Serving and learning* (pp. 1–6). Corporation for National Service.

Furco, A. (1999). *Self-assessment rubric for the institutionalization of service-learning in higher education*. University of California.

Furco, A. (2007). Institutionalising service-learning in higher education. In L. McIlrath & I. Maclabhrainn (Eds.), *Higher education and civic engagement: International perspectives*. Ashgate.

Galantino, M. L., House, L., Olsen, B., Fayter, T., & Frank, M. (2006). Multifaceted aspects

서비스 러닝의 이론과 실제

of assessment in service learning: Lessons learned. *Journal of Physical Therapy Education*, 20(3), 49–53.

Gelmon, S. B. (2000, Fall). Challenges in assessing service-learning. *Michigan Journal of Community Service Learning*, Special Issue, 84–90.

Gelmon, S. B. (2001). *Assessing service-learning and civic engagement: Principles and techniques.* Campus Compact, Brown University.

Gelmon, S. B. (2003). Assessment as a means of building service-learning partner\-ships. In B. Jacoby & Associates (Eds.), *Building partnerships for service-learning* (pp. 42–64). Jossey-Bass.

George, C., & Shams, A. (2007). The challenge of including customer satisfaction into the assessment criteria of overseas service-learning projects. *International Journal for Service Learning in Engineering, Humanitarian Engineering and Social Entrepreneurship*, 2(2), 64–75.

Gray, M. J., Ondaatje, E. H., Fricker, R. D., & Geschwind, S. A. (2000). Assessing service-learning: Results from a survey of "learn and serve America, higher education". *Change: The Magazine of Higher Learning*, 32(2), 30–39.

Hatcher, J. A., & Bringle, R. G. (1997). Refection: Bridging the gap between service and learning. *College Teaching*, 45(4), 153–158.

Hegeman, C. R., Horowitz, B., Tepper, L., Pillemer, K., & Schultz, L. (2003). Service learning in elder care: Ten years of growth and assessment. *Journal of Gerontological Social Work*, 39(1–2), 177–194.

Hesser, G. (1995). Faculty assessment of student learning: Outcomes attributed to service-learning and evidence of changes in faculty attitudes about experiential education. *Michigan Journal of Community Service Learning*, 2(1), 33–42.

Holland, B. A. (2001). A comprehensive model for assessing service-learning and community-university partnerships. *New Directions for Higher Education*,

2001(114), 51–60.

Hydorn, D. L. (2007). Community service-learning in statistics: Course design and assessment. *Journal of Statistics Education*, 15(2), n2.

Jarmon, L., Traphagan, T., Mayrath, M., & Trivedi, A. (2009). Virtual world teach\-ing, experiential learning, and assessment: An interdisciplinary communication course in Second Life. *Computers & Education*, 53(1), 169–182.

Kearney, K. R. (2004). Service learning students' self-assessment of learning through service-learning. *American Journal of Pharmaceutical Education*, 68(1), Article 29, 1–13.

Kuh, G. D. (2001). Assessing what really matters to student learning inside the national survey of student engagement. *Change: The Magazine of Higher Learning*, 33(3), 10–17.

LaMaster, K. J. (2001). Enhancing pre-service teachers feld experiences through the addition of a service-learning component. *Journal of Experiential Education*, 24(1), 27–33.

McClam, T., Diambra, J. F., Burton, B., Fuss, A., & Fudge, D. L. (2008). An analy\-sis of a service-learning project: Students' expectations, concerns, and refections. *Journal of Experiential Education*, 30(3), 236–249.

Molee, L. M., Henry, M. E., Sessa, V. I., & McKinney-Prupis, E. R. (2010). Assessing learning in service-learning courses through critical refection. *Journal of Experiential Education*, 33(3), 239–257.

Narayanan, M. (2011). *Assessment of service learning*. ASEE AC, 2762, 2011.

Oates, K. K., & Leavitt, L. H. (2003). *Service-learning and learning communities: Tools for integration and assessment*. Association of American Colleges and Universities.

Sanderson, P., & Vollmar, K. (2000). *A primer for applying service learning to computer science*. Paper Presented at the ACM SIGCSE Bulletin. Retrieved from

서비스 러닝의 이론과 실제

https:// dl.acm.org/doi/10.1145/331795.331859

Schafer, M. A., Mather, S., & Gustafson, V. (2000). Service learning: A strategy for conducting a health needs assessment of the homeless. *Journal of Health Care for the Poor and Underserved*, 11(4), 385–399.

Seifer, S. D. (1998). Service-learning: Community-campus partnerships for health professions education. *Academic Medicine,* 73(3), 273–277.

Serow, R. C. (1997). Research and evaluation on service-learning: The case for holis\-tic assessment. In A. Waterman (Eds.), *Service-learning: Applications from the research* (pp. 13–24). Lawrence Erlbaum Associates.

Shaw, S., & Jolley, C. S. (2007). Assessment of service-learning in the deaf-blind community. *Journal of Experiential Education*, 30(2), 134–152.

Shumer, R. D., Duttweiler, P., Furco, A., Hengel, M. S., & Willems, G. (2000). *Shumer's self-assessment for service-learning*. Center for Experiential and Service-Learning.

Sigmon, R. (1996). The problem of defnition in service-learning. In R. Sigmon & colleagues (Eds.), *The journey to service-learning*. Council of Independent Colleges.

Strage, A. A. (2000). Service-learning: Enhancing student learning outcomes in a college-level lecture course. *Michigan Journal of Community Service Learning*, 7(1), 5–13.

Strouse, J. H. (2003). Refection as a service-learning assessment strategy. *Journal of Higher Education Outreach and Engagement*, 8(2), 75–87.

Suskie, L. (2010). *Assessing student learning: A common sense guide.* John Wiley & Sons.

Toncar, M. F., Reid, J. S., Burns, D. J., Anderson, C. E., & Nguyen, H. P. (2006). Uniform assessment of the benefts of service learning: The development, evaluation, and implementation of the SELEB scale. *Journal of Marketing*

Theory and Practice, 14(3), 223–238.

Tonkin, H., & Quiroga, D. (2004). A qualitative approach to the assessment of international service-learning. *Frontiers: The Interdisciplinary Journal of Study Abroad*, 10(Fall), 131–149.

Ward, K., & Wolf-Wendel, L. (2000). Community-centered service learning: Moving from doing for to doing with. *American Behavioral Scientist*, 43(5), 767–780.

Weigert, K. M. (1998). Academic service learning: Its meaning and relevance. *New Directions for Teaching and Learning*, 1998(73), 3–10.

Werder, K. P., & Strand, K. (2011). Measuring student outcomes: An assessment of service-learning in the public relations campaigns course. *Public Relations Review*, 37(5), 478–484.

Young, C. A., Shinnar, R. S., Ackerman, R. L., Carruthers, C. P., & Young, D. A. (2007). Implementing and sustaining service-learning at the institutional level. *Journal of Experiential Education*, 29(3), 344–365.

Zhang, G., Zeller, N., Grifth, R., Metcalf, D., Williams, J., Shea, C., & Misulis, K. (2011). Using the context, input, process, and product evaluation model (CIPP) as a comprehensive framework to guide the planning, implementation, and assessment of service-learning programs. *Journal of Higher Education Outreach and Engagement*, 15(4), 57–84.

6장

서비스 러닝과
적극적 시민성

6장

서비스 러닝과
적극적
시민성

서비스 러닝은 학습을 풍부하게 하고, 시민의 역할을 가르치며, 지역사회를 강화하기 위해 지역사회 봉사를 수업과 효과적으로 통합하는 교수·학습 전략이다. 서비스 러닝의 주요 목표는 학생들의 시민성 기술을 발달시키고, 학문적 학습을 강화하며, 사회 문제에 대한 인식을 제고하고, 무엇보다도 사회의 문제를 해결할 수 있는 비판적 사고 능력을 발달시키는 것이다(Abes et al., 2002). 서비스 러닝에는 직접(대면) 유형과 간접(지역사회 프로젝트 참여) 유형 등 다양한 유형이 있다. 동시에 서비스 러닝에 대한 다양한 정의가 존재하지만, 모든 정의는 봉사를 통한 학습이라는 하나의 전제를 바탕으로 삼는다. 서비스 러닝의 개념 정의는 준비, 봉사, 성찰, 축하의 네 가지 기본 국면으로 축소될 수 있다(Baldwin et al., 2007).

서비스 러닝의 이론과 실제

서비스 러닝은 듀이의 교육 사상에서 비롯되었다. 그는 교육의 목적은 사람들이 적극적인 시민이 될 수 있도록 준비시키는 것이라고 주장했다. 비공식적으로, 서비스 러닝에 대한 아이디어는 한 세기가 넘는 기간 동안 학계에서 논의되어 왔다(Barnett et al., 2010). 1960년대 중반에 서비스 러닝이 학술 프로그램으로 공식적으로 등장했다. 이후 평화 봉사단, 직업 봉사단, VISTA, 대학 커뮤니티 파트너십과 같은 전국적인 봉사 활동의 한 부분이 되었다. 대학에서는 단과대학을 구성하여 수천 명의 학생을 지역사회 봉사 활동에 동원하기 시작했다(Battistoni, 1997). 이후 1980년대 중반에는 미국 각지에서 학생들의 시민 참여를 촉진하기 위해 캠퍼스 아웃리치 기회 연맹(Campus Outreach Opportunity League)과 캠퍼스 콤팩트(campus Compact) 등 캠퍼스에 기반을 둔 많은 조직이 설립되었다. 1990년 국가 및 지역사회 봉사법(National and Community Service Act)과 1993년 국가 및 지역사회 봉사(National and Community Service)와 같은 두 가지 중요한 법안이 통과되면서 미국 내 서비스 러닝 활동에 대한 지원이 더욱 확대되었다. 이 시기에 많은 교육 기관은 자체의 교육과정에 서비스 러닝을 통합하였다(Benson et al., 2007).

서비스 러닝은 이론적으로 듀이와 피아제, 콜브 등의 교육 이론에 뿌리를 두고 있다. 피아제의 인지 발달 이론은 서비스 러닝 개념의 발전을 위한 이론적 토대를 제공한다(Beran & Lubin, 2012).[1] 마찬가지로, 교육을

---

1   역주 피아제의 인지 발달 이론은 여러 가지 방법으로 봉사학습 경험의 설계와 실천을 고지할 수 있다. ① 발달적 적절성 : 피아제의 이론은 아동의 인지 발달이 뚜렷한 단계를 거쳐 진행되며, 각 단계는 특정한 인지 능력과 한계를 특징으로 한다고 강조한다. 서비스 러닝 경험은 학생의 발달 수준과 일치하도록 설계되어 그들의 인지 능력에 적합한 의미 있는 참여의 기회를 제공해야 한다. ② 체험 학습 : 피아제는 인지 발달에 있어 체험학습의 중요성을 강조하였다. 서비스 러닝은 학생들에게 교실 학습을 진정한 맥락에서 적용하고 확장할 수 있는 실제

통한 지역사회 봉사에 대한 아이디어는 듀이의 진보적인 교육에서 유래한다. 그에 따르면, 교육은 사회에 유용한 시민을 배출하기 위해 경험을 바탕으로 이루어져야 한다. 이와 관련하여 그는 학습에서 경험의 중요성, 성찰의 필요성, 호혜성이라는 세 가지 중요한 철학적 토대를 언급한다(Lark & White, 2010). 듀이는 자신의 철학적 사유에서 서비스 러닝을 직접적으로 언급하지는 않았지만, 그의 경험 철학에는 경험, 탐구, 성찰과 같은 서비스 러닝의 필수 원칙이 포함되어 있다. 이러한 요소들은 서비스 러닝 교육학의 기본 요소다(Clark, 2000). 서비스 러닝이라는 용어는 항상 오해를 받아왔다. 지역사회 봉사, 사회봉사, 자선, 교육학, 실천, 이론, 철학, 그리고 이들의 조합과 같은 다양한 표현이 문헌에서 사용되었다. 그러나 연구자들이 보기에 서비스 러닝은 사회를 위한 적극적인 시민을 양성하는 데 사용되는 체험적 교육 방법이다(Cline & Kroth, 2008).

1990년대에 보이어(Boyer)가 제시한 최신 이론 중 하나는 교육학으로서 서비스 러닝이 시민 참여형 교수·학습이라고 말한다. 흥미롭게도 일부 연구자들은 서비스 러닝을 지역사회 발전을 위한 자선을 강조하는 박애주의 모델(philanthropic model)과 같은 일부 이론적 모델의 맥락에

경험을 제공한다. 서비스 러닝 프로젝트를 통해 학생들은 비판적 사고력, 문제 해결 능력, 수업 내용에 대한 더 깊은 이해를 기를 수 있다. ③ 사회적 상호 작용 : 피아제는 인지 발달, 특히 동료 협력 및 대화 맥락에서 사회적 상호 작용의 중요성을 인식했다. 서비스 러닝은 종종 동료, 지역사회 구성원 및 조직 파트너와의 협력을 포함하며, 학생들이 의미 있는 사회적 상호 작용에 참여하고 대인 관계 기술을 개발하며 새로운 관점을 얻을 수 있는 기회를 제공한다. ④ 성찰 : 피아제는 학습 과정에서 성찰의 중요성을 강조하였는데, 이는 개인이 자신의 경험을 이해하고 지식을 구성하며 사고를 적용시킬 수 있도록 하기 때문이다. 서비스 러닝 경험은 학생들이 자신의 서비스 경험을 비판적으로 검토하고, 과정 내용 및 학습 목표와의 연결을 고려하며, 자신의 행동이 갖는 더 넓은 사회적 의미를 탐구하도록 유도하는 구조화된 성찰 활동을 포함해야 한다.

서비스 러닝의 이론과 실제

서 바라본다. 두 번째는 시민 참여 모델이다. 이 모델은 사회 정의 접근법 및 인간 사회에서 평등과 권력 공유의 중요성을 강조한다. 세 번째는 커뮤니케이션 모델이다. 이 모델은 상호 작용과 협력이 발전의 주요 원천임을 선언한다. 이 모든 이론은 교육의 목표를 달성하기 위해 서비스 러닝의 개념을 도입하고 실행하는 데 통찰력을 제공했다(Clinton & Thomas, 2011).

최근의 서비스 러닝 학자들은 구성주의적 접근법으로 초점을 옮기고 있다. 이러한 관점에서는 지식을 사회적으로 구성되는 과정으로 본다. 구성주의 연구자들은 서비스 러닝을 서비스를 받는 사람들이 자신의 문제를 스스로 해결하는 방법에 대한 새로운 이해를 개발하는 구성주의적 과정으로 간주한다(Gibson et al., 2001). 또한, 오늘날 구성주의 연구자들은 강의실 프레임워크가 아닌 지역사회 탐구 프레임워크를 통해 서비스 러닝의 개념화를 확장하려고 노력하는 중이다. 그들은 교실이 아닌 지역사회가 실제 학습의 원천이라고 믿는다(Glover et al., 2013).

이와 관련하여 최근에는 프레이리(Freire)의 비판적 교육학에 관한 생각도 서비스 러닝의 이론적 대화에 포함되었다(Goldstein et al., 2009). 이러한 모든 이론적 토대에도 불구하고 듀이의 연구는 여전히 서비스 러닝의 주요 이론적·철학적 토대를 제공한다. 그러나 가장 현대적인 서비스 러닝의 실천은 마르크스주의 이론의 영향을 받은 프레이리의 비판적 교육학에 의해 영향을 받았다. 따라서 듀이와 프레이리의 교육 방법론은 교육학으로서 서비스 러닝의 역할 그리고 그것의 지역사회 및 시민 참여와의 관계를 강조하는 뚜렷한 렌즈를 제공한다(Gorham, 2005).

학문 분과로서 서비스 혹은 봉사라는 개념은 논란의 여지가 있다. 서비스 러닝의 본질과 목표에 대해 학자들 사이에서도 의견이 분분하다.

교육 방법론으로서 서비스 러닝의 역할을 논의하는 데는 다양한 관점이 있다. 저자들은 자선과 사회 정의 측면이라는 두 가지 주요 관점을 논의했다. 이 두 가지 관점은 교수·학습 패러다임으로서 서비스 러닝의 신뢰성에 더 깊은 영향을 미쳤다. 많은 사람이 이 두 가지 관점에 대한 역할과 입장에 대해 여전히 논쟁을 벌이고 있다. 예를 들어, 일부 연구자들은 서비스 러닝이 자선 활동이라고 말한다. 반면에 서비스 러닝의 주된 목표는 자선이 아니라 시민교육으로서 사회 정의를 증진하는 것이라고 주장하는 사람들도 있다(Gottlieb & Robinson, 2003). 교육적 관점에서는 서비스 러닝이 교육 프로그램으로서 학생들의 학습을 향상하고 시민적 기술을 발달시키는 것을 목표로 한다고 주장한다. 이는 순전히 학문적인 목표이다. 그러나 자선활동이 반드시 학문과 연결되는 것은 아니다(Gray et al., 2000).

자선 단체의 기본 목표는 빈곤, 질병 치료 또는 일부 자선 사업과 같은 불균등한 사회 상태를 개선하기 위해 지역사회에 서비스를 제공하는 것이다. 따라서 각 관점에는 서비스 러닝의 개념을 정의하고 이해하기 위한 고유한 원칙이 존재한다(Mintz & Hesser, 1996). 이러한 상황은 서비스 러닝의 개념을 명확하게 설명하고 정교화하기 위해 더 많은 연구가 필요하다는 것을 의미한다. 이러한 검토 분석은 자선과 사회 정의라는 두 가지 관점에서 서비스 러닝의 본질과 역할에 대한 명확한 이해를 제공함으로써 서비스 러닝 문헌에 기여한다. 이는 또한 서비스 러닝 분야의 연구자와 실무자들에게 서비스 러닝이 교수·학습 방법으로서 사회 정의 및 자선과 어떻게 관련되어 있는지에 대한 통찰력을 제공할 것이다(Mitchell, 2008).

두 가지 관점에 대한 본격적인 논의를 전개하기 전에 서비스 러닝의

서비스 러닝의 이론과 실제

배경과 이론적 뿌리를 살펴보는 것이 유용하다. 기본적으로 많은 이론가와 저술가들이 서비스 러닝의 개념화에 기여했다. 그러나 교육학으로서 서비스 러닝은 미국의 유명한 교육학자 듀이에게 많은 빚을 지고 있다. 듀이에 따르면, 어떤 활동을 하는 것만으로는 경험이 될 수 없다. 학생들이 그 활동에 대해 비판적으로 생각하고 반성할 때 비로소 의미 있는 경험이 된다(Waterman, 2014). 서비스 러닝 학자들 사이에서는 어떤 프로그램이 서비스 러닝의 자격을 갖추기 위한 조건으로 세 가지가 필요하다고 폭넓게 동의한다. 이러한 조건은 시민 참여(실제 지역사회 문제를 해결하고 시민 기술을 개발하는 것이 목표), 성찰(경험에 대한 구조화된 성찰을 통해 촉진되는 교육과정 목표에 기반한 봉사 활동), 책임성(상호 책임, 책무성)이다. 서비스 러닝에서 학생들은 지역사회를 위해 일하는 것이 아니라 지역사회와 함께 일한다. 이 외에도 서비스 러닝은 민주적 참여, 지역사회 복지 증진, 강한 시민적 책임감, 사회 정의와 같은 더 큰 목표를 가지고 있다(Waters & Brigden, 2013).

많은 저자는 서비스 러닝이 지역사회 봉사 및 기타 자원봉사 경험과는 다르다고 주장한다. 서비스 러닝에서 봉사는 학생과 지역사회 모두의 성찰과 상호 참여를 통해 학습과 통합된다(Peterson & Schafer, 1999). 서비스 러닝의 개념화에 대한 혼란을 더 줄이기 위해서는 교육과정형 서비스 러닝과 과외 활동형(co-curricular) 서비스 러닝을 구분하는 것이 중요하다. 교육과정형 서비스 러닝에서는 봉사가 학문적 연구와 통합된다. 봉사 프로젝트는 교수진과 지역사회 파트너가 협력하여 설계한다. 협업의 기본 목적은 지역사회의 요구와 학생들의 학습 및 교과 내용 준비를 충족하는 것이다. 반면에 과외 활동형 서비스 러닝은 학생의 교과 과정과 연계되지 않는다. 이러한 유형의 서비스 러닝에서는 봉사 활동이 추가 경험으로 수행된다(Petkus, 2000).

적극적 시민성

연구에 따르면, 학생들을 서비스 러닝에 참여시키면 학문적 발전과 시민성 기술 함양이라는 두 가지 주요 이점을 얻을 수 있다(Piliavin, 2005). 학문적 교육학으로서 서비스 러닝은 학생들의 비판적 사고, 의사소통, 대인관계 기술을 길러주기 때문에 이러한 교육 목표를 효과적으로 달성할 수 있다(Piper et al., 2000). 또한, 듀이는 학생들이 학교에서 배운 것을 지역사회 환경에 적용할 수 있다면 책임감 있고 능동적인 시민이 될 수 있다고 주장하였다(Pless et al., 2011). 많은 저자는 사회 정의를 서비스 러닝의 목표로 간주한다. 이러한 관점에서 그들은 학생들을 자선에서 정의로 이끌기 위한 서비스 러닝 모델을 개발했다. 그들에 따르면, 자선은 보답이나 감사를 통한 박애주의를 강조한다. 이는 서비스 러닝에서 공평하고 이타적인 동기를 기반으로 한다. 이기주의적 감정은 다른 사람으로부터 칭찬을 받고 기분이 좋아질 때 충족되지만, 이타주의적 감정은 공동체의 어떤 필요를 충족시킬 때 느껴진다(Rice & Pollack, 2000).

자선 감정은 학생들 사이에 소외계층을 도울 의무가 있다는 믿음을 심어준다. 이들은 도움을 받는 사람들이 혜택을 받는 지역사회의 일원이라고 생각하지 않는다. 반면에 사회 정의 관점은 권리와 역할에 대한 공동의 책임을 강조한다. 이 관점은 이타주의보다는 계몽된 자기 이익에 중점을 둔다(Roberts et al., 1999). 이 모델을 지지하는 사람들은 지역사회에 서비스를 제공할 때 그 대가로 서비스 제공자도 서비스를 받기 때문에 기본적으로 지역사회 행동에 자기 이익이 내재되어 있다고 주장한다. 이는 서비스 러닝의 필수 요소 중 하나인 호혜성을 의미한다(Waterman, 2014). 이 이론을 검증하기 위해 일부 저자는 시민 책임감의 6가지 차원에 따라 사회 정의와 자선 관점에 대한 학생들의 인식을 조사했다. 이 연구에 따르면, 학생들은 시민 참여에 대한 자선 관점을 선호했다. 그러나 그들은 또한 사회 정의 지향성을 발전시켰다(Robinson, 2000).

이 연구를 바탕으로 연구진은 사회 정의 관점에서 설계된 서비스 러닝 활동이 학생들의 자아 존중감, 헌신, 시민 지식에 긍정적인 영향을 미칠 수 있다고 주장했다. 그들은 또한 자선 기반의 서비스 러닝이 학생들의 도덕성과 자존감을 향상할 수 있지만, 학생들의 지적 발달과 사회 내의 문제, 불평등, 사회 문제를 이해하는 능력에는 거의 기여하지 못할 것이라고 주장한다. 서비스 러닝에서 사회 정의 접근법은 성공적인 민주주의와 사회에는 적극적이고 책임감 있는 시민이 필요하다는 믿음에 기반을 두고 있다(Rocheleau, 2004). 또한, 일부 학자는 민주 사회에서 시민성은 친절과 예의 그 이상을 요구한다고 주장한다. 오히려 사회는 복잡한 사회 환경에서 일하고, 창조하고, 평가하고, 비판하고, 변화하기 위해 학생들의 시민 참여가 필요하다. 이러한 목표를 달성하기 위해 그들은 교육 기관을 위한 시민(사회 정의) 서비스 러닝 모델을 제안한다(Roehlkepartain, 2009).

적극적 시민성 개념은 사회 정의 및 자선 관점과 관련하여 서비스 러닝을 통해 설명되었다. 미쉘(Mitchell, 2008)은 사회 정의 패러다임을 비판적인 서비스 러닝으로, 자선 패러다임을 전통적 서비스 러닝으로 간주하여 두 관점을 구분했다. 미쉘에 따르면 비판적 서비스 러닝의 패러다임은 주로 사회적 책임에 초점을 맞춘다. 이것은 소수의 저술가, 시민 책임의 공동체 프레임워크(commonwealth framework), 정의 지향적인 시민의 견해와 더 일치한다. 문헌에 따르면 비판적 교육학으로서의 서비스 러닝은 지역사회의 관심사, 불평등 및 문제를 식별하고 해결하는 데 도움이 된다고 한다(Saltmarsh, 2005). 봉사 활동을 하는 동안 학생들은 비판적 렌즈를 사용하여 지역사회의 다양한 미해결 문제와 필요를 비판적으로 검토한다. 이런 식으로 서비스 러닝은 전통적인 교수·학습을 넘어 사회의 권력 분배와 사회 변화 과정에 대한 이해로 학생들의 학습을 확장한다. 이렇듯 비판적 서비스 러닝은 학생들이 학습 과정에 더 적극적으로 참여하도록 장려함으로써 학생들의 시민적 책임감을 발전시킨다(Saltmarsh & Zlotkowski, 2011).

서비스 러닝 전문가들은 시민성 발달의 다섯 가지 차원을 가치, 지식, 기술, 효능감, 헌신으로 설명했다. 가치는 적극적이고 참여적인 시민성의 토대가 된다. 가치는 해야 할 일에 대한 사회적 책임감으로 정의된다. 지식은 사회에서 사회적 요구에 대한 정보와 인식을 학문적 내용과 통합한 것으로 정의된다. 따라서 시민 지식은 사회 문제 해결을 위한 현명한 결정을 내리는 데 도움이 된다. 시민 기술은 기본적으로 개인의 재능과 역량이며, 이를 활용하여 공동체의 이슈와 문제를 해결한다. 효능감은 사람들이 시민 서비스에 대해 가지고 있는 신뢰와 신념의 정도이다. 마지막으로 헌신은 사회 변화를 위해 일하기 위한 행동을 취하려는 결심과 의지라고 정의할 수 있다(Sandmann et al., 2008).

나중에 다른 저술가들이 아일러(Eyler)와 자일스(Giles)의 연구를 더욱 발전시켰다. 이들은 사회 문제를 해결하기 위해서는 가치 외에도 개인의 책임감이 필요하다는 점에 주목했다. 따라서 2005년에 실행된 왕(Wang)과 잭슨(Jackson)의 연구는 시민적 발달의 여섯 가지(지식, 기술, 효능감, 가치, 책임감, 헌신) 차원을 모두 검증했다. 이러한 차원과 함께 사회 개혁가 이론 틀이 확인되었다. 이는 서비스 러닝 프로그램에 참여하는 학생들의 생생한 시민 경험을 이해할 수 있는 더 포괄적인 구조를 제공한다(Schamber & Mahoney, 2008).

이 장에서의 검토 분석은 서비스 러닝의 두 가지 관점(사회 정의와 자선)의 요소를 모두 포함하기 때문에 사회 정의와 자선 관점에 기반한 서비스 러닝과 시민적 발달 관계의 다양한 측면에 대한 여러 저자의 개념을 검토한다. 서비스 러닝은 공동선에 중점을 두고 지역사회의 공공 문제에 개인이 적극적으로 참여할 수 있도록 한다(Gottlieb & Robinson, 2003). 책임감 있는 시민으로 세 가지 개념이 제시되는데, 첫째는 세금을 내고 투표하고 법을 준수하는 시민, 둘째는 이사회나 행사 등 지역사회 생활에 참여하는 참여적 시민, 셋째는 사회 문제의 원인을 파악하고 이를 해결하려는 사회 개혁가라고 할 수 있다(Schneider, 1998).

또한, 다른 연구자들은 시민 프레임, 공동체주의 프레임, 사회 개혁가 프레임 등 시민 발달을 이해하기 위한 세 가지 프레임을 제시했다. 시민 프레임은 대표적 정부 형태인 민주주의의 개념에서 비롯된다(Wang, 2005). 이 개념에 따르면 시민은 권리를 가지며, 시민 발달은 개인이 투표, 세금 납부, 법 준수, 배심원 의무와 같은 다른 시민적 책임을 수행하는 공적 생활에 참여함으로써 나타난다. 공동체주의 프레임은 공유된 공동체라는 개념에서 출발하여 민주주의를 시민 사회로 바라본다. 이 프레임에 따르면 시민은 서로, 그리고 더 큰 공동체와 공통의 권리, 의무, 가치를 공유한다(Sebastian et al., 2002). 사회 개혁가 프레임워크는 앞의 두 프레임워크의 단점을 해결하기 위해 제시되었다. 이 프레임워크는 민주주의를 국민의, 국민에 의한, 국민의 공동선을 위한 국민의 삶의 체계로 간주한다. 이 프레임워크에서 시민은 민주주의의 과정에서 문제 해결사이자 참여자로 간주된다.

결론

이 장에서 우리는 서비스 러닝이 지역사회 경험을 학문적 실천과 연결할 수 있는 기반을 제공하는 교육 방법이라는 결론을 내린다. 자선 관점과 사회 정의 관점에는 각자의 한계와 강점이 있다. 이 장에서는 사회 정의 관점에 비해 자선 관점의 범위가 더 좁다는 결론을 내린다. 자선 관점은 봉사만을 강조하기 때문에 접근 방식이 더 전통적이다. 그것은 교육의 주요 목표인 학습 측면을 강조하지 않는다. 따라서 서비스 러닝에서 자선 관점은 박애주의에 기반한 지역사회에 대한 봉사만을 제공하는 것이다. 이러한 관점은 학생들의 도덕성과 빈곤 퇴치자로서 자긍심을 높일 수 있다. 하지만 서비스 러닝의 두 가지 중요한 목표인 비판적 사고와 시민 기술과 같은 학생들의 학업 능력이 반드시 향상되지는 않는다.

이 장에서 우리는 다른 한편에서 사회 정의 태도는 적극적이고 책임감 있는 시민의 준비를 강조한다고 결론을 내린다. 이러한 시민은 자신이 속한 사회의 민주화를 강화하는 데 중요한 역할을 담당한다. 이는 사회 정의 관점이 학생들의 지적 능력을 향상하고 사회의 이슈, 문제, 사회적 불평등을 해결할 수 있는 능력을 강화한다는 것을 보여준다. 이 장은 오늘날의 사회가 예의와 친절을 넘어 적극적이고 책임감 있는 시민을 요구한다는 통찰력을 제공한다. 사회 정의 관점의 서비스 러닝은 복잡한 사회 환경에서 효과적으로 활동하는 방법을 알고 모두의 공동 복지를 위해 공헌할 수 있는 시민을 양성하기 위한 것이다. 이러한 분석을 바탕

서비스 러닝의 이론과 실제

으로 이 장에서 우리는 교육 기관이 기본적으로 시민의 사회 정의 모델에 기반한 사회 정의 관점의 서비스 러닝을 채택할 것을 제안한다. 이를 위해 이 장에서는 새로운 프레임워크를 제시한다. 이 프레임워크는 지역 사회를 민주주의를 위한 실험실, 국민에 의한 국민을 위한, 국민의 공동선을 위한 삶의 시스템으로 간주한다. 이 프레임워크 하에서 서비스 러닝 교육의 기본 목표는 민주주의의 과정에서 적극적인 문제 해결사이자 참여자인 시민을 양성하는 것이다.

참고 문헌

Abes, E. S., Jackson, G., & Jones, S. R. (2002). Factors that motivate and deter faculty use of service-learning. *Michigan Journal of Community Service Learning*, 9(1).

Baldwin, S. C., Buchanan, A. M., & Rudisill, M. E. (2007). What teacher candidates learned about diversity, social justice, and themselves from service-learning experiences. *Journal of Teacher Education*, 58(4), 315–327.

Barnett, M., Silver, P. T., & Grundy, T. S. (2010). Implementing service-learning pedagogy: A case example. *Journal of Higher Education Outreach and Engagement*, 13(4), 117–134.

Battistoni, R. M. (1997). Service learning and democratic citizenship. *Theory into Practice*, 36(3), 150–156.

Benson, L., Harkavy, I. R., & Puckett, J. L. (2007). *Dewey's dream: Universities and democracies in an age of education reform: Civil society, public schools, and democratic citizenship*. Temple University Press.

Beran, J., & Lubin, A. (2012). Shifting service-learning from transactional to relational. *Journal of Jewish Communal Service*, 87(1/2), 88–92.

Clark, S. C. (2000). The more we serve, the more we learn: Service learning in a human resource management course. *Working for the Common Good: Concepts and Models for Service-Learning in Management*, 133–147.

Cline, R. C., & Kroth, M. (2008). The challenges of using service learning in con\-struction management curricula. International Journal for Service Learning in Engineering, *Humanitarian Engineering and Social Entrepreneurship*, 3(1).

서비스 러닝의 이론과 실제

Clinton, I., & Thomas, T. (2011). Business students' experience of community service learning. *Asia-Pacifc Journal of Cooperative Education*, 12(1), 51–66.

Gibson, M. K., Kostecki, E. M., & Lucas, M. K. (2001). Instituting principles of best practice for service-learning in the communication curriculum. *Southern Journal of Communication*, 66(3), 187–200.

Glover, S. R., Sewry, J. D., Bromley, C. L., Davies-Coleman, M. T., & Hlengwa, A. (2013). The implementation of a service-learning component in an organic chemistry laboratory course. *Journal of Chemical Education*, 90(5), 578–583.

Goldstein, A. O., Calleson, D., Bearman, R., Steiner, B. D., Frasier, P. Y., & Slatt, L. (2009). Teaching advanced leadership skills in community service (ALSCS) to medical students. *Academic Medicine*, 84(6), 754–764.

Gorham, E. (2005). Service-learning and political knowledge. *Journal of Political Science Education*, 1(3), 345–365.

Gottlieb, K., & Robinson, G. (Eds.). (2003). *A practical guide for integrating civic responsibility into the curriculum* (1st ed.). American Association of Community Colleges.

Gray, M. J., Ondaatje, E. H., Fricker Jr, R. D., & Geschwind, S. A. (2000). Assessing service-learning: Results from a survey of "learn and serve America, higher education". *Change: The Magazine of Higher Learning*, 32(2), 30–39.

Lark, J., & White, G. W. (2010). Experiential learning: A defnitive edge in the job market. *American Journal of Business Education*, 3(2), 115.

Mintz, S. D., & Hesser, G. W. (1996). Principles of good practice in service-learning. *Service-Learning in Higher Education*, 26–52.

Mitchell, T. D. (2008). Traditional vs. critical service-learning: Engaging the literature to diferentiate two models. *Michigan Journal of Community Service Learning*, 14(2).

Peterson, S. J., & Schafer, M. J. (1999). Service learning: A strategy to develop group collaboration and research skills. *The Journal of nursing education*, 38(5), 208–214.

Petkus, E. (2000). A theoretical and practical framework for service-learning in market\-ing: Kolb's experiential learning cycle. *Journal of Marketing Education*, 22(1), 64–70.

Piliavin, J. A. (2005). Feeling good by doing good: Health consequences of social service. *Processes of Community Change and Social Action*, 29–50.

Piper, B., DeYoung, M., & Lamsam, G. D. (2000). Student perceptions of a service-learning experience. *American Journal of Pharmaceutical Education*, 64(2), 159–165.

Pless, N. M., Maak, T., & Stahl, G. K. (2011). Developing responsible global leaders through international service-learning programs: The Ulysses experience. *Academy of Management Learning & Education*, 10(2), 237–260.

Rice, K., & Pollack, S. (2000). Developing a critical pedagogy of service learning: Preparing self-refective, culturally aware, and responsive community participants. *Integrating Service Learning and Multicultural Education in Colleges and Universities*, 115–134.

Roberts, R. W., Mason, J. W., & Marler, P. L. (1999). A true specialist: Teaching sociology through a service-learning project involving the construction of a pit latrine. *Teaching Sociology*, 27(4), 407–416.

Robinson, G. (2000). Stepping into our destiny: Service learning in community colleges. *Community College Journal*, 70(3), 8–12.

Rocheleau, J. (2004). Theoretical roots of service-learning: Progressive education and the development of citizenship. *Service-Learning: History, Theory, and Issues*, 3–21.

Roehlkepartain, E. (2009). *Service-learning in community-based organizations: A practical guide to starting and sustaining high-quality programs*. Learn and

Serve America's National Service-Learning Clearinghouse.

Saltmarsh, J. (2005). The civic promise of service learning. *Liberal education*, 91(2), 50–55.

Saltmarsh, J., & Zlotkowski, E. (2011). *Higher education and democracy: Essays on service-learning and civic engagement*. Temple University Press.

Sandmann, L., Saltmarsh, J., & O'Meara, K. (2008). An integrated model for advancing the scholarship of engagement: Creating academic homes for the engaged scholar. *Journal of Higher Education Outreach and Engagement*, 12(1), 47–64.

Schamber, J. F., & Mahoney, S. L. (2008). The development of political awareness and social justice citizenship through community-based learning in a frst-year general education seminar. *The Journal of General Education*, 57(2), 75–99.

Schneider, M. K. (1998). Models of good practice for service-learning programs. *AAHE Bulletin*, 50(10), 9–12.

Sebastian, J., Skelton, J., Hall, L., Assell, R., McCollum, B. D. W., & West, K. (2002). Interdisciplinary service-learning: A model for community partnership. *Service-Learning in Health Profession Education: Case Studies from the Health Professions Schools in Service to the Nation Program*, 1–11.

Wang, Y., & Jackson, G. (2005). Forms and dimensions of civic involvement. *Michigan Journal of Community Service Learning*, 11(2).

Waterman, A. S. (2014). *Service-learning: Applications from the research*. Routledge.

Waters, S. E., & Brigden, J. J. C. (2013). Assessing the community partner in academic service-learning: A strategy for capacity-building. *PRISM: A Journal of Regional Engagement*, 2(2), 1.

7장

서 비 스 러 닝 및 기 술

서비스 러닝
및
기술

서비스 러닝은 온라인 사회 정의 태도를 포함하여 학생들의 다양한 역량을 키울 수 있는 교육 도구로 점점 더 인기를 얻고 있다. 연구자들은 또한 교육이 이론에 그치지 않고 사회적 기획이라고 생각한다. 이러한 철학은 듀이가 제창한 실용주의의 토대다. 그에 따르면, 교육은 사회에 사회적인 혁명을 가져올 수 있는 도구다. 그는 체험 교육이 이러한 목표를 달성하는 데 가장 적합한 도구라고 생각했다. 서비스 러닝 역시 학생들이 사회 문제를 탐구하고 이를 해결하기 위한 전략을 설계할 수 있도록 하는 체험적 교수·학습 방법이다(Waterman, 1997; Einfeld & Collins, 2008). 오늘날 교육은 급격한 변화를 겪고 있다. 그러한 변화 중 하나는 교육에 기술이 통합되는 것이다. 이러한 발전은 전 세계 학생과 지역사회에 많은 가능성을 가져다주었지만, 서비스 러닝은 지역사회에 기

서비스 러닝의 이론과 실제

반을 둔 교육 방법이기 때문에 교육 방법으로서 서비스 러닝의 역할에도 영향을 미쳤다. 가장 큰 문제는 학생들이 지역사회 현장에 가지 않는다면 어떻게 사회 정의에 기여할 수 있느냐는 것이다. 서비스 러닝을 통해 학생들의 사회 정의 태도를 기를 수 있을까? 이 장에서는 온라인 서비스 러닝이 학생들의 사회 정의 태도 발달에 미치는 영향에 관한 기존 문헌에서의 이러한 공백을 살펴보고자 한다(Meyers, 2008; Holland & Robinson, 2008).

고등 교육의 주요 목표 중 하나는 학생들이 사회 변화의 주체로서 미래의 역할을 채택할 수 있도록 준비시켜 국가 및 국제적 차원의 문제를 해결할 수 있게 하는 것이다. 이러한 목표를 달성하기 위해서는 교육 기관, 교사, 학생의 역할이 매우 중요하다(Brookfeld & Preskill, 1999; Tseng et al., 2009). 고등 교육 기관은 더 나은 사회를 위해 일할 더 큰 책임을 지는 미래의 시민을 준비하는 사회적 산업이다. 이것은 어려운 과업이다. 그러나 저자들은 학생들에게 사회의 사회적 이슈에 대해 교육하는 것이 매우 중요하다고 주장한다(Moely et al., 2002; Baldwin et al., 2007). 동시에 정의와 억압의 맥락에서 이러한 문제를 보다 효과적으로 해결하는 방법을 교육하는 것도 필수적이다(Kanuka, 2008). 학생들이 사회적 지원과 개발을 배우고 실천할 수 있는 이상적인 기회를 얻지 못할 때 직면하는 많은 어려움이 있다. 그러나 이 문제는 가상 학습의 도입으로 상당 부분 해결되었다. 가상 학습은 비용이 많이 들지만, 의도적으로 실시하면 매우 효과적이다(Strait, & Sauer, 2004).

가상 학습 또는 온라인 학습은 전통적인 학습에 비해 더 수용적이고 광범위하다. 그러나 세계 일부 지역에서는 여전히 온라인 학습 시설의 역할과 가용성에 대한 제약과 도전에 직면해 있다. 파키스탄은 인터넷 시설이 고등 교육 수준에서 주요 장벽이 되는 국가 중 하나이다(Saeed et al., 2000). 이로 인해 학생들이 온라인 학습을 할 수 있는 기회가 제한되었다. 대학에 인터넷 시설이 제공되었지만, 전국적으로 제한된 수준에서 작동한다. 이러한 상황은 학생과 교사 모두에게 제약을 가하고 있다(Ameen & Jalal Haider, 2007; Warraich & Ameen, 2011). 많은 고등 교육 기관이 이러닝 개념을 통합했으며, 이 아이디어를 홍보하기 위해 전국의 많은 대학에 전자 도서관이 설립되었다(Saeed et al., 2000; Ameen, 2011). 이러한 아이디어 중 하나는 온라인 사회적 기업가 정신과 학생들이 사회의 능동적인 구성원으로서 시민성 기술과 사회 정의 의식을 개발할 수 있도록 하는 서비스 러닝이다(Said et al., 2014).

온라인 서비스 러닝

현장 학습과 온라인 학습을 통합하는 것은 참신한 아이디어다. 하지만 흥미롭게도 그것은 현재 전 세계적으로 큰 인기를 끌고 있다(MacKnight, 2000). 이러한 경험은 학생들이 현실 세계의 이슈와 문제에 대해 참여하고 배우는 독특한 학습 활동의 조합을 만들어낸다. 프레이리(Freire, 1970)에 따르면, 이러한 유형의 학습은 개인을 교육의 궁극적 목표인 사회적 해방과 자유를 향해 나아가게 한다. 듀이, 루소 등 다른 많은 교육학자도 이러한 생각을 지지했다. 서비스 러닝은 학생들이 상호 작용하고 공동체 의식을 키우는 체험 교육을 지원하는 사회 정의 교육학이다(Einfeld & Collins, 2008). 이러한 공동체 의식은 학생들이 능동적인 개인으로서 사회의 문제를 해결하려는 동기를 부여함으로써 사회 정의 감을 더욱 확고하게 만든다(Strait & Sauer, 2004). 오늘날 매우 바쁜 현대

사회에서 학생들은 많은 관여로 인해 직접 지역사회에 나갈 수 없다. 이로 인해 학생들의 학습과 발달에 제약이 생겼다. 하지만 기술의 발달로 교육 기관은 온라인을 통해 학생들이 더 효과적으로 시민성 학습을 할 수 있도록 준비시킬 수 있게 되었다. 이러한 유형의 교수·학습을 e-서비스 러닝 또는 온라인 서비스 러닝이라고 부른다(Taylor, 2008).

　온라인 서비스 러닝은 학생들이 온라인 커뮤니티와 소통하며 커뮤니케이션, 리더십, 사회 정의와 같은 다양한 기술을 배우는 교수·학습 과정이다. 이것은 학생들이 지역사회 활동에 직접 참여하여 사회 발전에 기여하는 현장 학습과는 대조를 이룬다. 그러나 반대로 온라인 서비스 러닝에서는 학생들이 다른 사람들과 토론하고 가상으로 소통하면서 지역사회의 문제와 이슈를 해결하려고 시도한다. 이러한 가상의 상호 작용은 학생들이 교육, 건강, 빈곤 등과 관련된 다양한 문제를 더 넓고 쉽게 탐구할 수 있도록 만든다(Guthrie & McCracken, 2010). 학생들은 지역사회가 직면한 이러한 문제에 대한 적극적인 해결책을 제공하기 위해 더 긴밀하게 연계하고 전략을 개발한다. 동시에 온라인 서비스 러닝은 교사에게 학생들이 적극적이고 의미 있게 상호 작용하는 지지적이고 도전적인 가상 교실을 만들기 위한 모범 사례와 기술 도구를 식별하고 개발하는 좋은 기회를 제공한다(Garrison et al., 2000).

　연구에 따르면, 학생들이 사회 정의를 추구하는 활동을 효과적으로 촉진하고 참여하게 하려면 다음이 필수적이다. (a) 지속적인 의사소통, 상호 작용, 관계 형성이 가능한 가상 교수·학습 환경을 조성하고, (b) 지지적인 교수법을 사용하여 학생들에게 자유와 자율성을 제공하며, (c) 기술 기반 접근법을 사용하여 학생들의 반성적이고 비판적인 사고 능력을 개발하고 교육과정을 전달할 수 있는 중요한 교수·학습 기회를 설계·개발해야 한다. 이러한 교육 방법은 학생들이 지역사회의 문제 해결에 대한 새로운 인식과 지식을 가지고 학습을 풍부하게 하는 데 도움이 된다(Strait & Sauer, 2004).

온라인 서비스 러닝은 학생들의 리더십과 공동체 의식 함양에 도움이 된다. 온라인 서비스 러닝 활동의 일환으로 학생들은 사회 변화 환경에서 다양한 사회적 리더십 모델을 적용하여 서비스 러닝 이론을 이해하게 된다. 또한, 온라인 학습을 통해 학생들은 사회 변화의 주체로서 더 넓은 세상과 연결된다(Kanuka, 2008). 온라인 교실에서 학생들은 온라인 상호 작용을 통해 주변 환경의 다양한 문제를 탐구하고, 이를 다양한 학습에 적용하여 가치와 윤리를 공유함으로써 시민 참여와 공동체 리더십 기술을 개발한다는 연구 결과도 있다(Merryfeld, 2006). 그러나 이와 관련하여 문헌에 따르면 온라인 서비스 러닝 프로그램에서 학생들은 사회적 행동을 촉진하기 위한 다양한 전략을 파악해야 한다. 그들은 지역사회와의 협력을 통해 사회 변화를 일으킬 수 있는 지역 및 글로벌 공동체의 잠재력을 면밀하게 탐색해야 한다(Tatum, 2000). 테이텀(Tatum)은 이 목표를 달성하기 위해 학생들이 사회 정의와 리더십 이론을 탐구·검토·실천할 수 있는 지역사회 봉사 프로젝트에 집중할 것을 주장한다. 이를 연구하기 위해 이용 가능한 문헌을 바탕으로 서비스 러닝, 온라인 서비스 러닝 및 사회 정의 태도와 같은 세 가지 중요한 개념이나 구인을 결합하여 이론적 프레임워크를 사용한다. 이러한 이론적 삼각관계는 온라인 서비스 러닝과 학생의 사회 정의 발달의 맥락에서 다시 논의된다.

의미 있는 변화는 비판적 사고와 성찰적 성향을 특징으로 하는 경험에 뿌리를 두고 있다(Brookfeld & Preskill, 1999). 유명한 교육학자 콜브(Kolb, 1984)는 학습이 경험을 통해 새로운 지식을 창조하는 과정이라고 설명하는 경험 학습 이론을 제시했다. 또한, 그는 학습자가 경험에 의미를 부여하는 두 가지 방법을 제안했다. 하나는 구체적인 경험에 참여하는 것이고, 다른 하나는 비판적 성찰과 적극적인 실험을 통해 새로운 영역을 탐구하는 것이다. 체험학습은 학생들이 사회 변화의 주체로서 자신의 학습을 계획하고 성찰하는 기회를 제공함으로써 사회 정의에 대한 동기를 부여하는 근본적인 토대를 제공한다(Ayers, 1998). 많은 저자는 지역사회 환경에서 경험을 새로운 지식 창출과 적극적으로 통합하는 데 사용되는 이러한 학습 환경을 개발하는 데 주력해 왔다(Rovai, 2002; McBrien, 2008; Pallof & Pratt, 2010). 서비스 러닝은 학생들이 지역사회 일반인의 사회 복지를 위한 프로젝트를 개발하여 교실 환경을 넘어서는 학습이 이루어질 수 있게 한다. 이러한 접근 방식은 학습자가 자신의 지식과 기술을 사회 전반의 공익을 위해 사용하는 데 도움이 된다(Cantor, 1997).

스탠톤과 그 동료(Stanton et al., 1999) 및 워터맨(Waterman, 1997)의 관점에서 볼 때, 서비스 러닝은 학습과 지역사회에 대한 실질적인 서비스 제공이라는 두 가지 목표를 달성하는 데 도움이 되는 체험적 교육 접근법이다. 비판적 탐구로서 서비스 러닝은 지식 구성과 지역사회 행동을 연결한다. 이를 통해 학생들은 지역사회의 문제에 대해 더 폭넓은 인식을 갖는다(Holland & Robinson, 2008). 학습과 봉사를 연결하여 학습자와 지역사회 간의 유대감을 형성하는 것은 매우 중요하다. 이러한 관계는 학생들이 과제와 교육 활동을 통해 일반인들이 다양한 이슈와 문제를 해결하도록 돕는 비판적 성찰과 문제 기반 활동으로 특징지어진다. 사회 정의의 개념은 비판적 인종 이론(Yosso, 2005)[1], 정체성 발달(Tatum, 2000), 사회화(Harro, 2000)와 같은 많은 이론적 틀에 뿌리를 두고 있다. 서비스 러닝은 효과적인 사회 정의 접근법으로 간주된다. 그것은 역동적인 교육을 통해 학생들이 인류애와 그 발전에 대해 인식하고 반응하도록 유도한다(Ayers, 1998; Greene, 1998). 사회 정의 교육은 본질적으로 학생들이 국가 및 국제적 수준에서 더 큰 발전 목표를 향해 지식과 기술을 갖출 수 있는 잠재력을 지닌 교육이다(Ayers, 1998; Kincheloe, 2004).

학생들의 사회 정의 태도 증진

오늘날 학습 기술은 매우 중요한 역할을 담당한다. 현장 학습과 가상 학습 경험을 연결하면 많은 이점을 얻을 수 있다. 온라인 서비스 러닝 활동을 통해 학생들은 지역사회와 함께 일하는 기회를 얻는다. 이러한 상호 작용을 통해 학생들은 지역사회의 문제를 파악하고 이를 극복하기 위한 계획을 개발하는 데 더 가까이 다가갈 수 있다(Haythorn et al., 2000; Farmer, 2004). 성찰, 탐구, 협업과 같은 봉사 기반 교수법을 통해 기술은 학습자들이 단독 학습에서 봉사 중심으로 관심을 전환하는 충분한 기회를 제공한다(Barab et al., 2001). 이와 관련하여 마이어스(Meyers, 2008)는 토론과 비판적 담론, 탐구는 온라인 학습 접근 방식과 더불어

---

1 역주 비판적 인종 이론은 인종차별과 불평등에 대한 사회적 인식을 높이고, 정의와 평등을 실현하기 위한 다양한 노력과 운동을 격려한다.

문제를 탐구하고 해결책을 제시하는 데 효과적으로 사용될 수 있다. 또다른 연구에서 개리슨과 그 동료(Garrison et al., 2000)는 가상 또는 온라인 교실이 학생들이 문제를 성찰하고 비판적으로 조사하며 지역사회 개발 및 빈곤 퇴치와 같은 긍정적이고 협력적인 교육 목표를 촉진하기 위한 다양한 수단을 찾으려는 학습 환경을 제공한다는 사실을 발견했다.

많은 교사는 학습 목표를 공유하고 공통의 문제를 해결하기 위한 의사소통과 협업을 촉진하기 위해 다양한 교육 기술을 사용한다. 교육 목표를 달성하기 위해 교사들은 가상 회의, 전화 사용, 오디오 및 비디오 상호 작용을 사용하여 지속적인 커뮤니케이션 시스템을 촉진한다(Merryfeld, 2001). e-서비스 러닝을 통해 학생들은 다양한 플랫폼을 통해 소셜 네트워킹과 비디오 공유를 활용하도록 권장된다. 이것은 더 지속 가능한 방식으로 학생들의 경험을 강화한다. 마지막으로, 정보 관리 시스템을 사용하여 온라인 문서 및 자료 공유, 전자 저널, 전자책을 통해 강의 콘텐츠를 배포한다. 이것은 기술을 활용하여 지역사회의 소외 계층에게 다가가는 데 도움이 된다(Merryfeld, 2006).

시사점

온라인 서비스 러닝을 통한 사회 정의 교육이 최근 전 세계적으로 빠르게 인기를 얻고 있다. 이것은 웹 기반 교육과 다양한 지역사회에서 학생들의 현장 배치 경험을 결합한 블렌디드 러닝(blended learning)이다.[2]

---

2 **역주** 블렌디드 러닝은 전통적인 수업 방식과 온라인 학습을 조합하여 학습 경험을 향상하는 교육 접근법이다. 이 방법은 어느 한 가지 방법만으로는 불충분한 상황에서 사용될 수 있으며, 수업 현장에서 발생하는 여러 문제점을 해결하고 학습자의 다양한 학습 스타일과 요구를 충족시킬 수 있는 유연성을 제공

이 연구는 다양한 웹 기반 애플리케이션과 교육 기법을 사용하여 지역 및 전 세계의 다양한 지역사회에 다가가는 것이 가능하다는 것을 보여 준다. 이러한 중요하고 효과적인 교육 접근법 중 하나는 온라인 서비스 러닝이다. 비판적 대화를 근본적으로 촉진하는 서비스 러닝과 같은 능동적 교육학과 결합하면 개인적 성찰, 적극적 참여 및 기술의 통합은 학생들이 지역사회에 봉사하는 데 물리적으로 참여했던 교실이나 현장 활동의 전통적인 한계를 넘어 학습을 확장할 수 있다.

이 연구는 온라인 서비스 러닝의 독창성을 탐구했다. 온라인 서비스 러닝은 기존의 오프라인 교육과는 달리 학생들이 디지털 수단을 통해 지역사회와 교류할 수 있도록 한다. 이러한 상호 작용은 학생들과 지역 주민들 사이에 더욱 긴밀하고 지속 가능한 유대감을 형성할 수 있는 길을 열어준다. 이 연구는 학생들이 봉사 활동에 대해 성찰하는 기회를 제공하면 사회 정의, 행동, 변화와 관련된 문제에 대한 인식이 높아진다는 것을 발견했다. 헌트(Hunt, 1998)도 사회 정의를 위한 교육의 중요성은 학생들이 사회 변화를 위해 일하고 세상을 더 나은 곳으로 만들기 위해 노력하도록 영감을 준다고 언급한다. 서비스 러닝 활동은 사회적 책임의 복잡성과 이를 수행하기 위한 책임에 대한 이해를 발전시킨다. 성찰적인 토론은 학생들이 경험에서 의미를 구성하는 수단 중 하나다. 온라인 기술은 이러한 비판적 토론을 전통적인 학습 경험을 넘어 확장하는 데 도움이 된다. 이 연구는 학생들이 기술을 전통적인 현장 봉사 활동과 통합할 수 없는 경우, 교사가 학생들에게 온라인 지역사회와 교류하도록 허용하기 전에 필요한 교육을 선택할 필요가 있음을 시사한다. 또 다른 시사점은 교사가 학생들이 지역사회와 정기적으로 연락을 유지할 수 있

한다.

서비스 러닝의 이론과 실제

도록 몇 가지 필수 기준이나 일정을 설정할 수 있다는 것이다. 이러한 상호 작용은 학생들이 지역사회와 함께 일하는 상황에 대한 관찰, 통찰력, 비판적 분석을 통해 이루어져야 한다.

이 장에서 우리가 다룬 내용은 교사가 교육용 기술을 사용하면 여러 가지 창의적인 방법으로 학생들을 지도하는 데 도움이 된다는 통찰력을 제공한다. 이러한 다양성을 통해 교사는 특정 조건에서 사용할 수 있는 가장 적합한 기술을 찾을 수 있다. 반면에 디지털 서비스 러닝 과정에 참여하는 학생들은 비디오, 웹사이트, 소셜 미디어, 기사 등 다양한 형태의 소셜 네트워크를 접하게 된다. 이 모든 것이 학생들의 학습에 더 크고 광범위한 영향을 미친다. 이를 위해 이 연구는 교사들에게 온라인 교실에서 학생들이 지역사회의 사회 문제를 탐구하고 디지털 수단을 통해 해결책을 제시하는 다양한 기회를 인식하고 활용할 것을 제안한다. 이것은 오늘날 사회의 문제를 해결하는 데 필수적인 정보 활용 능력을 개발하는 데 도움이 될 것이다.

이 연구는 교사가 학생들이 사회 정의와 관련된 문제를 이해할 수 있도록 하는 것이 필수적이라고 주장한다. 여기에는 문제를 파악하고 해결책을 계획하는 복잡한 과정이 포함된다. 이 과정에서 학생들은 자신의 삶, 성공, 실패, 관계에 대해 새로운 영역을 발견하게 된다. 이 연구는 학생들이 사회 정의의 목표를 달성하기 위해 디지털 수단을 사용하는 높은 수준의 자기 주도성, 자율성, 동기를 발휘할 수 있도록 교사의 역할이 필요하다는 이전 연구(Pallof & Pratt, 2007)의 결과를 더욱 강화한다. 예를 들어, 일부 지역사회에서는 인종, 종교, 민족 등과 관련된 문제를 무시하는 것이 안전하지 않다(Sujo de Montes et al., 2002). 이러한 상황은 온라인 교실에서 기술 통합 교육과정을 구현하는 데 있어 여러 가지 문제에 직면하는 교사들에게도 문제를 제기한다. 이것은 기술 적용 뿐만 아니라 전반적인 학습 과정에도 영향을 미친다.

결론

앞서 언급한 논의를 바탕으로 이 장에서는 온라인 서비스 러닝에 참여하는 학생들이 긍정적인 사회 정의 태도를 기른다는 결론을 내린다. 또한, 이 장에서 우리는 서비스 러닝 활동에 참여하는 학생들이 사회 정의에 대한 개인적 의미를 실현하고 통합한다는 결론을 내린다. 이 논의는 온라인 서비스 러닝이 학생들의 리더십 기술을 개발하여 지역사회에서 더 긍정적인 사회적 행동을 유발한다는 통찰을 제공한다. 오늘날의 시민은 디지털 시대에 살고 있으므로 학생들에게 최신 정보를 제공하는 것이 필수적이다.

교육 기술을 활용하여 학생들이 더 효과적인 방식으로 지역사회의 문제를 해결하는 데 적극적인 역할을 할 수 있도록 해야 한다. 이 장에서 우리는 기술의 도움 없이는 오늘날의 학생들에게 더 폭넓고 즉각적인 상호 작용, 대화, 경험을 제공할 수 없다는 결론을 내린다. 마지막으로, 이 장에서 우리는 디지털 서비스 러닝과 같은 교육적 수단을 활용하여 사회 정의를 증진하고 가난하고 소외된 지역사회의 문제를 부각하는 데 전자 기술을 활용할 수 있다고 제안한다.

참고 문헌

Ameen, K. (2011). Changing scenario of librarianship in Pakistan: Managing with the challenges and opportunities. *Library Management*, 32(3), 171–182.

Ameen, K., & Jalal Haider, S. (2007). Book selection strategies in university libraries of Pakistan: An analysis. *Library Collections, Acquisitions, and Technical Services*, 31(3–4), 208–219.

Ayers, W. (1998). Popular education: Teaching for social justice. In W. Ayers, J. A. Hunt, & T. Quinn (Eds.), *Teaching for social justice* (pp. xvii–xxv). New Press.

Baldwin, S. C., Buchanan, A. M., & Rudisill, M. E. (2007). What teacher candidates learned about diversity, social justice, and themselves from service-learning experiences? *Journal of Teacher Education*, 58(4), 315–327.

Barab, S. A., Thomas, M. K., & Merrill, H. (2001). Online learning: From information dissemination to fostering collaboration. *Journal of Interactive Learning Research*, 12(1), 105–143.

Brookfeld, S. D., & Preskill, S. (1999). *Discussion as a way of teaching*. Jossey-Bass.

Cantor, J. A. (1997). *Experiential learning in higher education: Linking classroom and community*. ERIC Digest.

Einfeld, A., & Collins, D. (2008). The relationships between service-learning, social justice, multicultural competence, and civic engagement. *Journal of College Student Development*, 49(2), 95–109.

Farmer, J. (2004, January). Communication dynamics: Discussion boards, weblogs and the development of communities of inquiry in online learning environments. In *Beyond the comfort zone: Proceedings of the 21st ASCILITE conference* (pp. 274–283).

Freire, P. (1970). *The pedagogy of the oppressed.* Continuum.

Garrison, D. R., Anderson, T., & Archer, W. (2000). Critical inquiry in a text-based environment: Computer conferencing in higher education. *The Internet and Higher Education*, 2(2–3), 87–105.

Greene, M. (1998). Teaching for social justice. In W. Ayers, J. A. Hunt, & T. Quinn (Eds.), *Teaching for social justice* (pp. xxvii–xlvi). New Press.

Guthrie, K. L., & McCracken, H. (2010). Making a diference online: Facilitating service-learning through distance education. *The Internet and Higher Education*, 13, 153–157.

Harro, B. (2000). The cycle of socialization. In M. Adams, W. J. Blumenfeld, R. Cas\-taneda, H. W. Hackman, M. L. Peters, & X. Zuniga (Eds.), *Readings for diversity and social Justice* (pp. 15–21). Routledge.

Haythornthwaite, C., Kazmer, M. M., Robins, J., & Shoemaker, S. (2000). Community development among distance learners: Temporal and technological dimensions. *Journal of Computer-Mediated Communication*, 6(1).

Holland, B., & Robinson, G. (2008). Community based learning with adults: Bridging eforts in multiple sectors [Electronic version]. *New Directions in Adult and Continuing Education*, 118, 17–30.

Hunt, J. A. (1998). Of stories, seed and the promises of social justice. In W. Ayers, J. A. Hunt, & T. Quinn (Eds.), *Teaching for social justice* (pp. xiii–xv). New Press.

Kanuka, H. (2008). Understanding e-learning technologies-in-practice through philosophies-in-practice. In T. Anderson (Ed.), *The theory and practice of online learning* (pp. 91–118). AU Press.

Kincheloe, J. L. (2004). *Critical pedagogy primer.* Peter Lang.

Kolb, D. (1984). *Experiential learning: Experience as the source of learning and development.* Prentice Hall.

MacKnight, C. B. (2000). Teaching critical thinking through online discussions.

Educause Quarterly, 4, 38–41.

McBrien, J. L. (2008). The world at America's doorstep: Service learning in preparation to teach global students. *Journal of Transformative Education*, 6. http://jtd. sagepub.com/cgi/content/abstract/6/4/270

Merryfeld, M. M. (2001). The paradoxes of teaching a multicultural education course online. *Journal of Teacher Education,* 52(4), 283–299.

Merryfeld, M. M. (2006). WebCT, PDS, and democratic spaces in teacher education. *International Journal of Social Education*, 21(1), 73–94.

Meyers, S. (2008). Using transformative pedagogy when teaching online. *College Teaching*, 56(4), 219–224.

Moely, B. E., McFarland, M., Miron, D., Mercer, S., & Ilustre, V. (2002). Changes in college students' attitudes and intentions for civic involvement as a function of service-learning experiences. *Michigan Journal of Community Service Learning*, 9, 18–26.

Pallof, R. M., & Pratt, K. (2007). *Building online learning communities: Effective strategies for the virtual classroom.* Jossey-Bass.

Pallof, R. M., & Pratt, K. (2010). *Collaborating online: Learning together in community* (Vol. 32). John Wiley & Sons.

Rovai, A. P. (2002). Sense of community, perceived cognitive learning, and persistence in asynchronous learning networks. *The Internet and Higher Education*, 5(4), 319–332.

Saeed, H., Asghar, M., Anwar, M., & Ramzan, M. (2000). Internet use in university libraries of Pakistan. *Online Information Review*, 24(2), 154–160.

Said, H., Ahmad, I., Yassin, M., Hassan, Z., & Alrubaay, I. (2014). Using E-service learning for promoting digital citizenship. *Life Science Journal*, 11(3), 154–159.

Stanton, T. K., Giles, D. E., & Cruz, N. I. (1999). *Service-learning: A movement's pioneers refect on its origins, practice, and future.* Jossey-Bass.

Strait, J., & Sauer, T. (2004). Constructing experiential learning for online courses: The birth of e-Service. *Educause Quarterly*, 27(1).

Sujo de Montes, L. E., Oran, S. M., & Willis, E. M. (2002). Power, language, and identity: Voices from an online course. *Computers and Composition*, 19, 251–271.

Tatum, B. D. (2000). The complexity of identity: Who am I? In M. Adams, W. J. Blumenfeld, R. Castaneda, H. W. Hackman, M. L. Peters, & X. Zuniga (Eds.), *Readings for diversity and social justice* (pp. 9–15). Routledge.

Taylor, E. (2008). Transformative learning theory. *New Directions for Adult and Continuing Education*, 119, 5–15.

Tseng, H., Wang, C., Ku, H., & Sun, L. (2009). Key factors in online collaboration and their relationship to teamwork satisfaction. *Quarterly Review of Distance Education*, 10(2), 195–206.

Warraich, N. F., & Ameen, K. (2011). Employability skills of LIS graduates in Pakistan: Needs and expectations. *Library Management*, 32(3), 209–224.

Waterman, A. S. (1997). *Service-learning: Applications from the research*. Lawrence Erlbaum Associates.

Yosso, T. J. (2005). Whose culture has capital? A critical race theory discussion of community cultural wealth. *Race Ethnicity and Education*, 8(1), 69–91.

서비스 러닝의 이론과 실제

8장

변혁적 교수법으로서 서비스 러닝

변혁적
교수법으로서
서비스 러닝

서비스 러닝은 학교 교육과정과 지역사회 봉사 활동을 서로 연결하는 교수·학습 전략으로 정의된다(Learn and Serve America, 2010). 서비스 러닝은 사회적, 도덕적, 시민적 발달에 도움을 받는 학생뿐만 아니라 서비스를 받는 지역사회와 이러한 프로그램을 주관하는 교육 기관에 긍정적인 영향을 미친다(Billig, 2009; White, 2001). 서비스 러닝의 인기에도 불구하고 학생과 지역사회 성과가 서비스 러닝과 어떻게 밀접하게 연관되어 있는지, 어떤 요인이 지역사회 참여 및 학생의 시민성 발달에 영향을 미치는지는 여전히 불분명하다(Celio et al., 2011). 여기에서는 이 두 가지 문제에 중점을 두고 검토하고자 한다.

서비스 러닝은 지역사회 참여이자 시민교육이다. 점점 더 많은 연구가 고등 교육 기관에 시민의 사명과 지역사회 참여 목표의 중요성을 지

서비스 러닝의 이론과 실제

속해서 일깨워 주고 있다. 여러 연구에서 서비스 러닝은 이러한 목표를 달성하기 위한 최선의 방안임을 밝히고 있다(Varolta, 1997; Furco, 2002; Ellison & Eatman, 2008; Butin, 2010). 이러한 인식의 결과로 고등 교육 기관은 지역사회에 헌신과 시민성 발달을 다시 정의하고 고려하기 시작했다(Eyler, 2000). 1990년 미국에서는 대학 교육에서 시민 참여를 높이기 위해 국가 및 지역사회 봉사법(the National and Community Service Act)을 제정하였다. 그 후 1993년에 미국인들을 지역사회 봉사에 참여시키기 위해 국가 및 지역사회 봉사 협회(the Corporation for National and Community Service)가 설립되었다. 시민교육은 영국에서 시민교육과 그 중요성에 관한 크릭 보고서[1]를 통과시켜 공식적으로 개념화되었다(Lucas, 1996; Bryant et al., 2011).

지난 20년 동안 서비스 러닝은 효과적인 지역사회 참여 및 시민성 발달 교육으로서 독특한 명성을 얻어 왔다(Zlotowski, 1995; Furco, 2002; Melchior, 2000; Butin, 2010; Bryant et al., 2011). 많은 학자의 관점에서 볼 때, 이는 대학 교육에서 전통적인 교수·학습 방식의 이론과 실제 사이에 오랫동안 있어 왔던 틈을 성공적으로 메꾸었다(Rhoads, 1997; Antonio et al., 2000). 서비스 러닝의 주요 기여 중 하나는 존중, 호혜성, 관계성 및 성찰의 틀 내에서 학교의 교육 내용과 지역사회 봉사를 연결했다는 것

---

[1]　역주 1998년 버나드 크릭(Bernard Crick) 교수는 '학교 내 시민권 민주주의 교육 자문 그룹(Advisory Group on Citizenship and the Teaching of Democracy in Schools)'의 '크릭 보고서(Crick report)'를 통해 시민교육을 법이 정한 국가교육과정 과목으로 지정할 것을 강력히 권고한다. 크릭 교수는 특히 ① 사회·도덕 책임감, ② 지역사회에 참여 ③ 정치 소양(political literacy) 등을 가르칠 것을 주장한다. 1997년 출범한 노동당 정부가 이를 수용한 결과, 시민교육은 2002년부터 잉글랜드와 웨일스의 모든 고등 교육 과정에서 법이 정한 국가교육과정에 포함되었다. [출처] Lucy, 영국의 세계시민 교육.

이다(Liu, 1995). 일부 저자는 서비스 러닝을 교육의 변혁적 운동이라고 불렀다. 왜냐하면 서비스 러닝은 학교 학습을 지역사회 경험과 성공적으로 통합하였고, 더 나아가 정의롭고 포괄적인 세상에 대한 지식을 함양함에 따라 학생들의 학문적 기술과 문화적 역량을 개발하기 때문이다(Morgan & Streb, 2001). 서비스 러닝은 또한 시민 활성화와 지역사회 참여를 위한 선도자의 지위에 올랐다(Butin, 2005; Berle, 2006). 이는 참여 교육으로서의 서비스 러닝의 발전에 대한 놀라운 확증이기도 하다(Bell et al., 2000). 학자들은 교실을 현실 세계 및 공동체와 연결하는 전형적인 특성 때문에 서비스 러닝을 진정한 변혁적 교수법이라고 선언했다(Colbeck & Michael, 2006; Harkavy, 2006).

일부 저자에 따르면, 고등 교육 기관은 지역사회와의 지속 가능한 파트너십을 구축하기 위한 서비스 러닝의 잠재력을 인식했으며, 서비스 러닝은 학생들의 학업 발전을 가장 강력하게 예측하는 지표라는 점을 깨닫게 되었다(Furco, 2002; Butin, 2005). 현재 고등 교육 기관은 효과적인 교수·학습을 위한 기술로서 협동적 접근 방식, 학습 모델 및 제도화된 관행의 채택을 선호한다. 혁신적인 학습 접근 방식인 서비스 러닝은 잠재적으로 이러한 목표를 성취한다. 협동적 수행인 서비스 러닝을 통해 고등 교육 기관은 기존의 경계벽을 넘어 자신의 관행과 우선순위를 확장할 수 있다. 봉사 활동은 지역사회의 협력적 실행과 효과적으로 연결될 수 있다(Hartley et al., 2005).

오늘날 서비스 러닝은 혁신적인 공동체에 기초한 학습 접근 방식으로 고등 교육에서 견고한 위치를 차지하고 있다. 전 세계적으로 고등 교육에서 지역사회 봉사, 시민 참여, 서비스 러닝에 전념하는 1,000개 이상의 회원 대학들이 있다. 수많은 연구에 따르면 서비스 러닝은 학업적 성취,

시민 참여, 다양한 태도와 같은 광범위한 결과 변수[2]를 장려하는 데 매우 유용한 교육적 개입이라고 제안한다(Jones et al., 2005). 서비스 러닝 실습은 고등 교육에서 인정받는 지표가 되었다. 이에 따라 서비스 러닝은 다양한 고등 교육 분야의 학자, 교수와 학생들의 흥미진진한 교육적 가능성에 관한 관심을 끌었다(Butin, 2006; Driscoll, 2008). 서비스 러닝은 고등 교육 학자들 사이에서 그 한계와 가능성에 관한 문제를 놓고 열띤 논쟁을 불러일으켰다. 연구자들은 서비스 러닝의 장점을 관철하기보다는 서비스 러닝을 수행하는 방식과 수단에서 고등 교육의 단순한 학문적 방법론으로 다루는 것으로 관심을 돌렸다(Hartley et al., 2005).

더욱이, 많은 연구자는 학문적으로 엄격하고, 참여적이며, 유용하고, 반응이 빠른 고등 교육에서 '참여 장학금'에 대한 보이어(Boyer)의 요구를 더욱 확대하여 더 많은 공공 참여 장학금을 요구해 왔다(Colby et al., 2007b; Ramaley, 2006). 이 장에서는 교수자와 교과서를 통해 지식을 축적하는 데 중점을 둔 고등 교육의 전통적인 관행과 달리, 서비스 러닝은 지식의 공유, 지식의 적용 및 지식의 창조에 초점을 둔 협동, 참여 및 파트너십과 같은 교육의 새로운 차원에 관심을 돌리고 있음을 보여준다. 이 장에서는 서비스 러닝을 협력적이고 참여적인 패러다임으로 활용하는 이 영역을 탐색하고자 한다(Jones et al., 2005).

이 장에서는 또한 고등 교육에서 서비스 러닝의 내적·외적 한계는 무엇인가라는 질문에 답하고자 한다. 전문적인 관점에서는 지역사회 참여와 교육에서의 시민성 목표를 달성하기 위해 훈육하는 맥락에서 서비스 러닝의 가능성을 어떻게 설명하나? 이러한 개념과 관련된 서비스 러닝

2　**역주** 실험적 연구에서 종속 변수와 유사한 의미이지만 주로 비 실험적 연구에서 사용된다.

의 한계가 고등 교육에서는 어떻게 극복될 수 있는가? 학자들은 다양한 관점에서 이 질문에 대한 답을 찾으려고 노력해 왔다. 이러한 배경에서, 이전 연구에서는 서비스 러닝 성과의 관점을 광범위하게 탐구했지만, 고등 교육의 변혁적인 교수법으로서 전문적 관점에서 서비스 러닝의 개념화를 시도한 연구는 거의 없다(Mitchell, 2007). 이 장에서는 특히 고등 교육에서 서비스 러닝의 변혁적 측면을 탐구하고 이러한 관점에서 서비스 러닝의 개념을 설명하고자 한다.

서비스 러닝에 대한 재고

지난 30년 동안 전 세계적으로 급속한 산업화, 민주화, 시장화, 세계화 추세로 인해 지역 및 세계 공동체의 삶에 중대한 변화가 일어났다(Paul, 2006). 이러한 모든 발전은 고등 교육과 지역사회에 몇 가지 새로운 한계와 가능성을 열어 놓았다. 이는 연구자, 학자, 실무자들 사이에서 고등 교육의 가치와 사명에 대한 근본적인 재고찰을 초래했다. 이러한 경향은 공익과 공동체 발전에 관한 고등 교육의 새로운 목표와 역할에 대해 학자들 사이에 더욱 혼란을 일으켰다(Kirp, 2003; Kezar et al., 2005; Zemsky et al., 2005; Colby et al., 2007); Bensen et al., 2007).

세계 각지에서 빠르게 증가하는 사람들의 사회적 요구를 충족시키는 데 있어서 전통적인 고등 교육의 위상이 점점 줄어들기 때문에 이러한 재고찰은 더욱 중요하다(Pompa, 2002). 따라서 시민, 지역사회, 이해관계자와 실무자 모두는 현재 증가하는 요구에 효과적으로 대처할 수 있는 전통적인 고등 교육의 능력에 대해 의문을 제기해 왔다(Pompa, 2005). 다른 한편으로는 학생들에게 필요한 능력과 역량을 개발하기 위해 기존

서비스 러닝의 이론과 실제

고등 교육 관행의 약점이 증가하고 있다는 점에 대해서는 모든 이해관계자 사이에서 일반적인 예상을 한다. 전통적인 고등 교육에 대한 일반적인 생각은 학생들 사이에서 높은 탐구 의식, 비판적 사고, 시민 참여 및 사회적 책임을 개발할 능력이 없다는 것이다(AAC&U, 2007; Vaughn & Seifer, 2008).

이와 함께, 지난 10년 동안 서비스 러닝이 급속히 확장됨에 따라 고등 교육의 중압감과 서비스 러닝의 도전을 견딜 수 있는 능력이 있는지에 대한 많은 의문이 제기되었다. 이에 대해 학자들은 많은 질문을 제기한다(Young et al., 2007). 예를 들어, 첫째, 전통적인 고등 교육이 전 세계 공동체에 영향을 미친 현재의 과제를 해결할 수 있는 위치에 있는지이다. 둘째, 현재의 고등 교육이 세계화와 다양한 형태 세계화의 함의로 인해 생겨난 지역사회의 점증하는 다양한 요구에 얼마나 효과적으로 대처해 왔는가이다(Kezar et al., 2005). 연구에 따르면 사회적 관점으로서의 서비스 러닝은 오랫동안 검증됐으며 점점 증가하는 지역사회의 다양한 요구를 바로잡고 현재 고등 교육의 복잡성과 문제를 알리는 데 충분하지 않은 것으로 나타났다(Hogan, 2002; Schutz, 2006); Head, 2007; Swaminathan, 2007).

서비스 러닝의 공헌

여러 책에서 고등 교육의 변혁적인 교수법으로서 서비스 러닝에 대한 재고찰이 필요한 3가지 이유를 제시했다. 첫째, 고등 교육의 현재 관행과 전략은 '세계에 대한 지식'을 지닌 공동체를 위한 학자를 양성하는 것이 고등 교육의 역할이라는 교사, 학생, 공동체 모두가 여전히 갖고 있는 오래된 가정에 매몰되어 있다는 점이다. 둘째, 급속한 사회적, 정치적, 문화적 경향과 가치로 특징지어지는 공동체의 기대와 다차원적 요구에 대처하기 위해 보다 참여적이고 변혁적인 교수법 모델을 개발하려는 실무자들의 새로운 요구에 부응하려는 데 있다. 서비스 러닝이 자체 기술적인 문제를 효과적으로 해결하지 못한다면, 다른 봉사가 그 격차를 메울 가능성이 있다. 예를 들어, 고등 교육에서 지적 다양성의 필요에 대한 더 깊은 논의가 진행 중이다. 기존의 전통적인 고등 교육 방식은 교육 발전보다는 시민권에 대한 교화만을 장려하는 것으로 여겨진다(Borden, 2007). 다른 연구자는 혁신적인 참여 교수법인 서비스 러닝이 고등 교육의 이론과 실제의 괴리를 해소할 수 있는 잠재력을 지니고 있다고 주장한다. 일부에서는 서비스 러닝이 고등 교육과 지역사회 간의 보다 효과적으로 연결할 수 있는 강력한 유형의 체험교육이라고 주장하기도 한다(Baldwin et. al., 2007).

현재 미국 고등 교육 기관의 지도자 500명 이상이 '고등 교육의 시민적 책임에 관한 대통령 선언문(the President Declaration on the Civic Responsibility of Higher Education)'에 서명했다. 이 운동의 기본 목적은 고등 교육의 시민적 사명에 새로운 활력을 불어넣고 그 사명을 강조하는 것이다(Campus Compact, 2005). 서비스 러닝은 학생들의 이론적 개념에 대한 더 나은 이해를 촉진하는 전통적인 역할 때문에 주로 가치 있는 것으로 받아들였다. 그러나 최근에는 서비스 러닝을 통해 학생들이 교실 이론을 실제 상황에서 지역사회의 실제 요구에 연결 짓는 것을 탐구할 수 있도록 하는 것과 같은 다른 중요한 이점도 제공할 수 있다고 보았다. 서비스 러닝은 학생들의 비판적 사고, 의사소통 및 팀워크 기술을 강화하는 데 도움을 준다. 서비스 러닝의 가장 중요한 장기적 이점은 학

서비스 러닝의 이론과 실제

생들에게 지역사회에 참여하고 시민의 역할을 발견할 손쉬운 기회를 제공한다는 것이다(Campus Compact, 2003; Bryant et al., 2011).

서비스 러닝의 한계

앞서 언급한 서비스 러닝의 이점은 이에 대한 연구자들과 종사자들의 관심을 끌었다. 이러한 이점에도 불구하고 학자들은 많은 한계에 직면해 있다. 예를 들어, 서비스 러닝을 구성하고 구현하는 일은 고등 교육에서 성취하기에는 시간이 오래 걸리는 어려운 과업이다. 그러나 연구에 따르면 이러한 한계는 새로운 가능성을 모색함으로써 극복될 수 있다는 것이 밝혀졌다. 그러한 가능성 중 하나는 서비스 러닝 이론 안에서 구체적인 접근 방식을 따르는 것이다(Bryant et al., 2011). 예를 들어, 앞서 언급한 요구 사항을 충족하기 위해 봉사 활동 중 학생들의 성찰을 기록하는 교육적 모델 중 하나로 '강좌 포트폴리오'를 활용할 수 있다. 성찰은 서비스 러닝의 중요한 요소이다. 성찰을 통해 학생들은 교육 이론과 실천 사이의 더 깊은 연관성을 이해하게 된다. 이를 통해 지역사회의 요구뿐만 아니라 서비스 러닝 과정에 대한 더 깊은 이해를 얻을 수 있다. 이러한 봉사와 학습의 조합은 학생과 지역사회 모두의 평등한 발전을 위한 건전한 토대를 제공한다(Hon net-Porter & Poisonous, 1989; Eyler & Giles, 1999; Bryant et al., 2011).

번스타인(Bernstein et al., 2006)이 제시한 기본 틀 내에서 강좌 포트폴리오는 교육적 접근 방식의 효과에 대한 보다 광범위한 조사를 위한 기반으로서뿐만 아니라 승진, 정년 보장 결정, 강좌 설계 및 평가와 같은 고등 교육의 다양한 학문적 목적을 위해 활용될 수 있다(Lindholm et al.,

2005). 전형적으로 강좌 포트폴리오는 특정 과정의 설정된 교육목표의 성취 여부를 확인하기 위해 (1) 강좌 및 학생 프로필, (2) 학습 목표 진술, (3) 사용될 교수 방법 및 접근 방식, (4) 접근 방식의 성패에 대한 증거의 4요소로 나뉜다(Bernstein et al., 2006). 기본적으로 수업 모형과 교수법의 선택과 교수·학습의 여러 관점을 뒷받침하는 근거는 성공적인 지역사회 참여를 위한 사례를 발굴하는 데 핵심적인 역할을 한다. 한 가지 예만을 제시하는 것이 효과적이지 않다는 점을 명심해야 한다(Bensen et al., 2007; Wade, 2007). 앞서 언급한 논의를 바탕으로 고등 교육에 서비스 러닝을 구현하기 위한 다학제적 모델을 탐구할 필요가 있음을 주장할 수 있다. 다학제적 접근 방식인 서비스 러닝의 속성도 이러한 관점을 뒷받침한다. 이를 통해 다른 맥락에서 다른 다문화 공동체의 요구를 충족할 수 있는 다학제적 모델을 개발하는 것이 가능해질 것이다.

서비스 러닝 과정에서 경험과 성찰은 학습의 중심 역할을 수행한다. 봉사 경험의 결과로 학생들은 수업 자료에 대한 이해력, 고차원적 사고, 문제에 대한 비판적 탐구, 그리고 더 깊은 지역사회 참여 의식을 높였다(Markus et al., 1993). 이러한 관점에 대한 해답을 찾으려면 교육학이든 철학이든 서비스 러닝의 본질을 다시 살펴보고 재고찰해야 한다. 서비스 러닝은 공동체를 변화시킬 수 있나? 서비스 러닝은 교실을 신성한(theocratic) 교실에서 실용적인 교실로 변화시킬 수 있나? 이와 관련하여 서비스 러닝의 한계는 무엇인가?

서비스 러닝 문헌에서는 이러한 질문에 다양한 방식으로 답변해 왔다. 그러나 일반적인 주장은 서비스 러닝 교육이 실천을 소홀히 하면서 이론을 강조하는 교육의 '은행 모델'[3]을 무효화하고 거부한다는 것이다.

---

3   역주 이는 브라질 교육자이자 철학자인 프레이리가 자신의 저서에서 단순암기

이 모델에서는 지식이 교사로부터 학생에게 전달되는 형태로 전환이 이루어진다. 이는 학생들이 새로운 지식에 대해 비판적으로 생각하는 것을 허용하지 않는다. 따라서 이 모델의 결과는 서비스 러닝의 주요 목표인 '능동적 사고'가 아닌 '수동적 사고'의 발달에 있다(Astin et al., 1999; Butin, 2010). 반면, 일부 저자는 이를 적극적인 공동체 구성원이 되기 위한 기능을 연마하기 위해 오늘날의 학생들에게 학문적 가치와 시민적 가치를 다시 내면화하려는 수단으로 간주하기도 한다(Colby et al., 2007).

많은 서비스 러닝 옹호자는 인지적, 정의적, 정동적 영역이라는 3가지 교육 영역 모두에서 서비스 러닝과 관련된 몇 가지 다른 이점을 지적했다. 예를 들어, 벤젠 등(Bensen et al. 2007)은 서비스 러닝이 보다 적극적인 시민을 육성한다는 것을 알게 되었다. 동일한 방식으로 아스틴 등(Astin et al. 1999)은 서비스 러닝이 보다 공평한 사회를 지지하고, 사회 정의의 목표를 달성하는 참여의 학문을 진정으로 진작시킨다고 주장했다. 더 중요한 것으로 웨이드(Wade, 2007)는 호혜적 접근 방식으로서의 서비스 러닝이 실제 세계에 대한 학습을 강조하고 고등 교육의 모든 이해관계자 간의 자연스러운 관계를 형성함으로써 다양한 요구를 충족하고, 상호 이익을 증진하기 위해 대학을 지역사회와 연결하는 데 이상적이라고 주장했다.

최근 교육에 대한 지역사회 기반 접근 방식으로서 서비스 러닝의 장점에 관한 연구가 확산하고 있음에도 불구하고, 이론과 실천을 확산하는 데는 많은 어려움이 있다(Butin, 2010). 예를 들어, 서비스 러닝의 기본 원칙과 목표에 대해서는 여전히 애매모호함이 있다. 이와 관련하여, 중

___

를 하게 하는 전통적인 교육 방식을 비판하는 이론을 일컫는 것이다.

요한 질문은 서비스 러닝이 더 나은 강좌 이해를 위한 교육학적 접근인지, 아니면 단순히 지역사회의 조직을 활성화하기 위한 철학적 입장인지 여부이다. 일부 비평가조차 그것이 문화와 공동체에 대한 관음증적 활용이라고까지 말했다(Cross, 2005). 이러한 모든 관점은 지역사회에 기반한 교육 패러다임으로서의 서비스 러닝의 진정한 속성에 대한 건전한 토론을 위한 더 많은 근거를 제공한다.

변혁적 교수법으로서 서비스 러닝

서비스 러닝이란 무엇인가? 이 질문에 대한 답을 찾기는 매우 어렵다. 서비스 러닝을 정의하고 구분하는 문헌에는 많은 답이 있다. 그러나 공통으로 사용되는 정의 중 하나는 서비스 러닝이 학생들이 지역사회의 요구 사항을 파악하고 충족시키는 조직화한 봉사 활동에 참여할 수 있도록 하는 강좌 기반의 학점 취득 교육 경험이다. 학생들은 강의 내용에 대한 더 깊은 이해와 시민적 성숙을 개발할 수 있게 하는 봉사 활동에 대해 심사숙고한다(Bringle & Hatcher, 1995). 이 정의는 서비스 러닝이 다른 전통적인 교육 방식에 비해 독특한 교육임을 보여준다. 서비스 러닝은 기본적으로 학습과 봉사 사이에 의미 있는 관계를 만든다. 이러한 측면은 고등 교육에서 사용되는 강의, 토론 또는 기타 교수 방법과 같은 다른 접근 방식에는 없는 것들이다. 이러한 이해에 기초한 주장은 서비스 러닝이 능동적 학습 모델이라는 것이다(Sigmon, 1994; Furco, 1996).

서비스 러닝과 관련된 정의의 복잡성에도 불구하고, 학자들은 서비스 러닝이 고등 교육의 이상을 촉진하는 데 합법적이고 윤리적이며, 유용한 교육이라고 주장해 왔다(Butin, 2010). 다른 학자들은 존중(respect), 호혜성(reciprocity), 성찰(reflect), 적합성(relevance)이라는 '4R'을 특징으로 서비스 러닝을 규정한다(Campus Campact, 2000). 마찬가지로, 봉사는 참여하는 모든 이해관계자에게 이익이 되어야 하며, 또한 봉사는 강좌 내용과 관련이 있어야 한다. 서비스 러닝에는 다른 개념화가 있다. 예를 들어, 초기에 켄달(Kendall, 1990)은 특정 내용을 전달하기 위한 교육으로서의 서비스 러닝과 다양한 교육 수준의 교육과정, 전략 및 강의 평가에 스며드는 특정 세계관과 철학으로서의 서비스 러닝을 구별했다.

반대로 리스만(Lisman, 1998)은 다양한 서비스 러닝 방식으로 자원봉사주의, 소비주의, 참여 민주주의, 사회 변혁을 언급했다. 각각의 방식은 개인과 공동체에 다양한 정도의 서로 다른 영향을 미친다. 다른 연구자들(Morton, 1995; Liu, 1995)은 서비스 러닝 분야에서 그러한 이분법에 반대했다. 그들은 이러한 서비스 러닝 방식이 기본적으로 지역사회에 가치있는 봉사를 제공하고, 고등 교육 수준 학생들의 학문적 학습을 증진하는 데 집합적으로 유용하다고 주장했다. 이러한 관점은 다양한 학문 분야에서 다양한 형태의 서비스 러닝을 더 깊이 이해하는 데 유용한 발견적 교수법을 제공한다(Howard, 2000; Butin, 2010). 그러나 지지하기 어려운 윤리적 근본주의(foundationalism) 및 목적론적 고려 사항과 같은 전통적인 서비스 러닝 표현과 관련된 몇 가지 뚜렷한 문제가 있다. 아직도 답해야 할 질문이 많다. 서비스 러닝에 참여하는 학생은 봉사에 대한 대가를 받아야 하나? 지역사회에 참여하는 학생은 가난한 사람에게만 봉사해야 할까, 아니면 부유한 사람에게도 봉사해야 할까?(Young et al., 2007).

이러한 질문에 대한 일반적인 대답은 전형적으로 모든 개인이 자신의 세계관을 통해 긍정적이고 지속적인 변화를 불러오는 독립적인 변화의 주체라는 개념에 기반을 두고 있다. 서비스 러닝은 지역사회 봉사 과정에 참여하는 모든 사람이 혜택을 받을 수 있도록 전통적 세계관과 현대적 세계관 사이의 균형을 추구한다(Butin, 2010). 서비스 러닝은 참여하는 모든 사람이 과정과 결과의 혜택을 동등하게 공유하는 교육이라고 믿는다. 그러나 이와 반대되는 이야기도 있다. 예를 들어, 어떤 실제 학습 내용이 봉사의 결과로 문서로 만들어지는 것과 같이 특정 유형의 질문이 공개되면 더욱 문제가 된다. 서비스 러닝이 실제 봉사를 수행하는 사람들에게 유용할 수 있는지에 대한 우려가 있지만, 여전히 봉사의 수혜자에게 많은 혜택을 주었다는 증거는 여전히 적다(Kumashiro, 2000; Campus Compact, 2003; Butin, 2010). 이러한 우려에도 불구하고 문헌들은 교육 전략으로서의 서비스 러닝의 이점과 변혁의 잠재력에 대한 충분한 증거를 제공해 주었다(Eyler & Giles, 1999; Rosenberger, 2000; Jones, 2002).

결론

앞서 언급한 논의는 서비스 러닝이 고등 교육을 변화시키기 위한 점진적이고 혁신적인 전략이라는 결론으로 이어진다. 이는 서비스 러닝의 이론과 실천에 대한 잘 규율된 접근 방식의 적용을 요구한다. 이어진 토론에서는 이 목표를 달성하는 한 가지 방법이 지역사회 연구와 같은 잘 훈련된 가정에서 서비스 러닝을 통합하는 것이라고 제안한다. 이 장에서는 공동체 참여를 위해 서비스 러닝을 수행할 수 있는 단일 모델 및 두 부분으로 이뤄진 모델은 없다는 더 광범위한 통찰력을 제공한다. 다양한 공동체는 다양한 요구를 갖고 있다. 이러한 요구는 이어질 개입의 철학을 규정한다. 따라서 지역사회 참여에 대한 단일 관점 접근 방식이 아닝 다중적인 관점에서 서비스 러닝을 바라보아야 한다. 검토 결과, 실제로 서비스 러닝은 체험교육에 뿌리를 둔 일련의 이론이다. 그래서 서비스 러닝을 더 잘 이해하기 위해서는 고등 교육에서 특정 규율의 학문적 목표를 향상시키기 위한 단순한 교육과정 도구가 아닌 사회 변혁 운동으로 이해하는 것이 필요함이 밝혀졌다. 마지막으로 이제까지의 검토 결과, 서비스 러닝과 지역사회 참여는 지역사회를 실험실로 활용하고 시민혁신을 통해 진정한 대중 참여에 헌신하는 '참여 대학' 모델을 개발하는 데 유용하다는 결론을 내릴 수 있다. 이를 위해서는 서비스 러닝의 혁신적인 호혜적 모델을 사용하여 한계를 극복하고 가능성을 확장함으로써 서비스 러닝의 새로운 역할을 인정할 필요가 있다.

참고 문헌

American Association of Colleges & Universities (AAC&U). (2007). *Freedom in the classroom*. www.aaup.org/AAUP/comm/rep/A/ class.htm

Antonio, A., Astin, H. S., & Corss, C. M. (2000). Community service in higher education: A look at the faculty. *The Review of Higher Education*, 23(4), 373–398.

Astin, A. W., Sax, L., & Avalos, J. (1999). Long term effects of volunteerism during the undergraduate years. *Review of Higher Education*, 22(2), 187–202.

Baldwin, S. C., Buchanan, A. M., & Rudisill, M. E. (2007). What teacher candidates learned about diversity, social justice and from service-learning experiences. *Journal of Teacher Education*, 58(4), 315–327.

Bell, R., Furco, A., Ammon, M. S., Muller, P., & Sorgen, V. (2000). *Institutionalizing higher education in service-learning*. University of California.

Bensen, L., Harkavey, I., & Puckett, J. (2007). *Dewey's dream: Universities and democracies in an age of education reform*. Temple University Press.

Berle, D. (2006). Incremental integration: A successful service-learning strategy. *International Journal of Teaching and Learning in Higher Education*, 18(1), 43–48.

Bernstein, D., Burnett, A., Goodburn, A., & Savory, P. (2006). *Making teaching and learning visible: Course portfolios and the peer review of teaching*. Anker Publishing.

Billig, S. H. (2009). Does quality really matter: Testing the new K – 12 service-learning standards for quality practice. In B. E. Moely, S. H. Billig, & B. A. Holland (Eds.), *Advances in service-learning research: Vol. 9. Creating our identities in servicelearning and community engagement* (pp. 131–158). Information Age.

Borden, A. W. (2007). The impact of service-learning on ethnocentrism in an intercultural communication course. *Journal of Experiential Education*, 30(2), 171–183.

Bringle, R., & Hatcher, J. (1995). A service learning curriculum for faculty. *The Michigan Journal of Community Service-Learning*, 2, 112–122.

Bryant, J. A., Schonemann, N., & Karpa, D. (2011). *Integrating service-learning into the university classroom*. Jones & Bartlett Publishers.

Butin, D. W. (2005). Service-learning as post-modern pedagogy. In D. W. Butin (Ed.), *Service-learning in higher education: Critical issues and directions* (pp. 109–126). Lawrence Erlbaum Associates.

Butin, D. W. (2006). The limits of service-learning in higher education. The Review of Higher Education, 29(4), 473–498.

Butin, D. W. (2010). *Service-learning in theory and practice: The future of community engagement in higher education*. Palgrave Macmillan.

Campus Campact. (2000). *President declaration on the civic responsibility of higher education*. Campus Compact.

Campus Compact. (2003). *Introduction to service-learning toolkit: Readings and resources for faculty* (2nd ed.). Campus Compact. www.compact.org/publicaions/s-1_toolkit/intro.html

Campus Compact. (2005). *President's declaration on the civic responsibility of higher education*. Campus Compact.

Celio, C. I., Durlak, J., & Dymnicki, A. (2011). A meta-analysis of the impact of service learning on students. *Journal of Experiential Education*, 34(2), 164–181.

Colbeck, C. L., & Michael, P. W. (2006). Individuals and organizational infuences on faculty members' engagement in public scholarships. *New Directions for Teaching and Learning*, 105, 17–26.

Colby, A. T., Beamont, E., Ehrlich, T., & Stephens, J. (2007a). *Educating for* democracy:Preparing undergraduates for important political engagement. Jossey-Bass.

Colby, A. T., Beamont, E., Ehrlich, T., & Stephens, J. (2007b). *Educating citizens: Preparing undergraduates for responsible political engagement*. Jossey-Bass.

Cross, B. (2005). New racism, reformed teacher education, and the sole role oppression. *Educational Studies*, 38(3), 263–274.

Driscroll, A. (2008). Carnegie's community engagement classification, intensions and insights. *Change*, 40(1), 38–41.

Ellison, J., & Eatman, T. K. (2008). *Scholarship in public: Knowledge creation and tenure policy in the engaged university*. www. imaginingaemrica. org/TTI/TTI/_finalpdf

Eyler, J. (2000). What do we most need to know about the impact of service-learning on student learning? *The Michigan Journal of Community Service-learning*, 7, 11–17.

Eyler, J., & Giles, D. (1999). *Where is the learning in the service-learning?* Jossey-Bass.

Furco, A. (1996). *Expanding boundaries: Serving and learning*. Corporation for National Service.

Furco, A. (2002). *Self assessment rubrics for institutionalization of service-learning in higher education*. University of California.

Harkavy, I. (2006). The role of universities in advancing citizenship and social justice in 21st century. *Education, Citizenship and Social Justice Research Journal*, 39(1), 69–100.

Hartley, M., Harkavy, I., & Bensen, L. (2005). Putting down roots in rows of academe: The challenges of institutionalizing service-learning. In D. W. Butin (Ed.), *Service-learning in higher education. Critical issues and directions* (pp. 205–222). Palgrave Macmillan.

Head, B. W. (2007). Community engagement: Participation on whose terms. *Australians Journal of Political Science*, 42(3), 441–454.

서비스 러닝의 이론과 실제

Hogan, K. (2002). Pitfalls of community-based learning: How power dynamics limit adolescents' trajectories of growth and participation. *Teachers College Record*, 104(3), 586–598.

Honnet-Porter, E., & Poulson, S. (1989). *Principles of good practice for combining service and learning*. Wingspread special report. The Johnson Foundation.

Howard, J. (2000). Academic service-learning: Myths, challenges and recommendations. *Essays on Teaching Excellence*, 12(3). www.1.umn. edu/ohr/teachlearn/essays

Jones, S. R. (2002). The underside of service-learning. *About Campus*, 7(4), 10.

Jones, S. R., Gilbride-Brown, J., & Gasorki, A. (2005). Getting inside the underside of service learning: Student resistance and possibilities. In D. W. Butin (Ed.), *Service-learning in higher education. Critical issues and directions* (pp. 3–24). Palgrave Macmillan.

Kendall, J. (Ed.). (1990). *Combining service and learning: A resource book for community and public service*. National Society for Internships and Experiential Education.

Kezar, A. J., Chambers, T. C., & Burkhardt, J. (Eds.). (2005). *Higher education for the public good: Emerging voices from a national movement*. Jossey-Bass.

Kirp, D. L. (2003). Shakespeare, *Einstein and the bottom line: The marketing of higher education*. Harvard University Press.

Kumashiro, K. K. (2000). Against repetition. Addressing resistance to anti-oppressive change in the practices of learning, teaching, supervising, and researching. *Harvard Educational Review*, 72, 67–92.

Learn and Serve America. (2010). *What is service-learning?* Retrieved March 16, 2010, from www.servicelearning.org/what-service- learning

Lindholm, J. A., Szelenyi, K., Hurtado, S., & Korn, W. S. (2005). *The American college teacher: National norms for the 2004–2005 HERI faculty survey*. Sage.

Lisman, C. D. (1998). *Toward a civic society: Civic literacy and service learning.* Bergin and Garvey.

Liu, G. (1995). Knowledge, foundations and discourse: Philosophical support for service-learning. *The Michigan Journal for Community Service-learning*, 2(2), 5–18.

Lucas, C. J. (1996). *Crisis in the academy: Rethinking higher education in America.* St. Marin's Press.

Markus, G., Howard, J., & King, D. (1993). Integrating community service and classroom instruction enhances learning: Results from an experiment. *Educational Evaluation and Policy Analysis*, 15, 410–419.

Melchior, A. (2000). Service-learning at your service. *Education Digest*, 66(2), 26–32.

Mitchell, T. D. (2007). Critical service-learning as social justice education: A case study of the citizens scholars program. *Equity and Excellence in Education*, 40(2), 10–12.

Morgan, W., & Streb, M. (2001). Building citizenship. How student voice in service-learning develops civic values. *Social Science Quarterly*, 82(1), 154–170.

Morton, K. (1995). The irony of service: Charity, project and social change in service-learning. *The Michigan Journal of Service-Learning*, 2, 19–32.

Paul, E. L. (2006). Community based research as scientific and civic pedagogy. *Peer Review*, 8(1), 68–76.

Pompa, L. (2002). Service-learning as crucible. *Michigan Journal of Community Service Learning*, 9(1), 67–76.

Pompa, L. (2005). Service-learning as crucible. Reflections on immersion, context, power and transformation. In D. W. Butin (Ed.), *Service-learning in higher education: Critical issues and directions* (pp. 173–192). Palgrave Macmillan.

Ramaley, J. A. (2006). Public scholarship: Making sense of an emerging synthesis. *New Directions for Teaching and Learning*, 105, 85–97.

Rhoads, R. A. (1997). *Community service and higher learning: Explorations of the caring self.* State University of New York Press.

Rosenberger, C. (2000). Beyond empathy: Developing critical consciousness through service-learning. In C. R. O'Grady (Ed.), *Integrating service-learning and multicultural education in colleges and universities* (pp. 22–44). Erlbaum.

Schutz, A. (2006). Home is a prison in the global city: The tragic failure of schoolbased community engagement strategies. *Review of Educational Research*, 76(6), 691–743.

Sigmon, R. (1994). Serving to learn, learning to serve. In *Council for independent colleges report*. The Council of Independent Colleges.

Swaminathan, R. (2007). Education for real world: The hidden curriculum of community service-learning. *Equity & Excellence in Higher Education*, 40(2), 134–143.

Varolta, L. E. (1997). A critique of service-learning's definitions, continuums, and paradigms: A move towards a discourse-praxis community. *Educational Foundations*, 11(3), 53–85.

Vaughn, R. L., & Seifer, S. D. (2008). Recognizing service-learning in higher education through minors and certificates. In *Community-campus partnerships for health*. www.servicelearning.org/instant_info/fact)sheet/hecerts/he

Wade, R. C. (2007). Service-learning for social justice in the elementary classroom: Can we get there from here? *Equity and Excellence in Education*, 40(2), 156–165.

White, A. (2001). *Meta-analysis of service-learning research in middle and high schools* [Unpublished doctoral dissertation]. University of North Texas.

Young, C. A., Shinaar, R. S., Ackerman, R. L., Carruthers, C. P., & Young, D. A. (2007). Implementing and sustaining service-learning at the institutional level. *Journal of Experiential Education*, 29(3), 344–365.

Zemsky, R., Wegner, G. R., & Massy, W. F. (2005). *Remaking the American university: Market-smart and mission-centered*. Rutgers University Press.

Zlotowski, E. (1995). Does service-learning have a future? *The Michigan Journal of Service-Learning*, 2, 123–33.

9장

시민교육으로서
서비스 러닝

시민교육으로서
서비스
러닝

    교육학으로서 서비스 러닝의 출현은 일정 기간 동안의 탄생과 성장에 대해 많은 질문을 유발했다(Giles & Eyler, 1994). 서비스 러닝의 출현은 아담스(Addams), 듀이(Dewey), 도로시(Dorothy)의 이론에 의해 주로 영향을 받은 교육의 진보적인 시대와 관련을 맺고 있다(Dale & Drake, 2005; Metcalf, 2010). 그러나 이후의 연구에서는 1990년대까지 문헌에 서비스 러닝이 거의 등장하지 않는 것으로 나타났다(Speck, 2001). 일부 저자는 서비스 러닝이라는 용어의 등장이 1950년대로 거슬러 올라간다고 말한다. 1980년대 후반에는 대학생과 노인을 연결하는 다양한 교육 사업을 설명하는 데에 서비스 러닝이 활용되었다. 이전에 일부 저자는 서비스 러닝 개념을 1960년대와 1970년대의 사회적, 정치적 논쟁과 연결 지었다(Bingle & Hatcher, 1996). 일부 유명한 전문 기구에서도 서비스 러닝 개념과 직간접적으로 연관되어 있다. 이들 기구는 서비스 러닝 개념의 촉진과 발전에 이바지했다. 그 두 유명한 기구 중에는 미국 체험교육학회(National Society for Experiential Education: NSEE)와 캠퍼스 아웃리치 기회 연맹(Campus Outreach Opportunity League: COOL)이 있다. 이 기구들은 서비스 러닝 개념을 적극적으로 전파하고, 더 정의로운 사회를 건설하는 데 적극적으로 참여했다. 이 기구들의 창립 이래 서비스 러닝의 주요 목표 중 하나는 지역사회 참여였다. 그러나 1970년대 후반에는 지역사회 발전과 함께 서비스 러닝도 학생 발전에 큰 역할을 한다는 사실이 밝혀졌다. 이 시기는 교육과정과 비 교육과정의 역할과 관련하여 서비스 러닝의 강력한 힘이 인정되는 시기였다. 이 기간은 서비스 러닝의 호혜적 성격을 받아들였다. 후기에는 교육학 접근 방식으로서 서비스 러닝이 다른 방법과 비교하여 독특하다는 이해가 더욱 확고해졌다. 한편으로는 서비스 러닝은 학생들의 학문적 성장을 뒷받침하고, 다른 한편으로는 봉사의 수혜자인 지역사회에 봉사를 제공한다. 많은 연구자는 이러한 방식으로 개념화될 때 서비스 러닝이 학문적 학습과 지역사회 봉사를 의도적으로 통합하는 교육적 모델이라는 점을 옹호했다(Roads & Howard, 1998). 연구에 따르면 서비스 러닝은 시민성을 개발할 뿐만 아니라 학생들의 학문적 학습을 강화하고 비판적 사고 및 문제 해결과 같은 고등 사고 능력을 향상한다는 증거가 축적되고 있다(Eyer & Giles, 1999; Burnett EU ap. 2005).

혁신적인 교육으로서의 서비스 러닝

서비스 러닝을 오늘날 청소년의 교육 발달을 위한 중요한 선도자로 명명했다(Kale, 2004; Burnett EU ap. 2005; Badgerly, 2006; Goodman & West-Olatunji, 2007). 케일(Kale, 2004)과 버네트 등(Burnett et al., 2005)은 서비스 러닝의 진정한 본질을 설명하면서, 서비스 러닝과 지역사회 봉사 또는 자원봉사를 구별했다. '서비스 러닝'이라는 용어는 학생들이 (a) 밝혀진 인간과 지역사회의 요구를 충족시키는 조직화한 봉사 활동에 참여하고, (b) 강좌 내용에 대한 더 깊은 이해, 학문에 대한 더 넓은 이해, 개인적 가치와 시민적 책임감의 수준 높은 의식을 성취하기 위한 방식으로 봉사 활동에 대해 성찰하고 보답하는 신뢰를 쌓는 교육적 경험으로 규정되었다(Bringle & Hatcher, 1996). 글로벌 교육과 서비스 러닝 연구소 (Institute of Global Education and Service-Learning, 2008)에 따르면 서비스 러닝은 지역사회 봉사와 학습을 연결하는 활동이다. 서비스 러닝은 지역사회의 요구 사항을 파악하고 많은 학습 기술이나 교수법에서는 불가능한 문제를 해결하기 위한 메커니즘을 개발하기 위해, 학생들에게 새로 배운 지식과 기술을 실제 상황에 적용한 실습 경험을 제공해 준다. 따라서 서비스 러닝은 봉사 목적과 학생의 학습 목적을 결합한다. 그래서 서비스 러닝의 주요 목표는 봉사가 아닌 학습이다. 앞서 언급했듯이 서비스 러닝의 또 다른 독특한 측면은 교육으로서 봉사 제공자(공동체)와 봉사 수용자(학생) 모두에게 이익이 된다는 것이다(Howard, 1998). 서비스 러닝의 과정은 수사보다는 경험을 통한 자기 성찰, 자기 발견, 가치, 기능, 지식의 습득으로 특징지어진다. 서비스 러닝의 이러한 특성으로 인해 효과적인 교육 실천으로서의 보편성과 적합성과 관련하여 많은 문제의식을 지닌 독특한 교수 및 학습 접근 방식으로 자리매김 되었다 (Burnett EU ap. 2004). 서비스 러닝 활동에 실질적으로 참여하는 학생들은 강의 방법이나 받아쓰기와 같은 전통적인 교육 방법으로는 거의 불가능한 공동체와의 협력적이고 강력한 관계를 개발할 충분한 기회를 얻게 된다(Kale, 2004; Goodman & West-Olatunji, 2007).

교육학으로서 서비스 러닝은 커리큘럼 개발, 전문 기술 향상 및 개인적 성장과 같은 영역에서 학생들에게 많은 이점을 제공한다(Burnett EU ap. 2005; Murray EU ap. 2006). 이 지지자들은 또한 서비스 러닝의 이점이 학생에게만 국한되지 않고 학교, 대학, 종합대학교와 같은 교육 센터도 지역사회 봉사 활동, 학교, 대학, 종합대학교의 교육과정 개선, 지역사회 요구에 대한 대응, 고용주 요구 파악 등 다양한 계획을 통해 서비스 러닝의 혜택을 누릴 수 있다고 말한다. 마찬가지로, 지역사회도 봉사 제공의 형태로 그리고 궁극적으로 쓸모 있는 개인으로서 사회에 봉사할 미래 시민을 육성하는 방식으로 서비스 러닝의 혜택을 누린다.

서비스 러닝에 대한 도전

서비스 러닝은 처음부터 많은 문제에 직면해 왔다. 심각한 문제 중 하나는 일반적으로 받아들여지는 서비스 러닝에 대한 정의가 부족하다는 것이다. 지난 20년 동안 서비스 러닝에 대한 정의가 200개 이상 발표되었다. 이는 교육자와 학생 모두를 혼란스럽게 하여 효과적인 교육으로서 서비스 러닝의 장려를 더욱 가로막고 있다(Jacoby & Associates, 1996; Fuoro, 2002). 가장 큰 문제는 서비스 러닝이 자원봉사, 인턴십, 자선 활동과 같은 의미로 잘못 사용되었다는 것이다. 이에 따라 교육자와 연구자들 사이에 정확한 의미에 대한 불만이 생겼다. 일부에서는 학습을 풍부하게 하고, 시민의 책임을 가르치며, 지역사회를 활성화하기 위해 학문적 연구와 함께 지역사회 봉사에 있어서 봉사와 학습의 연결로 정의했다(Fiske, 2001; Pritchard & Whitehead, 2004). 다른 사람은 서비스 러닝이 학생이 자신이 살고 있는 지역사회의 다양한 사회적 요구를 충족하기 위해 실제 상황에서 자신의 지식, 기능, 비판, 사고 및 판단을 발휘하는 방법이라고 말했다(Wren, 2004). 실제로 서비스 러닝은 자원봉사, 자선, 지역사회 봉사와는 다르다. 서비스 러닝은 봉사가 아닌 학습을 주요 목적으로 하는 체험학습 접근 방식이다. 그러나 봉사를 받는 지역사회와 봉사를 수행하는 학생 모두에게 혜택을 제공한다는 점에서 독특하다. 따라서 서비스 러닝은 본질적으로 협업이며, 상호 작용이다. 서비스 러닝의 초점은 학문적 성과와 시민적 성과를 함께 창출하는 것이다(Furco, 2002).

서비스 러닝을 정의하는 것은 다양한 조건에서 다양한 형태를 취하기 때문에 다소 어렵다. 서비스 러닝은 전략, 프로그램, 철학, 교육학으로 설명될 수 있다(Root & Billig, 2008). 서비스 러닝은 철학이자 교육학이자 전략이다(Moore, 2000; Lemieux & Allen, 2007). 철학이자 교육학으로서 서비스 러닝은 지역사회 봉사와 학문적 내용의 통합을 기반으로 해서 학생의 시민성 발달을 촉진한다. 전략으로서 서비스 러닝은 지역사회의 문제를 해결하고, 지역사회 조직 및 단체와 같은 다른 사람과의 연결을 강화하는 도움을 받아 학생의 역량을 개발한다(Ramaley, 2000; Strange, 2000; Fenzel & Peyrot, 2005; Lemieux & Allen, 2007). 서비스 러닝은 문헌에서 풍부한 역사를 지니고 있지만, 연구자들 사이에는 만장일치로 보편적으로 받아들여지는 서비스 러닝에 대한 정의가 있다. 고베카와 리쉬(Govekar and Rishi, 2007)에 따르면 서비스 러닝은 지역사회 서비스 러닝과 학점 취득, 학업 경험을 연결하는 교육적 접근 방식이다. 스트루팩과 위텐(Strupeck and Whitten, 2004)은 서비스 러닝을 학생들에게 직접 학습 경험을 제공하는 능동적 학습의 한 형태로 정의했다.

래멧 등(Ramaet al., 2000)은 보편적으로 수용되는 서비스 러닝 정의를 채택하는 것과 관련된 주요 문제는 존재하는 다양한 서비스 러닝 프로그램과 프로젝트 때문이라고 지적했다. 일부 서비스 러닝 프로젝트는 고도로 구조화되어 있고 장기적이며, 일부는 단지 하루 동안의 봉사와 같이 단기적이다(Govekar & Rishi, 2007; Rama et al., 2000; Strupeck & Whitten, 2004; Warburton & Smith, 2003). 서비스 러닝은 봉사 목표와 학습 목표를 결합한 교육 방법이다. 주요 의도는 봉사 제공자와 수용자 모두에게 이익을 주는 것이다. 봉사 경험은 학생들의 학습을 풍부하게 하고, 시민적 책임감, 협동심, 자아 발견, 자기 성찰, 가치, 기능 및 지식 내용 등의 함양 기회를 가능하게 해준다(Gelmon, 2001; Seifer, 2005). 다양한 서비스 러닝 활동에도 불구하고, 모든 유형의 서비스 러닝에는 공통으로 다음과 같은 4가지 주요 구성 요소가 포함된다. (1) 학점 인정, (2) 지역사회 봉사, (3) 구조화된 성찰, (4) 협력 및 호혜성(Rama et al., 2000) 등이다. 브링글과 해처(Bringle and Hatcher, 1995)가 제시한 정의는 서비스 러닝의 4가지 구성 요소를 통합하려 했기 때문에 이 연구에 매우 적합한 것으로 보인다. 브링글과 햇쳐는 서비스 러닝을 학생들이 (1) 자신의 시민성 함양을 촉진하는 지역사회의 요구에 부응하는 지역사회의 조직화한 봉사 활동에 적극적으로 참여하고, (2) 강좌 내용을 더 잘 학습하고 이해하는 데 도움이 되는 봉사 활동사에 대해 중요하게 생각하고, (3) 더 나은 팀워크 정신과 시민적 책임감을 개발하는 데 도움이 되는 봉사 활동에 적극 협력하고, 학점을 인정받는 교수·학습 교육으로 정의했다. 스투카세트(Stukaset al., 2009)는 자원봉사 활동과 서비스 러닝 사이에 차이가 있다고 밝혔다. 자원봉사 활동에서 자원봉사자는 수혜자에게 무료로 봉사를 제공한다. 자원봉사 활동의 주요 목적은 학습이 아닌 사회봉사이다. 반면에 서비스 러닝에서는 봉사보다는 학습에 중점을 둔다.

서비스 러닝의 설계, 실현 및 지속가능성을 방해하는 몇 가지 문제가 있다. 이러한 문제에는 부적절한 수혜자의 참여, 훈련 부족, 재정 부족, 교육적 관심의 부족, 제도적 및 물질적 관심의 부족, 평가의 인색, 서비스 러닝에 대한 부정적인 태도 등이 포함된다. 예를 들어, 또 다른 연구에서 에거(Egger, 2008)는 지역사회 봉사와 학생들의 학습을 혼합하는 것은 장려되지 않는다고 제안했다. 그는 이것이 실제로 공동체주의적, 반개인주의적 사회 의제를 조장하기 때문에 시간 낭비이자 귀중한 자원 낭비라고 주장했다. 백(Svoboda Bak, 2012)과 아인펠드와 콜린스(Einfeld and Collins, 2008)의 연구에 따르면 서비스 러닝에 참여하면 학생이 시민의 기능을 강화하고, 지역사회에 대한 헌신을 고양하며, 민주적 가치를 증진하고, 가치 있는 시민으로 발전하는 데 도움이 되는 것으로 나타났다.

학교는 청소년을 위한 유일한 교육 기관이 아니다. 지역사회에 기반을 둔 조직은 전통적인 교실에 비해 더 실용적인 학습 환경을 제공하여 학생의 개방적이고 비판적이며 호혜적인 학습을 가능하게 한다(Hornet-Porter & Poulsen, 1989). 이러한 맥락에서 학생들은 일방적인 교육보다는 개인적인 탐구를 통해 학습 기능을 향상해 준다. 이러한 목표 달성은 경험적 교육 접근 방식인 서비스 러닝을 통해 가장 잘 실현된다(Burnett et al., 2004). 심리학자들은 학습이 개인이 과거 경험을 바탕으로 새로운 지식을 형성하는 구성적인 과정이라는 데 동의한다. 지식 습득에는 수동적 듣기보다 능동적 상호 작용과 경험적 학습이 더 효과적이다(Dewey,

서비스 러닝의 이론과 실제

1938; Bandura, 1977; Piaget, 1978; Kolb, 1984).

결론

서비스 러닝은 봉사 개념과 학습을 효과적으로 통합하는 독특한 교수–학습 모델이다. 결과적으로, 서비스를 받는 사람과 제공하는 사람 모두 다른 교수–학습 전략에서는 거의 불가능한 이익을 얻는다. 많은 반대에도 불구하고 서비스 러닝은 지금까지 그 독특한 학문적 위치를 유지해 왔다. 이 장은 교육학으로서 서비스 러닝의 이점과 과제에 대해 많이 알려졌지만, 아직 알려지지 않은 부분이 많다는 것을 알게 해주었다. 이 장에서는 서비스 러닝의 이점과 도전에 대해 살펴보았다. 그러나 향후 연구에서는 경청 기능, 교사의 전문성 개발, 지역사회 개발에 대한 서비스 러닝의 효과와 같은 서비스 러닝의 즉각적인 효과로서 다른 중요한 영역을 탐구할 수 있을 것이다.

참고 문헌

Arenas, A., Bosworth, K., & Kwandayi, H. P. (2006). Civic service through schools: An international perspective. *Compare*, 36(1), 23–40.

Baggerly, J. (2006). Service learning with children affected by poverty: Facilitating multicultural competence in counseling education students. *Journal of Multicultural Counseling and Development*, 34, 244–255.

Bandura, A. (1977). *Social learning theory*. Prentice Hall.

Bringle, R. G., & Hatcher, J. A. (1995). A service-learning curriculum for faculty. *Michigan Journal of Community Service-learning*, 2, 112–122.

Bringle, R. G., & Hatcher, J. A. (1996). Implementing service-learning in higher education. *Journal of Higher Education*, 67(2), 221–239.

Burnett, J. A., Hamel, D., & Long, L. L. (2004). Service learning in graduate counselor education: Developing multicultural counseling competency. *Journal of Multicultural Counseling and Development*, 32, 180–191.

Burnett, J. A., Long, L. L., & Horne, H. L. (2005). Service learning for counselors: Integrating education, training, and the community. *Journal of Humanistic Counseling, Education, and Development*, 44, 158–167.

Dale, P., & Drake, T. (2005). Connecting academic and student affairs to enhance student learning success. *New Directions for Community Colleges*, 131, 51–64.

Dewey, J. (1938). *Experience and education*. Collier Books.

Egger, J. (2008). No service to learning: "Service-learning" reappraised. *Academic Questions*, 21(2), 183–194. http://doi.org/10.1007/s12129-008-9057-7

Einfeld, A., & Collins, D. (2008). The relationships between service-learning, social justice, multicultural competence, and civic engagement. *Journal of*

College Student Development, 49(2), 95–109.

Eyler, J., & Giles, D. (1999). *Where's the learning in service-learning?* Jossey-Bass Publishers.

Fenzel, L. M., & Peyrot, M. (2005). Relationship of college service-learning and community service participation with subsequent service-related attitudes and behavior of alumni. *Michigan Journal of Community Service Learning*, 12, 23–31.

Fiske, E. B. (2001). *Learning in deed. The power of service-learning for American schools*. W.K. Kellogg Foundation.

Furco, A. (2002). Is service-learning really better than community service? In S. H. Billig (Eds.), *Service-learning: The essence of pedagogy* (p. 25). Information Age Publishing.

Gelmon, S. B. (2001). *Assessing service-learning and civic engagement: Principles and techniques*. Campus Compact.

Giles, D., & Eyler, J. (1994). The theoretical roots of service-learning in John Dewey: Toward a theory of service-learning. *Michigan Journal of Community Service Learning*, 1, 77–85.

Goodman, R. D., & West-Olatunji, C. A. (2007). *Social justice and advocacy training for counselors: Using outreach to achieve praxis*. Retrieved July 10, 2018, from http://eric.ed.gov/ERICDocs/data/ericdocs2sql/content_storage_01/0000019b/80/2a/74/3c.pdf

Govekar, M. A., & Rishi, M. (2007). Service learning: Bringing real-world education into the school classroom. *Journal of Education for Business*, 83, 3–10.

Honnet-Porter, E., & Poulsen, S. (1989). *Principles of good practice for combining service and learning*. Wingspread Special Report. The Johnson Foundation.

Howard, J. (1998). Academic service-learning: A counter normative pedagogy. In R. Rhoads & J. Howard (Eds.), *Academic service learning: A pedagogy of action and reflection* (pp. 21–30). Jossey-Bass.

Jacoby, B., & Associates. (1996). *Service-learning in higher education: Concepts and practices*. Jossey-Bass.

Kaye, C. B. (2004). *The complete guide to service learning: Proven, practical ways to engage students in civic responsibility, academic curriculum, and social action*. Free Spirit.

Kolb, D. A. (1984). *Experiential learning: Experience as the source of learning and development*. Prentice-Hall.

Lemieux, E. M., & Allen, P. D. (2007). Service learning in social work education: The state of knowledge, pedagogical practicalities, and practice conundrums. *Journal of Social Work Education*, 43(2), 309–325.

Metcalf, L. E. (2010). Creating international community service learning experiences in a capstone marketing-projects course. *Journal of Marketing Education*, 32(2), 155–171.

Moore, D. T. (2000). The relationship between experimental learning research and service-learning research. *Michigan Journal of Community Service Learning*, Special Issue, 124–128.

Murray, C. E., Lampinen, A., & Kelley-Soderholm, E. L. (2006). Teaching family systems theory through service-learning. *Counselor Education and Supervision*, 46, 44.

Piaget, J. (1978). *Behavior and evolution* (D. Nicholson-Smith, Trans.). Random House. (Original work published 1976)

Pritchard, F. F., & Whitehead, G. I. (2004). *Serve and learn: Implementing and evaluating service-learning in middle and high schools*. L. Erlbaum Associates.

Rama, D. V., Ravenscroft, S. P., Wolcott, S. K., & Zlotkowski, E. (2000). Service-learning outcomes: Guidelines for educators and researchers. *Issues in Accounting Education*, 15, 657–692.

Ramaley, J. (2000). *Embracing civic responsibility*. Retrieved February 15, 2018, from http://aahebulletin. com/pubic/archive/march00f2.asp

Rhoads, R., & Howard, J. (Eds.). (1998). *Academic service learning: A pedagogy of action and reflection.* Jossey-Bass.

Root, S., & Billig, S. H. (2008). Service-learning as a promising approach to high school civic engagement. In J. Bixby & J. Pace (Eds.), *Educating democratic citizens in troubled times: Qualitative studies of current efforts.* State University of New York Press.

Seifer, S. D. (2005). *Tools and methods for evaluation service learning in higher education. Learn and serve America & community-campus partnerships for health.* http://servicelearning.org/instant_info/fact_she ets/he_facts/tools_methods/index.php

Speck, B. (2001). *Why service-learning? New Directions for Higher Education.* 114, 3–13.

Strange, A. A. (2000). Service-learning: Enhancing student outcomes in a college-level lecture course. *Michigan Journal of Community Service Learning,* 7, 5–13.

Strupeck, C. D., & Whitten, D. (2004). Accounting service-learning experiences and the IRS volunteer income tax assistance programme: A teaching note. *Accounting Education,* 13(1), 101–112.

Stukas, A. A., Worth, K. A., Clary, E. G., & Snyder, M. (2009). The matching of motivations to affordances in the volunteer environment: An index for assessing the impact of multiple matches on volunteer outcomes. *Nonprofit and Voluntary Sector Quarterly,* 38(1), 5–28.

Svoboda Bak, K. (2012). Service-learning now-an education reform strategy with staying power. *Colleagues,* 9, 1. http://scholarworks.gvsu.edu/colleagues/vol9/iss1/9

Warburton, J., & Smith, J. (2003). Out of the generosity of your heart: Are we creating active citizens through compulsory volunteer programs for young people in Australia? *Social Policy and Administration,* 37, 772–786.

Wren, D. J. (2004). Reaching out, reaching in. *Principal Leadership,* 5(1), 28–33.

10장

서비스 러닝 이론

서비스
러닝
이론

서비스 러닝은 1960년대 지역사회 기반 인턴십으로 시작되었지만, 현재 서비스 러닝의 초점은 단순한 지역사회 봉사에서 시민성 및 전문 기능 개발로 옮겨졌다. 현재의 서비스 러닝 활동은 학생들 간의 협력과 시민적 책임감을 촉진하기 위해 협동 경험에 점점 더 중점을 두고 있다. 이러한 목적을 위해 학생들은 지역사회의 복잡한 문제를 해결하기 위해 협력한다(Annette, 2009; Felten & Clayton, 2011; Metzger & Ferris, 2013). 따라서 여러 연구에서는 학생들의 사회적, 시민적, 리더십 개발에 대한 다양한 결과(Gershenson-Gates, 2012; Steinberg & Norris, 2011; Warren, 2012), 즉 사회문제에 대한 시민 지식 및 인식(Melchior & Bailis, 2002), 정치적 인식 및 효능감(S. Billig et al., 2005), 시민 효능감(Kahne & Westheimer, 2006; Morgan & Streb, 2001), 시민 참여(Lambright, 2008; E.

Metz et al., 2003), 시민의 기능과 역량(Althof & Berkowitz, 2006), 그리고 공동체 의식, 문제 해결 기능, 시민적 책임감(Eyler et al., 1997) 등을 일관되게 주장했다.

이론적으로 서비스 러닝은 듀이의 실용주의 이론에서 유래한다. 그는 교육을 경험이자 사회에 대한 적극적인 참여라고 생각한다. 이 이론은 학생들이 삶의 변화와 도전에 대비할 수 있도록 학습과 노동 경험을 연결한다. 이 아이디어는 1960년대와 1970년대에 서비스 러닝의 탄생으로 이어졌다(Birdwell et al., 2013; Denby, 2008). 교육 방법으로서 서비스 러닝은 콜브(David Kolb)의 구성주의적이고 경험적인 학습 이론에 기반을 두고 있다(Giles & Eyler, 1994; D. A. Kolb et al., 2001). 구성주의 패러다임은 학습을 적극적이고 건설적인 과정으로 간주한다. 이 이론은 실제 상황에서 학생들이 자기 기술과 지식을 적용함으로써 의미를 도출하고 새로운 지식을 창출한다고 설명한다(S. H. Billig, 2012; Saltmarsh, 1996). 콜브의 경험 학습 모델에서는 학습을 학생이 문제를 식별하고, 문제 해결을 계획하고, 그 계획을 실제 상황에 적용하고, 결과를 얻고, 그것에 대해 성찰하는 구성적인 과정이라고 부른다. 이런 일련의 과정은 서비스 러닝의 본질을 실제로 나타낸 것이다(A. Y. Kolb, 2005). 서비스 러닝은 또한 실제 상황에서 어떤 문제를 밝히고, 문제 해결을 계획하고, 실행하고, 결과를 산출하고, 봉사 활동에 반영하는 몇 가지 단계로 구성된다(S. H. Billig & Eyler, 2003). 듀이와 콜브 외에도 아일러와 길래스(Eyler and Giles, 1999) 및 솔트마쉬(Saltmarsh, 1996)의 연구에서는 시민 지식, 기능, 가치, 효율성, 헌신 및 책임을 서비스 러닝의 직접적인 결과로 설명하고 있다. 따라서 서비스 러닝은 전통적인 교실에서 벗어나 학생들이 팀워크 기능과 시민적 책임감을 개발하는 과정에서 협력하고 학습하는 실제 상황으로 새로운 경험을 확장한다는 것이 입증되었다(Blouin & Perry, 2009; Edwards et al., 2001; Falk, 2012). 오늘날의 사회는 점점 더 숙련되고 시민적으로 책임감 있는 시민을 필요로 한다. 이러한 시민을 육성하기 위해 많은 연구자는 학교, 지역사회, 직업 세계 간의 협동 능력을 발전시킬 것을 제안했다(Deeley, 2010; McQuaid & Lindsay, 2005). 공동체에 기반을 둔 학습 접근 방식으로서 서비스 러닝은 이러한 목표를 효과적으로 달성한다(Eyer EU ap. 2001; Galling & Molet, 2003; Gerstenblatt & Gilbert, 2014; Robinder, 2012).

서비스 러닝은 조직화한 봉사를 통해 시민성 성숙을 촉진하고 지역사회에 이바지하기 위한 경험적 교육 방법으로 널리 인기를 얻었다(Eyler & Giles Jr, 1999; Enos et al., 2003; Prentice, 2007; Wilczenski & Coomey, 2007). 지난 20년 동안 서비스 러닝은 협동 활동과 시민교육으로서 많은 인기를 얻었다. 그 결과, 많은 연구에서 특히 팀워크 기능 분야에서뿐만 아니라 리더십, 문제 해결, 대인관계, 일반적으로 사회적·도덕적 발달, 시민적 책임감 등의 영역에서 학생에게 이점이 있다고 기술하였다(Birdwell et al., 2013; Burns & Stokamer, 2011; Falk, 2012; Ferrari & Chapman, 2014; Klassen, 2011; Lu & Lambright, 2010; Speck & Hoppe, 2004; R. C. Wade, 1995). 앞서 언급한 바와 같이, 이론적으로 서비스 러닝의 개념은 듀이의 경험교육 이론에 뿌리를 두고 있다. 그는 경험과 실질적인 참여가 효과적인 학습과 발달의 기초라고 생각했다(Finley, 2011; Giles & Eyler, 1994; Saltmarsh, 1996; Sigmon, 1974, 1979; Stanton, 1987). 서비스 러닝의 개념은 듀이의 교육사상에서 출발하였다. 그는 경험이 효과적인 학습의 기초라고 말했다. 그러나 1960년대에는 봉사와 학습의 개념이 점차 교육 기관에 통합되면서, 경험교육이 큰 인기를 끌게 되었다. 그러나 처음으로 '서비스 러닝'이라는 용어는 1960년대 중반과 1970년대 후반에 시그몬과 램세이(Sigmon and Ramsay)의 저작에서 나타났다. 듀이는 학생들이 지역사회 기반 봉사에 참여할 때 더 나은 시민의식 기능을 배울 수 있다고 믿었다(Einfeld & Collins, 2008). 그는 또한 전통적인 교육 시스템에서 배운 학생들이 경험하고 있지만 이러한 경험은 실제 상황과의 연결성이 부족하므로 효과적이지 않다고 주장한다. 이는 경험과 실천 중심의 능동적 학습 과정을 믿었다는 의미이다(Ehrlich, 1998; Rocheleau, 2004).

경험 학습 교육인 서비스 러닝은 이러한 목표의 실현을 장려한다(Furco, 2002). 듀이의 실험주의 이론은 서비스 러닝 과정에 대한 어느 정도의 이해를 제공한다. 그는 서비스 러닝을 사회철학, 시민권, 공동체 및 민주주의 문제와 연결했다. 그는 학습과 봉사 간의 매우 밀접한 관계를 탐구했다. 그의 유명한 실용주의 철학은 지식을 행동과 연결하고, 개인을 사회와 연관시켰다. 이는 그의 경험주의 이론을 통해 더욱 정교화되었다. 따라서 그의 교육사상은 서비스 러닝의 개념을 더욱 공고히 하는 시민 참여와 민주주의를 위한 기본 원칙을 제공해 주었다(Crabtree, 2008; Deans, 1999; Furco & Billig, 2002; Jones et al., 2013). 서비스 러닝은 학생들이 협력하여 작업할 수 있도록 하고, 시민적 책임감을 함양하며, 지역사회에 봉사를 제공할 뿐만 아니라 봉사 산성도(service acidity)를 성찰함으로써 새로운 지식과 기능을 습득할 수 있는 학점을 취득하는 체험교육 방법으로 정의된다(Bringle & Hatcher, 1995). 킨과 홀(Keen & Hall, 2009)이 언급한 미국 서비스 러닝 정보센터(National Service-Learning Clearinghouse)는 서비스 러닝을 지역사회 봉사 목표와 학문적 내용을 연결하는 교육 방법으로 정의한다. 기본적인 의도는 학생과 지역사회 모두에게 이익을 주는 것이다. 학생은 학습의 기회를 찾고, 지역사회는 봉사를 받게 된다. 자기 성찰, 자기 발견, 습득, 가치, 기능, 지식의 이해를 바탕으로 구성된 프로그램이다. 앞서 언급했듯이 서비스 러닝은 지난 20년 동안 널리 인기를 끌었다. 1980년대 초, 서비스 러닝은 학교 졸업생들에게 봉사 의식을 고취하려는 전국적인 노력으로 대학 캠퍼스에서 급속히 퍼졌다(Bringle & Hatcher, 2002; Simons & Cleary, 2005). 흥미롭게도 1999년까지 전 세계 공립학교의 32% 이상이 교육과정에 서비스 러닝을 포함했다(Skinner & Chapman, 1999). 유에스 뉴스(US News)와 월드 리포트(World Report)가 보고한 바에 따르면 서비스 러닝의 인기는 2003년 월드 리포트 매거진(World Reports Magazine)이 서비스 러닝을 포함하는 교육과정을 갖고 있는 미국의 많은 대학교를 나열할 정도로 커졌다(Bringle et al., 2012; Steiner & Watson, 2006). 더욱이 듀이 외에도 서비스 러닝은 아담스(Jane Addams)와 데이(Dorothy Day)의 연구에서도 비롯되었다. 아담스는 사회 운동가이자 고귀한 명성을 얻은 사람이었다. 그는 헐 하우스(Hull House)라는 가난한 사람들을 위한 지원 센터를 설립했다. 데이는 또한 소외 계층의 권리를 위해 싸우는 사회 운동가였다. 이러한 활동가들의 노력 결과로 서비스 러닝 개념은 1960년대 초반부터 교육 실습으로서 뿌리내리기 시작하여 1970년대에 마침내 등장하게 되었다. 나중에 전국 학생 자원봉사 프로그램과 전국 서비스 러닝 센터를 포함한 많은 조직에서 교육 방법으로서의 많은 이점을 인정하여 서비스 러닝을 채택했다(Jacoby, 1999; Morton & Saltmarsh, 1997).

서비스 러닝의 발전에 이바지한 모든 이론 중에서 콜브의 경험 학습 이론은 서비스 러닝 체계 구축을 위한 보다 광범위한 기반을 제공한다(Butin, 2006; Eyler et al., 2001; Furco, 1996) , 2011). 듀이와 마찬가지로 콜브도 학습은 경험을 통해 이루어진다고 설명한다. 이는 행동, 성찰, 탐구, 사고로 구성된 일련의 순환이다. 이 순환은 학생으로 하여금 경험을 통해 새로운 지식을 구성할 수 있게 해준다. 서비스 러닝은 또한 학습과 발달의 기초를 제공하는 계획, 구현, 성찰 및 보고 순으로 이어지는 순환으로 이루어진다(Bringle & Clayton, 2012; Eyler & Giles Jr, 1999). 널리 알려진 피아제(Piaget)의 교육 개념은 서비스 러닝 실천에도 영향을 미쳤다. 그에 따르면 개인은 환경과 상호 작용하고 경험을 통해 그 의미를 적용한다고 본다. 그가 강조하는 것은 서비스 러닝의 과정을 이해하는 데 유용하다. 마찬가지로 에릭슨(Erickson)은 환경과의 상호 작용이 개인의 심리·사회적 발달의 핵심이라고 단정했다(Brandenberger, 1998). 브라질의 유명한 교육자 프레이리(Paulo Freire)도 서비스 러닝 분야에 크게 이바지했다. 그의 교육목표에는 문해력, 교육, 비판적 성찰, 집단적인 사회적 행동을 통한 개인과 사회의 정치적 변혁이 포함되었다. 그의 교육 철학은 경험, 성장, 탐구, 의사소통, 중재, 문제 해결, 인식 제고 및 변화를 전파하고자 한다. 이 모두는 서비스 러닝 개념에 이론적 풍요로움을 제공했다(Deans, 1999; Prentice, 2007).

앞서 언급한 논의에서 서비스 러닝 프로그램과 관련된 이론 대부분이 경험 학습 모델에서 발전했다는 것이 분명하다. 경험 학습은 학습자가 경험을 통해 지식, 기능, 가치를 구성하는 과정이다(Ives-Dewey, 2009). 따라서 서비스 러닝을 통해 학생들은 자신의 학습을 지역사회에 적용하고, 경험을 쌓고, 지식을 구성 및 재구성할 수 있다(Stott & Jackson, 2005). 예를 들어, 1938년에 듀이는 문제 해결 과정의 다양한 단계, 즉 문제 직면, 문제의 규정, 정보 수집, 정보 평가, 가설 설정, 가설 검증, 결론 도출 등을 설명하는 경험 학습 이론을 제시했다(D. Cone & Harris, 1996). 듀이에 따르면 교육의 주요 목표는 학생의 추론 능력과 문제 해결 기능을 개발하는 것이다. 이러한 사고는 구성주의 이론에 기초를 두고 있다(Kabes & Engstrom, 2010). 구성주의 학습은 학습자가 문제에 직면하고 해결하도록 돕기 위해 경험, 협력 및 성찰의 활용을 강조한다. 학습을 통해 실생활 문제를 해결하는 능력이 향상될 때, 학생은 동기를 갖게 된다. 듀이는 또한 문제 해결과 발견이 촉진되는 학습 환경에 공감했다. 학습은 개인적인 경험이지만, 인간은 타인과의 상호 작용 및 협력을 통해 학습한다(Brooks & Brooks, 1999; Kabes et al., 2010).

더 정확하게는 경험 학습 모델에서 콜브는 구체적 경험, 성찰적 관찰, 추상적 개념화, 능동적 실험이라는 학습의 4단계를 논의했다. 이 단계는 학습이 이루어지는 과정을 나타낸다. 학생은 또한 관찰하고, 문제를 발견하고, 문제 해결을 계획하고, 문제에 노력을 기울이기 시작하고, 문제에 대한 해결책을 찾은 후 결론에 대해 성찰하는 공동체 맥락에서 봉사 경험 과정과 같은 과정을 접하게 된다(Eyler & Giles Jr, 1999). 기본적으로 듀이의 탐구 과정에 대한 아이디어는 콜브(David Kolb, 1984)가 4단계 경험 학습 모델을 제시하는 데 영감을 주었다. 콜브에 따르면 학습은 경험의 변화를 통해 지식이 창출되는 사회적 과정이다. 개인적 지식과 사회적 지식 사이에는 상호 작용이 있다. 이러한 경험은 개인의 다양한 잠재력을 개발하는 데 중요한 역할을 한다(D. A. Kolb, 1984; D. A. Kolb et al., 2001). 하나의 증거로서 콜브는 자신의 경험 학습 모델에 영향을 준 프레이리와 비고츠키(Lev Vygotsky)의 역할을 인정한다. 콜브에 따르면 프레이리는 학습이 어떻게 개인과 환경 간의 교류를 통해 발달을 가능하게 하는지 가장 잘 설명했다. 근접발달영역에 대한 비고츠키의 개념은 개인의 독립적인 문제 해결 능력에 의해 결정되는 실제적인 발달과 교사 지도 또는 팀워크를 통한 동료와의 협력을 통한 문제 해결로 결정되는 잠재

서비스 러닝의 이론과 실제

적 발달 수준 사이의 차이에 관한 것이다(Cole et al., 1978).

더욱 최근인 1990년대 후반에 보이어(Ernest Boyer)는 교육자들에게 봉사에 대한 자신의 철학을 밝혔다. 그의 사상은 서비스 러닝의 개념에 큰 영향을 미쳤다. 이는 특히 소외되고 가난한 지역사회의 어려움과 이를 해결하는 방법에 대한 인식을 높이기 위한 고등 교육 기관의 기본 틀을 제시했다. 따라서 두 명의 유명한 교육자인 콜브(Kolb, 1984)와 보이어(Boyer, 1990)의 이론은 서비스 러닝이 오늘날 본격적인 대중 교육으로 성장하도록 중요한 피와 살의 역할을 제공해 주었다. 놀랍게도 교육 방법으로서 서비스 러닝은 지역사회를 하나의 실험실로 활용하여 구체적 지식과 추상적 지식 사이의 균형을 맞추는 방법을 알도록 함으로써 학생이 시민의식을 배울 수 있도록 도와준다(Astin & Sax, 1998; Hepburn, 2000; Stanton, 1987). 학문적인 교육으로서 서비스 러닝은 학생의 문제 해결 능력과 시민 정신을 갖춘 시민을 육성시켜 준다. 서비스 러닝은 또한 학생이 적극적이고 박식한 시민이 되는 데 도움을 준다(Eyler, 1997; Furco, 2010; C. A. Hurd, 2008; Jacobson et al., 2011; J. L. Warren, 2012). 스텐턴(Stanton, 1987)에 따르면 서비스 러닝의 주요 목표는 호혜성, 협력, 팀워크를 통해 사회 개혁에 이바지하는 것을 포함한다. 여러 문헌에서는 대인관계 및 의사소통 기능이 오늘날의 취업 시장에서 취업하는 데 현재의 졸업생에게 필요한 가장 중요한 생활 기능임을 보여준다(Gershenson-Gates, 2012; Tucker et al., 1998).

많은 연구에 따르면 서비스 러닝은 학생이 자기 자신과 지역사회 구성원 간의 상호 작용할 때 지역사회 봉사 경험 과정에서 학생의 의사소통 능력을 향상하는 것으로 보고되었다(Assendelft, 2008; Jernstedt et al., 2003). 다른 연구에서는 서비스 러닝이 학생의 대인관계 및 문제 해결 능력도 향상하는 것으로 나타났다(Crossman & Kite, 2007; Heil & Bahk, 2010). 리더십 기능 개발은 서비스 러닝의 직접적인 결과이다. 리더십은 조직을 이끌고 팀 내 타인에 대해 책임감을 느끼는 능력이다(Couse & Russo, 2006). 또한 페들러(Pedler, 2011)는 서비스 러닝이 학생의 리더십 기능 개발에 도움이 된다고 보고했다. 다른 연구에서, 연구자들은 서비스 러닝 프로그램에 참여한 후 학생들이 리더십에 대한 이해와 안목이 향상되었다는 것을 발견했다(Astin & Sax, 1998; Pless et al., 2011; Simons & Cleary, 2006). 서비스 러닝은 사회에서 사회적 문제에 대한 인식과 이해에 관해 학생의 긍정적인 태도 변화를 불러오는 유용한 도구이다(Jacobson et al., 2011). 더욱이 이러한 변화는 사회 정의의 개념과 정의 구현에 관한 학생의 관점에서 볼 수 있다. 봉사 경험의 결과로 학생들은 사회의 구조적 불평등과 기타 사회의 관련 문제를 인식하게 된다. 예를 들어, 학생은 사회의 자원 분배 과정을 비판하고, 인종, 피부색 또는 신념에 따른 차별 없이 효과적인 정의의 통치를 위해 목소리를 높일 수 있다(Teranishi, 2007). 학생들이 지역사회의 사회 구조 과정에 대해 배울 때, 그들은 자신의 가설과 사회에서 만연된 편견을 조사하고 비판적으로 성찰한다. 일반적인 관행과 사회 구조에 대한 비판적 조사는 서비스 러닝의 주요 결과 중 하나인 다양성과 사회 정의에 대한 이해를 진전시켜 준다(Baldwin et al., 2007; Maybach, 1996; O'Grady, 2014).

서비스 러닝에 참여하면 학생들의 인종적·계급적 편견에 대한 학생들의 잘못된 믿음이 줄어들고, 다양성에 대한 인식이 높아진다(Holsapple, 2012). 또한 서비스 러닝 프로그램에 참여한 학생의 입장에서는 다양한 배경을 가진 사람들의 관점을 듣고자 하는 열망이 커졌다. 다른 수많은 연구에서는 학생들이 다양한 배경을 가진 사람들과 직접 접촉하면 고정관념이 줄어들고 다양성 지수가 높아진다고 보고 했다(Delano-Oriaran, 2012; Jones & Hill, 2001; Reading & Padgett, 2011; Wehling, 2008). 다문화적 환경에서 서비스 러닝에 관한 연구를 검토하면서 웨이드(R. C. Wade, 2000)는 학생이 다양한 공동체에서 봉사할 때, 서비스 러닝 경험이 긍정적인 변화를 불러온다고 결론지었다. 이를 통해 다양한 문화적 관습을 관찰함으로써 다양성과 학습 적응에 대한 인식이 높아진다. 유사하게 볼드윈(Baldwin et al., 2007)은 저소득층 지역에서 서비스 러닝 경험에 참여한 학생들이 함께 일하는 어린이에 대해 이전에 선입견을 품었던 부정적인 생각을 타파하려 했다는 것을 발견했다. 연구 결과 많은 어린이가 앞으로 다양한 집단과 함께 일하고 싶어 하는 것으로 나타났다. 연구에 따르면 서비스 러닝에 참여한 학생은 다른 사람과 협력하는 방법을 배우고, 다른 사람의 문화와 공공 재산을 소중하게 여기며, 건강한 삶과 건전한 선택에 대한 인식을 고양하는 것으로 나타났다. 그는 또한 문화적 다양성에 대해 배우고, 인종적 다양성에 대한 포용력을 보여준다(Bridgeland et al., 2008; Denson & Bowman, 2013). 또한 연구에 따르면 서비스 러닝에 참여하면 학생의 시민성 지식과 기능이 향상되는 것으로 나타났다. 서비스 러닝에 참여는 또한 사회 정의 및 다양성과 관련된 사회적, 정치적 문제를 더 깊은 수준에서 비판하는 능력을 높여준다(Dorasamy & Pillay, 2010; Finley, 2011; X. Li & Lal, 2005; Zaf & Lerner, 2010). 서비스 러닝 과정 중 상호 작용, 토론 및 활동은 사회적, 정치적 문제를 효과적으로 분석하는 학생의 역량을 향상시킨다(Eyler & Giles Jr, 1999). 또 다른 연구에서 고햄(Gorham, 2005)은 서비스 러닝이 학생의 기능과 정치적 이해를 연마하는 데 이상적인 환경을 제공한다는 사실을 발견했다. 에샌델프트(Assendelft, 2008)의 주 정부 및 지역 정치 과정에 관한 연구에서 서비스 러닝 프로젝트에 참여하여 정치 회의에 참석하고 선출직 공무원과 인터뷰한 학생들은 지역 정책 문제에 대한 관점을 바꾸고, 그들이 지역사회에서 더욱 적극적으로 활동하는 데 노력했다. 앞서 언급한 논의는 서비스 러닝이 학생들의 팀워크와 시민적 책임에 긍정적으로 이바지한다는 점을 보여주었다.

이론적 틀

앞서 논의한 바와 같이, 많은 교육 이론은 서비스 러닝의 발전에 이바지해 왔다. 이러한 점에서 듀이와 피아제는 구성주의 학습 이론의 기초를 마련했다. 구성주의는 인간이 자기 경험에 의미를 부여하는 방법을 설명해 준다. 이러한 유형의 학습을 통해 학생은 자기 경험을 통해 새로운 지식을 구성할 수 있다. 이는 개인의 학습에 이바지한다(Furco & Billig, 2002; Rocheeau, 2004). 저자들은 서비스 러닝과 구성주의가 같은 특성을 보이고 있음을 강조했다. 두 이론 모두 학생이 경험을 통해 새로운 지식을 구성할 수 있게 해준다(Speck & Hoppe, 2004). 모슬레이와 클라인(Mosley & Kline, 2006)은 자신의 연구에서 지식은 강의가 아닌 경험을 통해 구성된다는 많은 연구 결과에도 불구하고 많은 교사가 여전히 적극적인 체험학습 대신 강의 방식의 교수법을 믿고 있다고 보고했다. 적극적인 참여를 통한 학습이 수동적인 수업의 청취보다 더 지속 가능하고 효과적이라는 이 견해는 엔가이(Ngai, 2006)에 의해 뒷받침되었다. 서비스 러닝은 또한 학생이 새로 습득한 지식을 실제 상황에 적용할 때 행동과 성찰을 통해 발생하는 구성주의적이고 경험적인 학습 접근 방식이기도 하다(Eyler & Giles, 1999).

듀이의 이론

많은 교육 이론가 중에서 듀이의 교육사상은 서비스 러닝의 교육에 큰 영향을 미쳤다. 그의 체험교육 철학은 서비스 러닝 이론 발전의 기초를 제공했다. 그에 따르면 교육의 주요 목적 중 하나는 좋은 시민을 양성하는 것이다. 이것은 또한 서비스 러닝의 주요 목표 중 하나이다. 이를 위해 서비스 러닝을 권장하는 이유는 체험학습 방법으로서 서비스 러닝이 학생의 시민적 역량을 효과적으로 발달시키기 때문이다(Lawton et al., 2004). 기본적으로 서비스 러닝은 듀이가 전파한 경험적, 민주적 교육에 기초를 두고 있다(Eyler, 2002). 그는 사회에서 인간 조건을 개선하는 데 필요한 적극적인 과정의 학습을 중시했다. 듀이는 자신의 교육 철학에서 서비스 러닝에 대해 직접적으로 언급하지는 않았지만, 체험을 통해 학생이 적극적인 참여, 관심, 열정, 문제 해결 능력을 보여줄 수 있으므로 효과적인 교육은 체험에서 나온다고 주장한다. 이와 관련하여 그는 학습은 개인이 새로운 경험을 통해 자신의 지식을 재구성하는 지속적인 과정이라고 주장한다. 탐구를 통해 학생은 삶의 문제, 곤경, 도전을 해결하는 법을 터득하게 된다(Rocheeau, 2004).

특히 듀이의 교육 철학은 실천을 통한 학습을 강조한다. 봉사를 통한 학습은 학생이 학습 과정에 참여하는 체험학습의 한 형태이다(Jenkins & Sheehey, 2009). 듀이는 또한 지식이 경험과 연관될 때 학습이 가능하다고 주장했다. 교육은 학생에게 교과목을 제시하는 데만 국한해서는 안 된다. 오히려 학생이 이전 경험을 새로운 학습의 기초로 활용하도록 장려되어야 한다. 따라서 듀이는 교육이 과정 지향적이고, 아동 중심적이며, 능동적이어야 한다고 권고한다. 새로운 정보의 실생활 적용은 학생이 실제적이고 구체적인 활동에 적극적으로 참여하여 해당 정보에서 의미를 창출할 때 가능하다는 것이다. 듀이의 체험교육 이론은 여러 가지로 응용될 수 있다. 예를 들어, 아인펠드와 콜린스(Einfeld & Collins, 2008)는 서비스 러닝과 사회 정의, 시민 참여 및 다문화 역량 간의 관계를 탐구했다. 그들은 서비스 러닝 또는 체험학습을 통해 학생이 주변 세계의 발전에 이바지한 경험을 이해할 수 있다고 결론지었다. 앞서 언급한 논의에서 듀이의 교육 철학이 연속성, 상호 작용, 협력의 원칙, 문제 해결, 탐구, 성찰의 과정을 연결하는 서비스 러닝 형태를 분명히 옹호한다는 것은 명백해 보인다. 듀이의 연구는 서비스 러닝에 대한 참여와 협력의 개념을 장려했으며, 르윈(Kurt Lewin)이 자신의 교육 이론을 개발할 수 있는 기반을 제공했다.

르윈의 이론

르윈은 듀이의 교육사상을 더욱 발전시켰다. 그는 경험 학습과 집단 역학에 깊은 영향을 미쳤다. 르윈의 교육 철학은 T집단 훈련 기법에 바탕을 두고 있다. 이 기술은 학습 과정에서 의사 결정과 토론을 장려한다. 그에 따르면 효과적인 학습은 집단이나 조직의 모든 참가자 간의 상호 토론과 대화, 토론 및 심의의 환경에서 더 잘 이루어진다. 르윈은 분리된 관찰에 기초한 전통적인 객관적 과정과 대조되는 학습의 개인적인 경험에 가치를 부여한다. 주관적인 경험에 대한 그의 강조는 문제를 토론하는 동안 개인 발달 및 책임과 같은 가치를 지닌 경험 학습에 대한 헌신으로 발전했다. 그의 이론은 경험 학습에 효과적으로 적용될 수 있다(R. L. Carver, 1997; Kenworthy−U'Ren & Peterson, 2005; G. M. Stewart,

서비스 러닝의 이론과 실제

1990). 르윈에 따르면 T집단 경험 과정에는 의사 결정, 구조화된 연습, 시뮬레이션, 게임, 관찰 도구, 기능 연습, 행동 연구, 일상의 과정 등 다양한 과정이 포함된다. 이러한 경험의 기본 목적은 학습자가 탐구와 이해의 과정을 신장할 수 있도록 개인적인 경험을 만드는 것이다. 이러한 생각은 체험교육에 직접적인 영향을 미쳤다. 듀이의 체험학습 철학에서 설명된 이론과 실제를 통합하는 것이 기본 목표이다. 르윈은 문화적, 차별적 태도와 행동에 초점을 맞춘 지역사회 문제에 관한 행동 연구에 몰두함으로써 듀이의 연구를 확장했다. 르윈에 따르면 학습은 1. 즉각적이고 구체적인 경험, 2. 관찰 및 성찰, 3. 이론 형성, 4. 결과의 검증 및 새로운 경험 창출의 4단계로 이루어진다. 따라서 르윈의 이론은 실제 어휘 경험을 강조했다. 학문 세계와 현실 세계를 연결한다는 그의 개념은 공동체 문제를 해결하기 위해 학문도 공동체 경험과 연결된다는 서비스 러닝 이론과 관련이 있음이 명백하다. 르윈의 접근 방법은 실제로 듀이와 콜브의 연구를 확대하고 서비스 러닝 실천에도 이바지했다(Annette, 2004; Flanagan & Christens, 2011).

콜브의 이론

콜브(Kolb, 1984)의 경험 학습 이론은 서비스 러닝 교육에 대한 명확한 이론적 틀을 제공한다. 콜브는 자신의 이론에서 경험이 학습의 기초이고, 학습은 성찰 때문에 이루어진다고 주장한다. 이는 듀이의 경험적 학습 및 개인적 학습에 대한 적극적인 참여에 대한 르윈의 강조와 일맥상통한다(Pless et al., 2011). 콜브에 따르면 서비스 러닝에는 다음과 같은 단계가 포함된다. (a) 구체적인 경험(학생들이 봉사 활동에 참여할 때), (b) 성찰적 관찰(학생들이 자신의 봉사 경험을 다른 급우 및 교사와 토론한 후 메모장에 기록할 때), (c) 추상적 개념화(학생들이 활동 해석에 참여하며, 활동 간의 관계를 이해하고 개념을 비판적으로 분석하는 것에 관여할 때) (d) 적극적인 경험(학생들이 새로운 이해를 도모하고 미래 행동을 예측하는 활동에 참여할 때) 등이다. 학생은 학습 과정에서 자신의 가설, 신념 및 실천에 의문을 제기한다. 체험교육의 한 형태인 서비스 러닝 역시 탐구, 준비, 계획, 성찰, 평가의 단계를 포함한다. 이러한 단계는 골브의 학습 모델과 일치한다(Bringle et al., 2010; Deeley, 2010; Passarelli & Kolb, 2012).

반면에 콜브의 연구는 서비스 러닝에 효과적인 적용에 대해 비판을 받아왔다. 예를 들어, 카일리(Kiely, 2005)가 언급한 것처럼 요크스와 캐슬(Yorks & Kasl, 2002)은 학습 주기의 일부인 구체적인 경험에 대한 콜브의 아이디어가 명확하게 설명되지도 깊이 탐구되지도 않았다고 설명했다. 감정의 개념이 어디에서도 정의되거나 정교화되지 않았다. 마찬가지로 미테이넨(Mietteinen, 2000)은 구체적인 경험이라는 개념이 비현실적이고 문제가 있다는 것을 발견했다. 그에 따르면 구체적인 경험이라는 개념은 불분명하며, 그 개념은 다른 이론에서 나온 개념과 혼합된 것이며, 논리적으로 서로 맞지 않다는 것이다. 예를 들어 콜브는 자신의 학습 스타일 목록을 자신의 학습 이론에 연결하려고 시도했지만 확산, 수렴 및 수용과 같은 학습 스타일을 탐구, 명료화, 현실화, 활성화, 그리고 내면화 등의 서비스 러닝의 5단계를 무리하게 연결하려는 우를 범했다. 비록 콜브가 그의 이론으로 인해 비판받았음에도 불구하고 그의 믿음은 학생이 경험에 따른 학습자가 되는 데 필요한 기능을 고안했다. 적어도 그는 교육자가 지식을 실천에 연결하는 것과 같은 서비스 러닝 측면의 과정을 이해하는 데 도움이 되는 개념적 틀을 제공했다. 따라서 콜브의 연구는 서비스 러닝을 위한 이론적 기반을 명확하게 제공해 준다. 왜냐하면 경험적 방법인 서비스 러닝은 이론과 실천을 연결해 주기 때문이다. 이론적으로 이 연구는 콜브(Butin, 2010; Petkus, 2000)의 경험 학습 모델에서 큰 영향을 받았다.

보이어(Boyer)의 이론

보이어(Boyer, 1990)는 최근 서비스 러닝 개념에 대한 또 다른 중요한 공헌자이다. 그는 교육이 더 이상 사회의 지적 엘리트를 양성하는 도구가 되어서는 안 된다고 믿었다. 오히려 교육의 사명은 대중에게 봉사할 수 있는 개인을 준비시키는 것이어야 한다. 그는 사회 문제에 대한 해결책으로 지역사회 봉사를 제시했다. 그의 연구물은 지식과 봉사를 통합하는 방법에 이바지했다. 이를 위해 그는 이론을 실천과 연결해 교실에서 일상적인 문제를 지역사회나 마을에서 논의하도록 교수진에게 조언했다. 보이어(Boyer, 1990)에 따르면, 봉사는 학생이 여가 시간에 하는 일이 아니라, 이를 교육과정과 연계하고 봉사 과정에서 가치를 탐색할 때 가능하다. 아울러 그는 '참여 학문(Scholarship of Engagement)'을 통해 지역사회가 교육 기관과 협력해 사회 문제를 해결해 주라고 당부했다. 교육 전략으로서 서비스 러닝은 또한 대학 및 기타 모든 교육 기관이 지역사회에 봉사의 의무를 수행하고, 학생이 미래 시민이 될 수 있도록 준비할 방법을 제공한다. 그는 서비스 러닝이 학생의 학습을 강화하고 학습 경험의 질을 향상하는 효과적인 전략이라고 믿었다(Enos et al., 2003).

피아제의 이론

구성주의 이론과 경험 학습의 발전을 위한 선구적인 노력은 듀이에 의해 이루어졌다. 그러나 피아제(Piaget, 1954)는 서비스 러닝의 개념에도 영향을 준 인지발달 이론을 제시하면서 구성주의적 관점을 추가했다(England & Marcinkowski, 2007). 여러 저자는 피아제가 아이들이 감각 운동기, 전조작기, 구체적인 조작기, 형식적 조작기 등 다양한 단계를 통해 자신의 의미를 구성하고 주변 세계에 대한 이해를 발전시키는 능동적인 사고자라고 믿었다고 덧붙였다. 피아제는 초등학교 아동의 특성이 전조작기와 유사하다고 제안했다. 이 단계에서는 언어발달이 이루어진다. 이는 아이들이 성장하면서 다양한 기능을 습득하고 능력을 개발하기 시작한다는 것을 보여준다. 파라이소(Paraiso, 2012)도 피아제와 같은 2가지 기본 이론적 관점을 발전시켰다. 한 가지 관점은 아이들이 단순히 정보를 받고 이를 다른 사람에게 전달하는 것이 아니라 적극적으로 자신의 지식을 구성한다는 것이다. 두 번째 관점은 진정한 학업의 성공을 달성하려면 교실 상호 작용과 역동성을 변화시키고, 재조직하고, 현대화해야 한다는 것이다. 예를 들어, 피아제식의 교실에서 교사는 학생에게 도전적인 경험을 제공함으로써 학생이 비판적 사고와 문제 해결 기술을 개발하도록 돕는다. 피아제는 교육이 학생의 독립적이고 협력적인 실지 훈련을 강조해야 한다고 믿었다. 이러한 참여는 학생에게 새로운 사회적 가능성을 창출할 것이다. 구성주의적 접근 방식은 서비스 러닝의 특징 중 하나이다. 서비스 러닝 과정에서 실제의 성찰과 의사소통은 학생이 학습에 대한 주인의식을 가지면서 학생의 관심과 강점을 키우는 데 도움이 된다. 따라서 타인에게 봉사하는 학생의 책임감 있는 행동은 피아제의 아이디어를 뒷받침한다(Stewart, 2013).

결론

결론적으로 서비스 러닝의 진화는 듀이와 콜브의 기여를 초석으로 삼은 풍부한 교육 이론에서 비롯되었다. 경험적 패러다임과 구성주의적 패러다임을 결합함으로써 서비스 러닝은 교실 학습과 현실 참여를 연결하고 시민의 책임, 팀워크 및 개인 성장을 함양하는 경험적 교육으로 나타났다. 서비스 러닝에 대한 영향력 있는 이론의 융합은 적극적이고 사회적으로 의식이 있는 시민의 비전을 실현하면서 현대 사회의 요구에 맞는 혁신적인 교육 방법으로서의 잠재력으로 표출되었다.

서비스 러닝은 그 발전에 깊은 영향을 준 교육 이론의 조화로운 종합의 결과이다. 듀이, 콜브, 르윈, 보이어 및 피아제의 연구 결과에 뿌리를 둔 서비스 러닝은 경험적이고 구성주의적인 학습 모델의 영향력을 잘 보여준다. 현실 참여, 적극적인 참여, 개인적인 성찰을 포괄하는 이 접근 방식은 학생에게 중요한 역량을 갖추게 할 뿐만 아니라 시민으로서의 책임감, 다양성에 대한 존중, 복잡한 사회 문제를 해결하는 능력을 키워준다. 역동적인 교육 방법인 서비스 러닝은 이론적 이해와 실제 적용 사이의 가교를 제공하는 동시에 진화하는 세계에 참여하는 시민의식을 육성하고자 한 기본 사상가들의 이상과 일맥상통한다.

참고 문헌

Althof, W., & Berkowitz*, M. W. (2006). Moral education and character education: Their relationship and roles in citizenship education. *Journal of Moral Education*, 35(4), 495–518.

Annette, J. (2004). Education for citizenship, civic participation and experiential and service learning in the. *Education for Citizenship*, 77.

Annette, J. (2009). Active learning for active citizenship' democratic citizenship and lifelong learning. *Education, Citizenship and Social Justice*, 4(2), 149–160.

Assendelft, L. V. (2008). "City council meetings are cool": Increasing student civic engagement through service learning. *Journal of Political Science Education*, 4(1), 86–97.

Astin, A. W., & Sax, L. J. (1998). How undergraduates are affected by service participation. *Journal of College Student Development*, 39, 251–263

Baldwin, S. C., Buchanan, A. M., & Rudisill, M. E. (2007). What teacher candidates learned about diversity, social justice, and themselves from service-learning experiences. *Journal of Teacher Education*, 58(4), 315–327.

Billig, S. H. (2012). Service-learning. In J. Hattie & E. M. Anderman (Eds.), *International Guide to Student Achievement*, 158–161. New York, NY: Routledge.

Billig, S. H., & Eyler, J. (2003). The state of service-learning and service-learning research. In *Deconstructing service-learning: Research exploring context, participation, and impacts* (pp. 253–264). Information Age Publisher, Inc.

Billig, S. H., Root, S., & Jesse, D. (2005). *The impact of participation in service-learning on high school students' civic engagement*. CIRCLE Working Paper 33. Center for Information and Research on Civic Learning and Engagement

서비스 러닝의 이론과 실제

(CIRCLE), University of Maryland. RMC Research Corporation, Denver, CO.

Birdwell, J., Scott, R., & Horley, E. (2013). Active citizenship, education and service learning. Education, *Citizenship and Social Justice*, 8(2), 185–199.

Blouin, D. D., & Perry, E. M. (2009). Whom does service learning really serve? Community-based organizations' perspectives on service learning. *Teaching Sociology*, 37(2), 120–135.

Boyer, E. L. (1990). Civic education for responsible citizens. *Educational Leadership*, 48(3), 4–7.

Brandenberger, J. W. (1998). Developmental psychology and service-learning: A theoretical framework. In *With service in mind: Concepts and models for service-learning in psychology: American Association for higher education*, (AAHE) (pp. 68–84).

Bridgeland, J. M., Dilulio, J., Jr., & Wulsin, S. C. (2008) Engaged for success: Service-learning as a tool for high school dropout prevention. Washington, DC: Civic Enterprises and Peter D. Hart Research Associates.

Bringle, R. G., & Clayton, P. H. (2012). Civic education through service learning: What, how, and why? In L. McIlrath, A. Lyons, & R. Munch (Eds.), *Higher education and civic engagement: Comparative perspectives* (pp. 101–124). New York, NY: Palgrave.

Bringle, R. G., & Hatcher, J. A. (1995). A service-learning curriculum for faculty. *Michigan Journal of Community Service Learning*, 2(1), 112–122.

Bringle, R. G., & Hatcher, J. A. (2002). Campus – community partnerships: The terms of engagement. *Journal of Social Issues*, 58(3), 503–516.

Bringle, R. G., Hatcher, J. A., & Jones, S. G. (2012). *International service learning: Conceptual frameworks and research*. Stylus Publishing, LLC.

Bringle, R. G., Hatcher, J. A., & Muthiah, R. N. (2010). The role of service-learning on the retention of first-year students to second year. *Michigan Journal of*

Community Service Learning, 38–49.

Brooks, M. G., & Brooks, J. G. (1999). The courage to be constructivist. Educational Leadership, 57(3), 18–24.

Burns, H., & Stokamer, S. (2011). Cultivating student leaders through service learning. In Proceedings of Annual Conference of Oregon Women in Higher Education, Portland, Oregon.

Butin, D. W. (2006). The limits of service-learning in higher education. The Review of Higher Education, 29(4), 473–498.

Butin, D. W. (2010). Service-learning in theory and practice: The future of community engagement in higher education. Palgrave Macmillan.

Carver, R. L. (1997). Theoretical underpinnings of service learning. Theory into Practice, 36(3), 143–149.

Cole, M., John-Steiner, V., Scribner, S., & Souberman, E. (1978). LS Vygotsky, Mind in society: The development of higher psychological processes. Harvard University Press.

Cone, D., & Harris, S. (1996). Service-learning practice: Developing. Michigan Journal of Community Service Learning, 3, 31–43.

Couse, L. J., & Russo, H. L. (2006). Service-learning: Mentoring leadership skills in the experienced teacher. Mentoring & Tutoring, 14(1), 33–48.

Crabtree, R. D. (2008). Theoretical foundations for international service-learning. Michigan Journal of Community Service Learning, 15(1), 18–36.

Crossman, J. M., & Kite, S. L. (2007). Their perspectives: ESL students' reflections on collaborative community service learning. Business Communication Quarterly, 70(2), 147–165.

Deans, T. (1999). Service-learning in two keys: Paulo Freire's critical pedagogy in relation to John Dewey's pragmatism. Michigan Journal of Community Service Learning, 6, 15–29.

Deeley, S. J. (2010). Service-learning: Thinking outside the box. *Active Learning in Higher Education*, 11(1), 43–53.

Delano-Oriaran, O. (2012). Infusing Umoja, an authentic and culturally engaging service-learning model, into multicultural education. *International Journal of Teaching and Learning in Higher Education*, 24(3), 403–414.

Denby, R. A. (2008). *The impact of service-learning on students' sense of civic responsibility.* The University of Western Ontario.

Denson, N., & Bowman, N. (2013). University diversity and preparation for a global society: The role of diversity in shaping intergroup attitudes and civic outcomes. *Studies in Higher Education*, 38(4), 555–570.

Dorasamy, N., & Pillay, S. (2010). Advocating service learning for developing citizenship in university students in South Africa. *Industry and Higher Education*, 24(4), 287–296.

Edwards, B., Mooney, L., & Heald, C. (2001). Who is being served? The impact of student volunteering on local community organizations. *Nonprofit and Voluntary Sector Quarterly*, 30(3), 444–461.

Ehrlich, T. (1998). Reinventing John Dewey's pedagogy as a university discipline. *The Elementary School Journal*, 489–509.

Einfeld, A., & Collins, D. (2008). The relationships between service-learning, social justice, multicultural competence, and civic engagement. *Journal of College Student Development*, 49(2), 95–109.

England, Y. A., & Marcinkowski, T. (2007). Environmental service-learning programs in Florida high schools and colleges: Nature, status, and effects as determined by a statewide program census. *The Journal of Environmental Education*, 38(4), 51–60.

Enos, S., Morton, K., & Jacoby, B. (2003). *Building partnerships for service-learning.* John Wiley & Sons.

Eyler, J. (1997). *Service-learning and the development of expert citizens.* Paper presented at the Annual Meeting of the American Educational Research Association, Chicago, IL, March 1997. https://files.eric.ed.gov/fulltext/ED408506.pdf

Eyler, J. (2002). Reflection: Linking service and learning– Linking students and communities. *Journal of Social Issues, 58*(3), 517–534.

Eyler, J., & Giles Jr, D. E. (1999). *Where's the learning in service-learning?* Jossey-Bass higher and adult education series. ERIC.

Eyler, J., Giles Jr, D. E., & Braxton, J. (1997). The impact of service-learning on college students. *Michigan Journal of Community Service Learning, 4,* 5–15.

Eyler, J., Giles Jr, D. E., Stenson, C. M., & Gray, C. J. (2001). *At a glance: What we know about the effects of service-learning on college students, faculty, institutions and communities,* 1993–2000 (3rd ed.). Vanderbilt University.

Falk, A. (2012). Enhancing the team experience in service learning courses. *Journal for Civic Commitment, 18,* 1–16. Retrieved from https://scholarworks.merrimack.edu/soe_facpub/1

Felten, P., & Clayton, P. H. (2011). Service-learning. New Directions for Teaching and Learning, 2011(128), 75–84.

Ferrari, J. R., & Chapman, J. G. (2014). *Educating students to make a difference: Community-based service learning.* Routledge.

Finley, A. (2011). *Civic learning and democratic engagements: A review of the literature on civic engagement in post-secondary education.* Association of American Colleges and Universities, Washington, DC.

Flanagan, C. A., & Christens, B. D. (2011). Youth civic development: Historical context and emerging issues. *New Directions for Child and Adolescent Development,* 2011(134), 1–9.

Furco, A. (1996). Service-learning: A balanced approach to experiential education.

서비스 러닝의 이론과 실제

Expanding Boundaries: Serving and Learning, 1, 1–6.

Furco, A. (2002). Is service-learning really better than community service. *Service-Learning: The Essence of the Pedagogy*, 23–50.

Furco, A. (2010). The community as a resource for learning: An analysis of academic service-learning in primary and secondary education. *The Nature of Learning*, 227.

Furco, A. (2011). *Securing student success through service-learning.* Paper Presented at the Community College National Center for Community Engagement 20th Annual National Conference, Doubletree Resort, Scottsdale, AZ.

Furco, A., & Billig, S. (2002). *Service-learning: The essence of the pedagogy* (Vol. 1). IAP.

Gallini, S. M., & Moely, B. E. (2003). Service-learning and engagement, academic challenge, and retention. *Michigan Journal of Community Service Learning*, 10, 5–14.

Gershenson-Gates, R. (2012). *The impact of service-learning on college students' civic development and sense of self-efficacy* [College of Science and Health Theses and Dissertations. 3].https://via.library. depaul.edu/csh_etd/3

Gerstenblatt, P., & Gilbert, D. J. (2014). Framing service learning in social work: An interdisciplinary elective course embedded within a university – community partnership. *Social Work Education* (ahead-of-print), 1–17.

Giles, D. E., & Eyler, J. (1994). The theoretical roots of service-learning in John Dewey: Toward a theory of service-learning. *Michigan Journal of Community Service Learning*, 1(1), 77–85.

Gorham, E. (2005). Service-learning and political knowledge. *Journal of Political Science Education*, 1(3), 345–365.

Hepburn, M. A. (2000). Service learning and civic education in the schools: What does recent research tell us? In *Education for civic engagement in democracy* (pp. 45–60). Educational Resources Information Center.

Holsapple, M. A. (2012). Service-learning and student diversity outcomes: Existing evidence and directions for future research. *Michigan Journal of Community Service Learning*, 18(2), 5–18.

Hurd, C. A. (2008). Is service-learning effective?: A look at current research. *Service Learning: Perspectives and Applications*, 1–11.

Ives-Dewey, D. (2009). Teaching experiential learning in geography: Lessons from planning. *Journal of Geography*, 107(4–5), 167–174.

Jacobson, J., Oravecz, L., Falk, A., & Osteen, P. (2011). Proximate outcomes of service-learning among family studies undergraduates. *Family Science Review*, 16(1), 22–33.

Jacoby, B. (1999). Partnerships for service learning. *New Directions for Student Services*, 1999(87), 19–35.

Jenkins, A., & Sheehey, P. (2009). *Implementing service learning in special education coursework: What we learned. Education*, 129(4), 668–682.

Jernstedt, G. C., Olm-Shipman, C., & Reed, V. (2003). Teaching children about health, part II: The effect of an academic-community partnership on medical students' communication skills. *Education for Health*, 16(3), 339–347.

Jones, S. R., & Hill, K. (2001). Crossing high street: Understanding diversity through community service-learning. *Journal of College Student Development*, 42(3), 204–216.

Jones, S. R., LePeau, L. A., & Robbins, C. K. (2013). Exploring the possibilities and limitations of service-learning: A critical analysis of college student narratives about HIV/AIDS. *The Journal of Higher Education*, 84(2), 213–238.

Kabes, S., & Engstrom, J. (2010). Student reported growth: Success story of a master of science in education learning community program. *Journal of Scholarly Teaching*, 5, 75–87.

Kabes, S., Lamb, D., & Engstrom, J. (2010). Graduate learning communities:

서비스 러닝의 이론과 실제

Transforming educators. *Journal of College Teaching & Learning* (TLC), 7(5).

Kahne, J., & Westheimer, J. (2006). The limits of political efficacy: Educating citizens for a democratic society. *PS: Political Science & Politics*, 39(2), 289–296.

Keen, C., & Hall, K. (2009). Engaging with difference matters: Longitudinal student outcomes of co-curricular service-learning programs. *The Journal of Higher Education*, 80(1), 59–79.

Kenworthy-U'Ren, A. L., & Peterson, T. O. (2005). Service-learning and management education: Introducing the "we care" approach. *Academy of Management Learning & Education*, 4(3), 272–277.

Kiely, R. (2005). A transformative learning model for service-learning: A longitudinal case study. *Michigan Journal of Community Service Learning*, 12(1).

Klassen, J. M. (2011). *The impact of service learning curriculum on empathy among 4th grade students*. Walden University.

Kolb, A. Y. (2005). *The Kolb learning style inventory – version 3.1 2005 technical specifications* (p. 200). Hay Resource Direct.

Kolb, D. A. (1984). *Experiential learning: Experience as the source of learning and development* (Vol. 1). Prentice-Hall.

Kolb, D. A., Boyatzis, R. E., & Mainemelis, C. (2001). Experiential learning theory: Previous research and new directions. *Perspectives on Thinking, Learning, and Cognitive Styles*, 1, 227–247.

Lambright, K. (2008). Lessons outside of the classroom: Examining the effectiveness of service learning projects at achieving learning objectives. *Journal of Public Affairs Education*, 205–217.

Lawton, D., Cairns, J., & Gardner, R. (2004). *Education for citizenship*. Bloomsbury Publishing.

Li, X., & Lal, S. (2005). *Critical reflective thinking through service-learning in multicultural teacher education. Intercultural Education*, 16(3), 217–234.

Lu, Y., & Lambright, K. T. (2010). Looking beyond the undergraduate classroom: Factors influencing service learning's effectiveness at improving graduate students' professional skills. *College Teaching*, 58(4), 118–126.

Maybach, C. W. (1996). Investigating urban community needs: Service learning from a social justice perspective. *Education and Urban Society*, 28(2), 224–236.

McQuaid, R. W., & Lindsay, C. (2005). The concept of employability. *Urban Studies*, 42(2), 197–219.

Melchior, A., & Bailis, L. N. (2002). Impact of service-learning on civic attitudes and behaviors of middle and high school youth: Findings from three national evaluations. *Advances in Service-Learning Research*, 1, 201–222.

Metz, E., McLellan, J., & Youniss, J. (2003). Types of voluntary service and adolescents' civic development. *Journal of Adolescent Research*, 18(2), 188–203.

Metzger, A., & Ferris, K. (2013). Adolescents' domain-specifc judgments about different forms of civic involvement: Variations by age and gender. *Journal of Adolescence*, 36(3), 529–538.

Mietteinen, M. (2000). Intelligence and giftedness. In R. J. Sternberg (Ed.), *Hand-book of intelligence* (pp. 159–175). Cambridge University Press.

Morgan, W., & Streb, M. (2001). Building citizenship: How student voice in service-learning develops civic values. *Social Science Quarterly,* 82(1), 154–169.

Morton, K., & Saltmarsh, J. (1997). Addams, Day, and Dewey: The emergence of community service in American culture. *Michigan Journal of Community Service Learning*, 4, 137–149.

Mosley, P., & Kline, R. (2006). Engaging students: A framework using LEGO®ROBOTICS to teach problem solving. *Information Technology Learning and Performance Journal*, 24(1), 39.

Ngai, S. S.-Y. (2006). Service-learning, personal development, and social commitment: A case study of university students in Hong Kong. *Adolescence-San Diego*,

41(161), 165.

O'Grady, C. R. (2014). *Integrating service learning and multicultural education in colleges and universities*. Routledge.

Paraiso, J. S. (2012). Service learning and middle school ELLs. *TNTESOL Journal*, 6, 52–60.

Passarelli, A. M., & Kolb, D. A. (2012). Using experiential learning theory to promote student learning and development in programs of education abroad. In Hemming Lou K., Paige R. M., Vander Berg M. (Eds.), *Student learning abroad*: What our students are learning, what they're not, and what we can do about it(pp. 137–161). Stylus Publishing.

Pedler, M. (2011). *Action learning in practice*. Gower Publishing, Ltd.

Petkus, E. (2000). A theoretical and practical framework for service-learning in marketing: Kolb's experiential learning cycle. *Journal of Marketing Education*, 22(1), 64–70.

Piaget, J. (1954). The development of object concept. In J. Piaget & M. Cook (Trans.), *The construction of reality in the child* (pp. 3–96). Basic Books. https://doi.org/10.1037/11168-001

Pless, N. M., Maak, T., & Stahl, G. K. (2011). Developing responsible global leaders through international service-learning programs: The Ulysses experience. *Academy of Management Learning & Education*, 10(2), 237–260.

Prentice, M. (2007). Service learning and civic engagement. *Academic Questions*, 20(2), 135–145.

Reading, S., & Padgett, R. J. (2011). Communication connections: Service learning and American sign language. *American Journal of Audiology*, 20(2), S197–S202.

Robinder, K. E. (2012). *Service learning as civic pedagogy: A narrative inquiry exploring the community college student experience*. Colorado State University.

Rocheleau, J. (2004). Theoretical roots of service-learning: Progressive education and the development of citizenship. *Service-Learning: History, Theory, and Issues*, 3–21.

Saltmarsh, J. (1996). Education for critical citizenship: John Dewey's contribution to the pedagogy of community service learning. *Michigan Journal of Community Service Learning*, 3(1), 13–21.

Sheil, A., & Bahk, C. (2010). Exploring the pedagogical outcomes of service learning in international public relations education. *International Journal of Innovation and Learning*, 7(3), 274–289.

Sigmon, R. (1974). Service-learning in North Carolina. *New Directions for Higher Education*, 1974(6), 23–30.

Sigmon, R. (1979). Service-learning: Three principles. *Synergist*, 8(1), 9–11.

Simons, L., & Cleary, B. (2005). Student and community perceptions of the "value added" for service-learners. *Journal of Experiential Education*, 28(2), 164–188.

Simons, L., & Cleary, B. (2006). The influence of service learning on students' personal and social development. *College Teaching*, 54(4), 307–319.

Skinner, R., & Chapman, C. (1999). *Service-learning and community service in K-12 public schools*. Statistics in Brief.

Speck, B. W., & Hoppe, S. L. (2004). *Service-learning: History, theory, and issues.* Greenwood Publishing Group.

Stanton, T. K. (1987). *Liberal arts, experiential learning and public service: Necessary ingredients for socially responsible undergraduate education.* Retrieved January 16, 2022, from https://fles.eric.ed.gov/ fulltext/ED310679.pdf

Steinberg, K. S., & Norris, K. E. (2011). *Assessing civic mindedness.* Association of American Colleges and Universities.

Steiner, S. D., & Watson, M. A. (2006). The service learning component in business education: The values linkage void. *Academy of Management Learning &*

서비스 러닝의 이론과 실제

Education, 5(4), 422–434.

Stewart, A. (2013). A mixed methods study of service learning in a public high school. *Ann Stewart*, 16(3).

Stewart, G. M. (1990). Learning styles as a filter for developing service-learning interventions. *New Directions for Student Services*, 1990(50), 31–42.

Stott, K. A., & Jackson, A. P. (2005). Using service learning to achieve middle school comprehensive guidance program goals. *Professional School Counseling*, 9(2), 156–159.

Teranishi, C. S. (2007). Impact of experiential learning on Latino college students' identity, relationships, and connectedness to community. *Journal of Hispanic Higher Education*, 6(1), 52–72.

Tucker, M. L., McCarthy, A. M., Hoxmeier, J. A., & Lenk, M. M. (1998). Community service learning increases communication skills across the business curriculum. *Business Communication Quarterly,* 61(2), 88–99.

Wade, R. C. (1995). Developing active citizens: Community service learning in social studies teacher education. *The Social Studies*, 86(3), 122–128.

Wade, R. C. (2000). Service-learning for multicultural teaching competency: Insights from the literature for teacher educators. *Equity & Excellence in Education*, 33(3), 21–29.

Warren, J. L. (2012). Does service-learning increase student learning?: A meta-analysis. *Michigan Journal of Community Service Learning*, 18(2), 56–61.

Wehling, S. (2008). Cross-cultural competency through service-learning. *Journal of Community Practice*, 16(3), 293–315.

Wilczenski, F. L., & Coomey, S. M. (2007). *A practical guide to service learning: Strategies for positive development in schools*. Springer.

Zaff, J. F., & Lerner, R. M. (2010). Service learning promotes positive youth development in high school. *Phi Delta Kappan*, 91(5), 21–23.

11장

서 비 스   러 닝   모 델

서비스
러닝
모델

    봉사를 통해 배운다는 생각은 교육에서 새로운 개념이 아니다. 서비스 러닝의 개념은 듀이의 경험 이론에 깊이 뿌리를 두고 있다. 교육 및 학습 접근 방식으로서 서비스 러닝 프로그램은 1960년대와 1970년대에 매우 인기를 얻었다. 처음으로 '서비스 러닝'이라는 용어는 시그몬과 램세이(Sigmon & Ramsay)의 저서에 등장했다. 그는 교육을 적극적인 시민과 사회 지도자를 양성하는 도구로 여겼다(Falk, 2012; Rocheleau, 2004; Saltmarsh & Zlotkowski, 2011). 직간접적으로 듀이의 사상은 서비스 러닝의 목표와 일치한다. 경험적 학습 접근 방식인 서비스 러닝은 학생의 전문 기술, 리더십, 시민 정신 및 팀워크 역량을 개발한다(Bowen, 2010; Daly et al., 2014; Kovarik, 2010; Piper et al., 2000; Stewart, 2012; Tomlinson-Clarke & Clarke, 2010; Zieren & Stoddard, 2004).

서비스 러닝의 이론과 실제

서비스 러닝 프로그램은 등장 이후 미국 교육 시스템에서 큰 인기를 끌었다. 그 결과 미국 체험교육 학회(National Society for Experiential Education), 미국 서비스 러닝센터(National Center for Service-learning), 성인 체험학습 협의회Council for Adult and Experiential Learning) 등 많은 프로그램이 만들어졌다. 1960~70년대 시작된 서비스 러닝 운동 프로그램은 오래가지 못했다. 켄달(Kendall)은 서비스 러닝 프로그램이 몰락한 몇 가지 이유를 들고 있다. 첫째, 프로그램 대부분이 해당 연구소의 임무와 목표에 효과적으로 통합되지 않았다. 둘째, 다른 사람이 자신을 도울 수 있도록 지원하는 것이 아니라 다른 사람을 위해 봉사하거나 돕는다는 관점에서 프로그램이 시작되었다. 연구자들은 기관, 교수진, 학생과 지역사회가 서비스 러닝 프로그램 구현을 성공적이고 지속 가능하게 만들기 위해 이러한 요소를 분명히 하고 통합해야 한다고 주장한다(Jacoby, 2014; Rue, 1996).

서비스 러닝 프로그램의 성공과 지속가능성은 프로그램 실행의 효과적인 관리에 달려 있다(Bucco & Busch, 1996; Jeandron & Robinson, 2010). 그러나 연구자들은 이러한 프로그램과 관련하여 아직 효과적으로 해결되지 않은 많은 과제가 있다고 믿는다. 그러한 과제 중 하나는 서비스 러닝 프로그램의 실행이다(Turnbull & Madsen, 2006). 서비스 러닝 프로그램을 관리하기 위해 다양한 행정 제도가 기획되고 다양한 모델이 활용된다(Bringle & Hatcher, 1996). 일부 기관에서는 학생 부서 또는 학사 행정 부서를 통해 협력 체계를 제공한다. 일부 기관에서는 개별 교수진이나 캠퍼스 행정 요원이 서비스 러닝 프로그램 활동을 관리할 책임이 있다. 이 모든 것과 관계없이 효과적인 실행은 서비스 러닝 프로그램의 성패에 필수적인 것으로 보인다(Rue, 1996). 서비스 러닝 프로그램의 성공적인 운영을 위해서는 설계, 개발, 구현 과정에 대한 보다 깊은 이해가 필요하다(Rue, 1996; Jacoby, 2014). 여러 연구에 따르면 서비스 러닝 프로그램의 성공적인 관리를 위한 단일한 옳은 모델은 없다는 것이 지속해서 보고되었다. 왜냐하면 많은 관리 문제와 도전이 항상 프로그램 개발 및 실천에 영향을 주기 때문이다(Rue, 1996; Jeandron & Robinson, 2010). 일부 연구자는 서비스 러닝 프로그램의 실행을 관리하는 과정이 항상 다양한 요인의 영향을 받는다고 믿는다. 이러한 요인 중 일부는 프로그램 기간, 배치, 성별, 강사, 자금 조달 및 평가 등이다(Rue, 1996).

연구자들은 서비스 러닝이 정당한 이유로 시작될 수 있지만 주요 영향 요인을 제대로 고려하지 않으면 원하는 목표를 달성할 수 없다고 주장한다(Rue, 1996). 그러한 중요한 요인 중 하나는 서비스 러닝 프로그램의 성공적인 구현에 대한 도전이다(Bucco & Busch, 1996). 서비스 러닝 프로그램의 실행은 봉사 기간, 봉사의 강도, 장소 배정, 재정 지원, 나이 및 성별에 의해 큰 영향을 받는다(Rue, 1996). 또한 기관이나 지역사회 상황의 평가, 프로그램의 기본 틀 개발, 인적 및 재정 자원 관리, 프로그램 구현 설계, 계획, 프로그램 평가, 위험 관리 및 교통 등이 서비스 러닝 프로그램의 실행에 영향을 미치는 것으로 알려진다(Rue, 1996; Bucco & Busch, 1996). 서비스 러닝 프로그램에는 많은 이점이 있는 것은 주지의 사실이다. 그러나 팀워크와 시민의 책임은 자주 보고되는 결과이다(Clinton & Thomas, 2011; Hettinger, 2006). 연구자들은 또한 오늘날의 노동 시장이 전문적인 직업 기술을 잘 습득한 개인을 찾고 있다고 주장한다(Ansari & Wu, 2013; Dean, 2005; Hina et al., 2011; Keller et al., 2011). 이러한 기술 중에서 팀워크와 시민의 책임은 가장 높은 수준의 취업 역량 기능으로 간주한다(Calvert & Kurji, 2012; Ewelt, 2013; Greenman, 2014;

Vandzinskaite et al., 2010). 그러나 파키스탄 교육 기관을 졸업한 학생들은 팀워크와 시민성의 결함이 있다는 보고가 있다(Dean, 2005). 더욱이 직업 및 기술학교를 졸업하는 학생들 사이에서 실업률이 증가하고 있다(Kazmi, 2007). 이러한 상황은 기존 교육 계획 및 정책의 집행 실패와 직업교육 프로그램의 성공적인 관리 및 실행을 위한 관리 전략 및 방법이 부적절하고 부실한 데 기인한다(Khilji et al., 2012). 서비스 러닝 프로그램은 팀워크와 시민성 발달을 촉진하는 효과적인 교육 방법 중 하나로 여겨진다(Falk, 2012). 그러나 서비스 러닝 프로그램의 성공적인 관리 및 구현은 효과적인 관리에 달려 있으며, 주요 행정적 관심사와 영향 요인을 고려하지 않으면 봉사 프로그램의 성공적인 구현이 이루어지지 않을 수 있다고 본다(Rue, 1996).

경험교육으로서 서비스 러닝은 실용주의와 구성주의 이론에 많은 영향을 받았다. 이러한 이론은 기본적으로 경험교육의 기초를 다졌다. 예를 들어, 구성주의는 인간이 자기 경험에 의미를 부여하는 방식을 설명한다. 서비스 러닝을 통해 학생은 자기 경험을 통해 새로운 지식을 구성할 수 있다(Furco & Billig, 2002; Rocheleau, 2004). 본 연구의 이론적 틀은 교육에서의 경험에 대한 듀이의 개념, 추론에 대한 아리스토텔레스의 관점, 피아제의 구성주의 관점, 슐만(Schulman)의 교육에 대한 학문적 관점, 보이어의 참여 장학금, 콜브의 학습 모델, 메지로우(Mezirow)의 변혁적 학습이론 등에 기초하고 있다. 서비스 러닝 프로그램에 참여함으로써 지식, 기능, 태도를 습득하는 것은 본 연구의 공통 관심사이자 이들 이론의 공통 주제이기도 하다. 예를 들어 듀이는 경험을 교육의 필수 요소로 여긴다. 학습은 몸과 마음이 함께 작용할 때 이루어지고, 그 결과 지식이 창조된다. 아리스토텔레스는 귀납적 추론과 연역적 추론을 사용하여 몸과 마음이 함께 작용할 때 지식이 창조된다고 주장하였다. 따라서 두 이론가의 관점에서 학습 과정은 유사했다. 구성주의 이론도 이러한 관점과 일치한다. 구성주의자들은 새로운 지식을 구성하기 위해 기존의 사전 지식 체계에 새로운 정보를 내면화하고 수용하는 것으로 설명한다(Steinke & Buresh, 2002). 보다 구체적으로 메지로우의 변혁적 학습 이론은 서비스 러닝 프로그램을 위한 유용한 이론적 틀을 제공한다. 이 이론은 사람들이 무엇을 하는지, 경험을 통해 어떻게 의미를 형성하는지, 그리고 사람들이 주변의 문제, 이슈, 자신 주변의 사고(事故) 및 불확실한 사건을 이해할 때 학습이 어떻게 이루어지는지에 초점을 맞춘다. 이 이론은 다양한 방식의 더 깊은 성찰과 대화를 통해 인간이 사회적으로 책임 있는 행동에 참여할 방법을 설명함으로써 서비스 러닝 맥락과 독특하게 관련을 맺고 있다(R. Kiely, 2005). 더욱이 메지로우(Mezirow, 2000)의 변혁적 학습 이론의 요소는 성찰, 무의식, 맥락, 감정, 관계, 대화, 가치 및 영향력이 어떻게 변혁적 학습을 증가시키는지 다양한 맥락에서 연구자들에 의해 이미 검증되었다(Merriam, 2004; Mezirow, 2000). 다른 경험적 연구에서는 메지로우의 이론이 학생의 개인적, 지적, 시민적 발달에 대한 서비스 러닝의 혁신적인 영향을 설명하는 데 더 유용하다는 것을 발견했다(J. Eyler & Giles Jr, 1999; Feinstein, 2004; R. Kiely, 2005). 변혁적 학습 이론은 다음과 같은 과정을 포함한다. 여기에는 새로운 관점을 바탕으로 삶의 재통합뿐만 아니라 혼란스러운 딜레마; 두려움, 분노, 죄책감에 대한 자기 성찰; 행동 순서의 계획; 새로운 역할, 관계 및 행동을 실천하기 위한 지식과 기술의 습득; 새로운 역할 시도; 새로운 역할과 관계에서 역량과 자신감의 형성 등을 포함한다. 어떤 조건과 관계없이 변혁적 학습의 최종 결과는 학습 역량 증진, 더 많은 사회적 책

서비스 러닝의 이론과 실제

임, 자기 주도성, 잘못된 가정에 대한 의존도 감소 등이다(Taylor, 2008).
서비스 러닝 이론은 듀이의 저술에 뿌리를 두고 있다. 듀이가 보기에 학
교는 아이들이 사회적 효율성, 개인적 순화, 인격 향상, 시민의 책임을
배우고 발전시키며, 적극적이고 가치 있는 사회 구성원이 되는 장소이다.
서비스 러닝은 능동적인 학습 방법이다. 능동적 학습의 목적은 아동이
자신을 학습 과정의 직접적인 참가자로 바라볼 수 있도록 하는 것이다.
따라서 서비스 러닝 과정에서 학생은 자신을 사회의 다른 사람들에게
봉사 제공자로서 직접적인 참여자로 여긴다. 그래서 듀이는 지식을 시민
성과 연결했다. 듀이는 학교가 실제 공동체로 작동해야 하며, 학생이 민
주적 습관, 책임, 협력, 성찰적 사고, 무엇보다도 봉사를 실천할 수 있도
록 촉진해야 한다고 제안했다(Dewey, 2004; Moss, 2009).

　　나중에 콜브는 듀이의 아이디어를 바탕으로 경험 학습 이론을 제시
했다. 이 이론은 학습이 사회화 과정이라고 설명한다. 개인적 지식과 사
회적 지식 사이에는 상호 작용이 있다는 것이다. 그는 경험이 개인 발달
의 열쇠라고 믿었다. 콜브가 인용한 서비스 러닝에 아주 중요한 두 이론
가는 비고츠키와 프레이리이다. 비고츠키는 학습이 개인과 환경 사이
의 상호 작용 결과라고 믿는다. 프레이리는 교수·학습의 기초로서 대화
와 비판적 성찰을 강조한다. 교사의 역할은 정보 전달자가 아니라 촉진
자, 안내자, 비판적인 친구의 역할이다. 비고츠키는 근접발달영역(Zone
of Proximal Development)에 대한 자기 생각을 바탕으로 학습이 발달 과
정을 거친다고 가정했다. 학습 과정에는 실제 수행, 협동 과업 성취, 독
립적인 문제 해결, 정신적 개념 습득이 포함된다. 서비스 러닝은 또한 정
서적, 인지적, 행동적 영역을 통합함으로써 지적, 사회적 발달 과정에 영
향을 미친다. 따라서 듀이와 비고츠키, 콜브와 메지로우, 피아제와 아리

스토텔레스로부터 보이어와 프레이리에 이르기까지 거슬러 올라가는 이론가들은 서비스 러닝의 이론적 주춧돌을 놓는 데 이바지했다. 이러한 모든 이론적 뿌리는 이 연구를 뒷받침했다(Lambright, 2008; Madsen & Turnbull, 2006). 필립스(Phillips, 2011)가 개발한 서비스 러닝은 강좌, 배경 특성, 강좌 목표, 성찰 및 시민의 책임 간의 중요한 관계를 설명한다. 이 서비스 러닝 모델은 기본적으로 밴듀라(Bandura)가 개발하고 램브라이트(Lambright, 2008)가 자신의 연구를 긍정적으로 계승한 사회적 인지 지식을 기반으로 한다. 이 모델은 성찰이 학생의 강좌 목표와 시민적 책임을 달성하는 능력을 향상하는 데 핵심적인 역할을 한다고 설명한다. 인지는 현실에 대처하는 과정에서 인간의 능력을 방향 지우고, 행동을 실행하는 데 있어서뿐만 아니라 다양한 상황에서 새로운 정보를 수집하고 사용하는 데 중요한 역할을 한다. 이 모델은 서비스 러닝 경험에 참여한 결과 강좌 목표 달성의 개념을 뒷받침해 준다(Bandura, 2001). 듀이와 콜브에 따르면, 서비스 러닝에의 참여는 학생이 지역사회 문제에 참여하고 문제를 드러내 밝히고, 이에 대한 해결책을 찾도록 적극 장려한다. 지역사회의 문제 해결은 시민적 책임 의식을 강화해 준다. 따라서 인과관계는 구체적으로 측정하기가 매우 어렵다. 왜냐하면 권력관계, 시간, 교사 자질, 조직 역학, 학생 헌신, 학교-지역사회 파트너십, 행정 지원 등과 같은 많은 요인과 변수에 의해 서비스 러닝 과정에 영향을 미치기 때문이다. 경험 학습에 관한 듀이와 콜브의 저작을 바탕으로 서비스 러닝은 개발을 위한 플랫폼을 제공한다. 이러한 이론적 틀을 바탕으로 강력하고 수준 높은 서비스 러닝 프로젝트와 프로그램을 설계하고 실행할 수 있으며, 학교는 지역사회의 사회, 문화, 정치, 경제 발전을 위한 공간으로 활용될 수 있다(Madsen & Turnbull, 2006).

사회변화이론은 또한 서비스 러닝 교육에 이론적 기초를 제공한다. 이 이론은 서비스 러닝이 문제 해결 도구이자 사회의 정치적, 사회적 개혁을 위한 수단이라고 규정한다. 봉사 활동에 참여함으로써 학생은 자신을 사회 변화의 주체로 여긴다. 그들은 사회의 불공정 문제를 해결하기 위한 원천으로 봉사를 활용한다(Fenwick, 2001). 전통적인 서비스 러닝 이론은 학생 발달과 지역사회 변화를 별개인 것으로 본다. 이 이론에서 봉사는 인턴십, 이타주의 또는 자선 활동으로 간주한다. 그러나 사회변화이론은 봉사를 사회 변화의 수단으로 간주한다. 이 이론은 학생이 자신의 봉사 경험을 성찰하고 자신의 삶을 사회의 다른 사람들과 연결할 수 있도록 하는 비판적 의식을 강조한다. 학생은 사회 문제를 밝히고 이를 해결하려고 노력하며, 이는 궁극적으로 사회 변화로 이어진다(Marullo, 1999; Rice & Pollack, 2000). 사회변화이론은 또한 사람들이 권력을 재분배하고 진정한 리더십 관계를 개발하는 방법을 설명한다. 이는 전통적인 서비스 러닝 모델과 비판적 서비스 러닝 모델을 구별해 준다(Mitchell, 2008). 비판적 서비스 러닝은 학생을 사회 변화의 주체로 보는 사회변화이론에 기초한다. 사회 변화의 주체들은 사회 문제와 이러한 문제의 원인을 규명하고자 한다. 그들은 자원 분배 및 권리와 관련하여 차별, 격차, 불의를 초래하는 원인을 해결하기 위한 전략을 수립한다(Britt, 2012). 서비스 러닝의 교육은 서비스 러닝의 학생 참여 이론을 바탕으로 학생들이 학업 경험에 참여하는 동안 제공할 수 있는 신체적, 심리적 에너지의 양을 설명한다. 이 이론에서 아스틴은 관여란 개인이 느끼거나 생각하는 것뿐만 아니라 개인이 행하는 것까지 포함한다고 설명한다. 그는 또한 학생의 참여는 명백한 행동으로 나타나며 학생들이 상당한 시간 동안 활동에 참여할 때 참여가 극대화된다고 주장한다. 그는 또한 학생이 활동에 더 많은 시간을 참여할수록 학습 결과와 성취도가 높아진다고 주장한다. 학생 발달에 영향을 미치는 다른 영향 요인으로는 학생 배경 특성, 환경, 프로그램 참여자, 해당 기관에서 받는 교육 경험 등이 있다. 아스틴은 교육 기관이 학생들의 참여를 독려하는 방법에 관심을 집중해야 한다고 믿었다. 참여는 학생들이 시간을 어떻게 보내고 무엇을 하며, 시간을 보내는지를 보여준다. 그는 교육 기관이 교실 안팎에서 학생 참여를 촉진하는 환경을 조성해야 한다고 제안한다. 이러한 방식으로 원하는 결과를 크게 얻을 수 있다. 이 이론은 성장 및 발달을 설명하며, 교실 안팎에서 학생의 학습을 촉진하는 환경의 영향을 알기 쉽게 설명한다. 학생 발달 이론가들은 교육 기관이 학생의 자기 이해, 기능 및 지식을 증진하도록 노력해야 한다고 말한다. 그들은 또한 학생의 발달을 위해서는 학생, 교직원, 지역사회, 행정 부서 등 모든 이해관계자 간의 협력과 협업을 유지할 필요가 있다고 설명한다(Astin & Sax, 1998; Lambright & Lu, 2009). 사회인지이론은 또한 이 조사 연구의 지침이 되기도 한다. 이 이론은 인간의 행동이 사회적이며 역동적이라고 정의한다. 인간 행동과 환경 사이에는 항상 상호 작용이 있다(Bandura, 2001). 램브라이트와 류(Lambright & Lu, 2009)는 서비스 러닝이 학생의 참여로 인해 학생의 성취에 영향을 미친다는 것을 발견했다. 따라서 이 이론을 바탕으로 학생은 이러한 참여가 자신의 학습과 발달에 긍정적인 영향을 미치리라는 것을 이해할 때 더욱 적극적으로 서비스 러닝에 참여하게 될 것이다. 서비스 러닝에 대한 성찰은 이 이론과 서비스 러닝 분야의 관련성을 설명해 준다. 서비스 러닝 활동에 참여하고 성찰함으로써 학생은 시민으로서의 책임감이 커진다는 것을 깨닫게 된다(Phillips, 2011). 이 연구는 또한 성인학습 이론을 바탕으로 한다. 이 이론은 서비스 러닝의 성

서비스 러닝의 이론과 실제

장에도 이바지했다. 이는 성인 학습자를 가르치는 기술이자 과학인 성인교육학(Andragogy)의 개념을 기반으로 한다. 이 이론은 경험이 학습의 원천이라고 가정한다. 성인의 학습 준비는 사회적 역할의 과업과 밀접한 관련이 있다. 성인의 학습 동기는 내부 요인에 기초한다. 성인은 자신의 학습을 지도하고, 과거 경험을 활용하고, 배운 새로운 개념을 적용하고, 다른 사람을 돕는 것과 같은 내부 요인으로 인해 동기 부여와 배려심을 가지고 일할 때 가장 잘 배울 수 있다. 이러한 가정은 또한 성인 학습자의 서비스 러닝 접근 방식을 뒷받침한다(Smith, 2005). 따라서 서비스 러닝 프로그램의 성공을 위해서는 서비스 러닝 강사와 행동가가 상호 존중의 분위기를 조성하고, 학생에 대해 명확한 기대를 하고(Turnbull & Madsen, 2006), 목표를 계획하고 설정하는 데 그들을 참여시키고, 서비스 러닝 프로그램의 목표를 설정하고 과거 경험과 현재 기여를 인정해야 한다(Turnbull & Madsen, 2005).

서비스 러닝 모델들

모델은 프로그램, 절차 또는 결과를 설계하는 데 사용할 수 있는 계획, 유형 또는 기본 틀이다(Malik, 2015). 이는 현상을 나타내는 방법, 장치, 언어적, 수학적 또는 그래픽 형태의 구성이다(Shafque & Mahmood, 2010a). 모델 개발은 복합체계와 사태를 설명, 예측, 검증 및 이해하는 데 도움이 된다. 따라서 어떤 모델은 연구 수행을 위한 기본 틀을 제공한다. 어떤 모델은 실제 대상, 추상 형태, 스케치, 수학 공식, 도형 등으로 구성될 수 있다. 어떤 모델은 체계 분석을 위한 추상 개념 또는 정신적 틀이기도 하며, 실제 현상을 표현한 것이다. 모델의 정의, 기준, 특성은 모델 형성의 측면을 설명하기 위한 실용적인 지침을 제공하며, 형성된 모델의 실제 상황을 정의하려는 자료의 요구가 있다. 모델의 주요 특징으로는 (1) 다른 모델과의 관련성, (2) 해석의 투명성, (3) 견고성, 다산성 또는 풍요함, (4) 수정 및 확장 능력 등이 있다. 모델은 실제 세계의 현상을 참고하여 과업을 완성하거나 시스템을 구축하는 목적을 위한 지침을 제공한다. 모델은 실제 또는 현실의 대상이나 상황을 표현하거나 추상화하는 것이다. 완성한 모델은 탐색 중인 현실의 측면을 대표해야 한다. 모델 개발은 새로운 체계나 봉사 제안을 위한 지침을 제공한다(Shafque & Mahmood, 2010b). 10년 넘게 경험교육 발전에 많은 지침을 제공해 온 모델은 1980년대 중반 콜브가 제시한 모델이다. 콜브의 모델은 약 반세기 전에 실용주의 철학자 듀이가 주창한 경험적 교육 개념에 기반을 두고 있다. 듀이는 다음과 관련된 6가지 탐구 단계를 제시했다. (1) 문제에 직면, (2) 해결해야 할 질문을 공식화, (3) 해결책을 제시하기 위해 자료 수집, (4) 가설 설정, (5) 가설 검증, (6) 주장과 결론 도출 등이다. 후에 콜브는 듀이의 경험 학습 주기의 6단계를 (1) 구체적인 경험, (2) 성찰, (3) 추상적 개념화, (4) 적극적인 경험을 포함하는 자신의 경험적 학습 주기로 재개념화했다. 콜브는 다양한 유형의 학생이 자기 기술을 개발하고 통합할 수 있도록 하는 학생 중심 모델이라고 믿는다. 콜브 모델의 인기에도 불구하고 서비스 러닝 패러다임에서 교육자의 역할에 대해서는 모호한 것으로 여겨진다. 서비스 러닝 교육자들은 또한 브라질의 교육자 프레이리가 교육의 은행 개념에 반대하고, 지역사회 역량 강화와 문제 해결 교육을 옹호했다고 주장한다. 인지, 철학, 비판적 교육 및 포스트모더니즘에서 나타나는 다양한 이론을 기반으로 이러한 구성 요소를 이론과 실제 사이의 격차를 메우는 보다 포괄적인 서비스 러닝 모델로 통합하는

서비스 러닝의 이론과 실제

것이 가능하다. 서비스 러닝의 속성과 개념을 가장 잘 설명하는 모델은 (a) 학습자, (b) 인지적, 실용적으로 과제 정의, (c) 경험, (d) 비판적 성찰, (e) 중재 학습(mediated learning), 그리고 (f) 학습자 등을 포함한 6단계의 렌즈 모델(lens model)[1]이다. 이 모델은 한 주, 한 학기 또는 전체 서비스 러닝 프로그램에 쉽게 적용될 수 있다는 것이다(Cone & Harris, 1996). 이를 통해 학생은 자신의 역할을 비판하고, 지적으로 더 높은 위치로 이동하기 위해 지식을 평가하고 구성하며, 복잡하고 다양한 사회 내에서 자신의 역할을 비판적으로 검토할 수 있게 된다(Cone & Harris, 1996). 전 세계적으로 사용되는 다양한 서비스 러닝 프로그램 모델이 있다.

단계적·정규적 모델: 미국 메릴랜드 로욜라대학교에서 2가지 다른 서비스 러닝 모델이 활용된다. 하나는 단계적이고, 다른 하나는 정규적이다. 정규적 모델에는 초등학교 행정관이나 담임교사 등 학교 공동체의 요구 사항 파악을 위해 다음과 같은 활동이 포함된다. 예를 들면 개인교습, 교실 과제 수행 지원, 학급 관리 및 교육 지원 등이 있다. 단계적 모델에는 학생들과 함께 봉사 프로젝트를 계획하고 실행하는 단계가 포함된다. 정규적 모델과 달리 여기에서는 교사와 학생이 지역사회의 요구 사항을 밝히고, 함께 봉사를 계획 및 설계하고, 실행한다. 이 모델에서 학생은 단순히 전공을 수강하는 사람이 아니라 봉사 과정의 일부가 된다. 예를 들면 청소 활동, 연구 활동, 저학년 수업 준비 및 이행, 노인들을 위한 파티 준비 등이 있다(Castellan, 2013). 뉴욕 커뮤니티 칼리지에서는 서비스 러닝 프로그램이 지난 10년 동안 운영됐다. 프로그램에는 다

---

1   역주 브룬스윅(Brunswick)이 환경 지각 과정에서 개인의 역할을 설명하기 위해 제시한 모델로 지각 과정은 렌즈가 빛을 모아서 비추는 과정과 유사하여 환경에서 다양한 자극을 모아 재구성함으로써 이루어진다는 것이다.

음이 포함된다. 지역사회에서 6학점 봉사 활동인 봉사 프로그램은 학생들에 의해 설계 및 실행되고, 프로그램 평가를 수행하고, 매일 일지를 쓰고, 그룹별로 성찰하고, 결과 보고서 및 향후 전략을 담은 최종 성찰 보고서 작성한다(R. Kiely, 2005).

IPARD[2] 모델: 이 모델은 다음과 같이 구성되었다. 교사와 학생이 지역사회 문제를 함께 탐사한다. 이 모델은 연구 또는 지도 제작 활동이다; 서비스 계획은 학생, 교사, 지역사회가 함께 수행한다; 프로그램의 실행이다; 학생들은 지식, 기능, 태도를 개발한다; 지역사회는 봉사의 수혜자이다; 학생들은 활동을 성찰하고 사회가 직면한 문제에 대해 생각하며, 해결책을 제시한다; 마지막으로 모든 참가자가 함께 모여 봉사의 성공적인 진행을 축하하거나 설명한다. 이는 RMC(Resource Management Center; 자원관리센터) 연구 회사의 K-12 서비스 러닝 프로젝트 계획 도구 키트에서 채택되었으며, 캘리포니아주 스콧츠 밸리에 있는 미국 서비스 러닝 정보센터(National Service-Learning Clearinghouse), 2006/2009에서 채택되었다(Hecht & Grode, 2012).

혁신적·전통적 모델: 이 모델에는 상황별 경계 가로지르기, 부조화, 개인화, 절차 및 연결과 같은 요소가 포함된다. 전통적인 서비스 러닝 모델에서는 문제를 해결하거나 지역사회에 필요한 것을 제공하기 위한 봉사 제공에 중점을 둔다. 이는 존재하는 것보다 놓친 것에만 초점을 맞추기 때문에 협소한 접근 방식이다(Kiely, 2002).

---

2   역주 Island Park Advocates for Responsible Development의 약어로 농촌개발 프로그램을 의미한다.

ABCD 모델 [3]: 이 모델은 서비스에 대한 다른 접근 방식을 따른다. 이를 통해 단순히 지역사회의 요구 사항과 결함에만 초점을 맞추는 것이 아니라 지역사회 자산에 대한 더 깊은 탐구를 가능하게 한다. 이 모델은 1990년대 크레츠만과 맥나이트(John Kretzmann & John McKnight)에 의해 개발되었다. 이 모델은 전 세계의 많은 교육 기관에서 활용되고 있다. 이 모델에는 4개의 요소가 포함된다. 공동체 자산, 강점, 문제 및 요구에 초점을 맞춘다. 그리고 개인과 공동체의 자산, 기술, 열정, 공동체 지향, 관계 지향을 밝히고 결집시키고자 한다(Kretzmann et al., 1993). 라번(La Verne)대학교에서는 ABCD 모델이 유행하고 있다. 이 모델은 문화적 감수성에 중점을 둔다. 지역사회의 부족한 부분에 관심을 두기보다는 지역사회 활성화를 시도하고자 한다. 봉사 프로그램에는 다음의 과정을 포함한다. (1) 봉사는 교과과정과 교과외 학업 프로그램의 일부이다. (2) 학생은 대학의 가치, 다양성, 종교 간 협력과 관련된 지역사회 프로그램에 참여한다. (3) 진로 계획이 주요 활동이다. (4) 학생들은 봉사에 기초하여 문제를 탐구하고 해결책을 제안한다. (5) 학기는 학생과 교사가 함께 참여하는 일일 서비스 러닝으로 시작된다. (6) 교사는 지역사회 구성원과 학생이 아이디어를 공유하고 이슈와 활동에 대해 성찰하는 후속 조치를 제시한다. (7) 그런 다음 교사와 학생이 함께 모여 과업을 수행한다(Lieberman, 2014). (8) 마지막으로 그들은 봉사 활동을 자축한다. 학기가 끝나면 학생과 교사는 지역사회를 위해 기금을 모금한다. 라번대학교는 지역사회와 지속 가능하고 의미 있는 파트너십을 구축하는 것이 중요하다고 믿는다. 지역사회 자원의 증진과 학생 학습 강화라는 목

---

3   역주 자산 기반 공동체 개발(ABCD)은 지역 공동체가 함께 모여 그들이 살고 있는 지역을 개선하기 위해 무엇을 하고 어떤 것을 활용해야 하는지를 설명하고자 하였다.

표를 달성하기 위해 교수진, 학생, 교직원이나 지역사회가 함께 노력한다 (Donaldson & Daughtery, 2011).

학제 간 모델

캔터키대학교는 학제 간 서비스 러닝 모델을 추구한다. 프로그램의 주요 요소는 프로그램 임무와 비전, 목적과 목표, 철학이다. 이 프로그램은 운영 및 자문 위원회에 의해 조율된다. 위원회 구성원은 대학의 5개 분야 전문가와 지역사회 대표로 구성된다. 봉사 프로그램의 교육과정 통합은 다음과 같다. 첫째, 교수진은 프로그램을 설계하고, 학생은 지역사회와의 파트너십을 통해 요구 사항과 목표의 규정을 통해 지역사회 봉사에 참여함으로써 개념을 학습한다. 둘째, 학생은 문제에 대한 해결책을 제시하고 봉사를 준비한다. 셋째, 학생은 팀 단위로 평가하고 프로그램을 개발한다. 학생은 기관의 직원과 협력하고, 요구 사항과 지역사회 자산에 대해 분명히 말한다. 넷째, 서비스 러닝을 구현한다. 이 단계에서는 프로그램 활동이 실행된다. 학생들을 모집하고 참여를 독려한다. 다시 학생들은 여러 학제 분야의 팀에서 일한다. 다섯째, 프로그램의 효과성과 학생 참여도를 다음의 3가지 방법으로 평가된다. 학생들의 지식과 태도에 대한 사전 및 사후 평가, 학생들과의 표적 집단 심층 면접 (focus group discussion)[4], 학생들의 의견과 토론 및 선택한 결과 등이다. 봉사 프로그램의 지속가능성을 위해 다음 전략이 채택된다. 본부의 예산에 서비스 러닝 예산을 포함하고, 강좌 계획을 개발하고, 강좌에 서비

---

4   역주 조사 대상자들을 모아놓고 사회자의 안내에 따라 제품이나 사안에 대해 심층적으로 토론하게 하는 면접조사 방법을 말한다.

스 러닝을 위해 3학점을 부여하고, 전반적인 전략적 강조점에 서비스 러닝을 포함한다(Sebastian et al., 2002).

프로젝트에 기반한 모델

이러한 유형의 모델에서는 공동체의 파트너십을 의무로 여기지 않는다. 학기 말에는 상호 관계나 향후 협력에 대한 논의가 없다. 이 모델에는 교수진, 지역사회 파트너 또는 조직, 학생이 포함된다. 학생은 교수진에 의존하여 일한다. 단지 학생이 아닌 교수진의 높은 수준의 비판적 사고와 참여가 있을 수 있다. 학생과 지역사회 간의 연계는 매우 제한적이다. 학생은 지역사회에서 일하고, 필요 사항을 파악하고, 봉사를 제공할 수 있지만 이 모두는 교수진의 지도하에 지역사회와 관련된 특정 과제를 단 한 번만 수행하기 위한 것이다. 지역사회와 학생 또는 교수진 사이에 지속적인 파트너십이라는 개념은 아예 없다. 임무가 완료되면 봉사 프로젝트가 끝난다. 이 모델은 학생 발달, 학습 질의 향상, 프로그램 성장을 위한 기회를 거의 제공하지 않으며, 지역사회에 측정할 수 있는 영향을 미치지 않는다. 이는 교수진에게 더욱더 도전적이고 소모적인 과업이다. 교수는 새로운 사이트를 찾고, 요구된 계약을 유지하고, 새로운 과제를 개발하고, 매 학기 모두를 새로 시작한다. 교수진은 항상 바쁘고 찾기 위해 노력하기 때문에 의미 있는 연구 결과를 얻을 시간이 없다(Flinders et al., 2013).

이 모델은 교육, 장학금 및 봉사를 보장하기 위한 포괄적인 틀을 제공한다. 이 모델에는 공동체와 대학 간의 파트너십, 학생 학습 공동체, 표적 집단(target population)[5], 서비스 러닝 교육 및 학문적 결과와 같은 구성 요소가 포함된다. 이 모델은 유연하며, 모든 분야, 봉사 유형 및 기관에서 활용할 수 있다. 이 모델은 지속 가능한 프로그램을 개발하는 데 도움이 된다. 서비스 러닝의 파트너십 모델을 개발하고 구현하는 데에는 (1) 파트너십 개발, (2) 학생이 파트너로 참여, (3) 표적 집단에 대한 봉사, (4) 서비스 러닝 기본 틀을 포함하는 것, (5) 계획 및 실행 등과 같은 여러 단계가 있다. 이 모델은 한 유형의 파트너십 표준으로 제한되지 않는다. 오히려 이 모델에 따르면 진정한 파트너십에는 유연성, 협상 및 재협상이 필요하다. 따라서 이 이론은 파트너십이 다른 사람에게 봉사를 제공하기 위한 것뿐만 아니라 함께 일하고 나아가려는 각 파트너의 확고한 헌신과 의지가 필요하다고 설명한다. 따라서 이 모델은 모든 파트너를 하나로 결속시킨다(Flinders et al., 2013).

전통적인 서비스 러닝 모델 대 비판적 서비스 러닝 모델: 전통적인 서비스 러닝 프로그램은 본질적으로 변화무쌍하다. 전통적인 서비스 러닝 프로그램은 더 관대하고 이타적이며, 문화적으로 성숙한 학생을 배출한다. 그런 학생은 더 강력한 의사소통 및 리더십 기능을 보유하고 있으며, 좋은 성적을 받는다. 반면, 비판적 서비스 러닝은 사회 정의 지향 목표에

---

5   역주 인적자원개발(Human Resource Development) 분야에서 설계, 실행, 평가되는 제반 인적자원개발 활동의 적용 대상이 되는 집단을 의미한다.

중점을 둔다. 비판적 서비스 러닝은 학생의 사회적 책임, 사고 및 추론 능력을 개발하는 데 중점을 둔다. 이 모델은 서비스 러닝을 문제 해결 도구로 활용한다. 이는 학생의 비판적 의식을 발달시키고 행동과 성찰을 결합할 수 있게 해준다. 학생은 억압의 체계적이고 제도화된 속성을 깨닫게 된다(Mitchell, 2008).

통합 모델

이 모델은 참여 장학금 이론을 기반으로 한다. 이 모델은 개인을 참여 학습자로 준비시키기 위한 틀을 제공한다. 이 모델에는 미래의 교수진 준비, 참여 장학금, 기관 참여 이행 및 기관 변화 모델 등의 요소가 포함된다. 이 모델은 제도적 변화를 이루기 위한 혁신적 변화를 달성하는 것을 목표로 한다. 변화의 목표는 교수진과 행정관이 사고방식을 바꾸고 교육, 연구 및 봉사 기능을 수행할 수 있도록 하는 데 있다. 통합 모델에는 중첩적인 원, 사상한, 사회화 축 및 제도화 축과 같은 요소를 지니고 있다. 통합 모델은 서비스 러닝이 대학의 제도적 속성의 일부가 되었는지 알아내는 데 도움이 된다(Sandmann et al., 2008). 존홉킨스대학교(John Hopkins University)는 PARE 서비스 러닝 모델을 채택하였다. PARE 서비스 러닝 모델은 고품질의 서비스 러닝 경험을 수행하기 위한 구조화된 접근 방식을 제공한다. 이 모형의 주요 요소는 준비(Preparation), 행동(Action), 성찰(Reflection), 평가(Evaluation)이다. 노스이스턴대학교(North Eastern University)는 서비스 러닝의 직접적인 모델을 활용한다. 이 모델에 따라 학생들은 학기 중 매주 지역사회 조직과 함께 매주 약 2~5시간 동안 의뢰인이나 교직원과 함께 지역사회 장소에서 직접 일한다. 이 봉사의 성격은 지역사회 환경에서 방과 후 학생을 지도하거나 멘토링하는 것이다. 그들은 또한 의뢰인 관리자로 일하고, 지역사회 구성원이 직업 제공자와 연결되도록 돕는다. 반면 아이다호대학교(Idaho University)에서는 통합적인 서비스 러닝이 인기를 누린다. 이 모델은 부분 통합과 전체 통합이라는 2가지 방식으로 통합된다. 학생들은 지속적이거나 일회성인 일종의 지역사회 봉사에 참여하고 있다. 학생은 서비스 러닝의 일환으로 성찰 일기를 쓰고, 발표하고, 프로젝트를 수행한다. 일반적으로 서비스 러닝 강좌의 주요 목표는 지역사회 봉사가 아니라 학생이 문제에 대해 학습하고 활동을 성찰하며, 경험을 학문적 내용과 연결하는 것이다. 이 과정에서 교수나 강사는 서비스 러닝 과제를 설계하고 이를 구현해야 한다.

서비스 러닝 프로그램의 선두 주자로 여겨지는 퍼듀대학교(Purdue university)는 학생들이 논문을 작성하여 새로운 지식을 생산해야 하는 학부생의 연구 활동, 학생들에게 다양한 문화와 그에 대한 평가에 대해 읽을 수 있는 자료를 제공하는 조직과 문화적 몰입을 위해 학생들이 유급으로 이루어지고 관리받는 과업을 제공하는 협동 교육, 학생들이 문제 해결 활동을 통해 다양한 프로젝트를 디자인하는 디자인 프로젝트, 학생들이 이론을 실제 경험과 연결하는 인턴십, 그리고 이론과 실천을 연결하기 위해 관리 감독에 따라 봉사와 과업을 학생에게 제공하는 실습 등의 다양한 체험학습 활동 양식을 채택한다. 서비스 러닝의 목적은 학생들이 특정 학습 목표 달성을 위한 지역사회 봉사에 참여할 수 있도록 하는 것이다(Bringle & Hatcher, 1996). 로욜라대학교(Loyola University)에서는 서비스 러닝이 교수진에 의해 장려된다. 봉사 활동을 관리하고 도구와 자원을 제공하면서 교수진은 체험학습센터(Center for Experiential Learning)의 도움을 받는다. 봉사하는 동안에 학생에게 잠재적인 문제에 관한 지침을 제공하고 그 해결책을 학생 안전 문서에 기록해 둔다. 서비스 러닝 과정이 문서로 만들어지고 학생은 프로젝트나 조사 연구를 위해 지역사회 파트너와 20시간을 보내야 한다. 교수진은 학생이 요구 사항을 성공적으로 완수하기 위해 학생 시간 일지(Student Hours Log)를 작성하도록 요청한다. 지역사회에서 학생의 역할과 관련된 세부 사항이 제공되는 학생과 교사 모두가 서명한 문서로 구성된 사이트 협약(Site Agreement)이 있다. 또한 지역사회 조직 감독관이 서명한다. 그 후 문서는 교수진에게 제출된다.

하트포드대학교(University of Hartford)에서는, 서비스 러닝 프로그램이 매년 2학기 동안 이루어진다. 학생들은 한 학기 또는 두 학기를 선택해야 하고, 그들은 이 프로그램에 참여함으로써 6학점을 취득한다. 그 프로그램의 안전 문제를 논의하기 위해 지역사회 단체 대표, 학생, 교직원, 그리고 지역 경찰관이 참여하게 된다. 학생들은 가을 학기 동안 새로운 기업을 모집하고 다양한 기업인을 위해 맞춤형으로 설계된 요구 평가를 수행한다. 봄 학기 동안 학생들은 특정 기업에 참가하며, 이전 학기 동안 작성된 요구 평가를 검토하며, 다음 학기에는 이전 기록을 모두 검토하고 개별 계획을 수립한다. 서비스 러닝 프로그램 조언자들은 학생들이 특정 역할을 할 수 있도록 준비할 때 '트레이너 교육(Train the Trainer)' 접근법을 사용한다. 학생들은 또한 매주 세미나에 참석하고, 지역사회의 사업 개발 요구를 파악한다. 학생들은 이것으로부터 배운 것은 무엇이든 각자의 공동체 사이트에 적용한다. 보이즈주립대학교(Boise State University)에서 서비스 러닝 프로그램은 다음과 같은 단계를 통해 실행된다. 프로그램은 대학의 전반적인 목표 일부이다. 지역사회 상호 작용은 프로젝트를 통해 장려된다. 여기서 '지역사회 참여'라는 용어는 10%

의 가중치를 주는 서비스 러닝 프로그램에 활용된다. 지역사회 참여는 서비스 러닝뿐만 아니라 학생들의 관점에서 인턴십, 초청 연사, 멤버십 및 학생들의 지역 전문 기관 참석을 포함한다. 서비스 러닝의 전임 관리자와 직원이 있다. 그들은 서비스 러닝 프로그램의 임무를 정한다. 프로그램은 모니터로서 강의 조교와 함께 양식, 합의 문서, 시간표, 체크리스트 등을 제공함으로써 기관들이 학생들과 함께 일할 수 있도록 실행 계획 지원을 제공한다. 그들은 기록을 보관하고 파트너십 제휴를 결성하고, 강좌 과정 계획 및 학생 프로젝트 등록을 조직하며, 교수진과 워크숍 및 강의 계획서 개발을 수행한다(Kuh, 2001). 지역사회 파트너십은 서비스 러닝 직원을 통해 이루어진다. 서비스 러닝센터는 또한 미래의 벤처 사업을 위해 기관이나 기구들이 함께 모이는 자원봉사 엑스포를 개최한다. 봉사 활동의 과정은 교수진과 학생들은 봉사의 필요성을 공감하는 방식으로 이루어진다. 봉사의 과제는 기관과 지역사회의 요구에 따라 다르다. 봉사 학기 동안 학생, 교수진, 의뢰인 간의 긴밀한 협력이 있다. 성찰의 세션은 격주로 개최된다. 봉사 기간은 학생이 봉사 이행에 참여하는 30-40시간이다(Kaupins & Body, 2011).

아시아에서 서비스 러닝 프로그램의 개발과 실행을 지원하기 위해 서비스 러닝 및 리더십을 위한 국제 파트너십(International Partnership for Service-Learning and leadership)과 기독교 고등 교육을 위한 연합 이사회(United Board for Christian Higher Education)와 같은 2기관은 중요한 임무를 수행했다. 그러나 서비스 러닝 프로그램을 설계하고 실행하는 데 있어 강력하고 긴밀한 협력을 발전시킨 아시아의 6개 고등 교육 기관은 타이완의 푸젠가톨릭대학교(Fu Jen Catholic University), 아시아의 트리니티대학교(Trinity University) 및 필리핀의 실리만대학교(Silliman University),

인도네시아의 페트라기독교대학교(Petra Christian University), 태국의 파압대학교(Payap University), 한국의 서울여자대학교, 인도의 레이디도크대학(Lady Doak College), 홍콩의 중화대학교(the Chinese University), 대만의 수초우대학교(Soochow University), 일본의 국제기독교대학교(the International Christian University) 등이다(Ferrari et al., 2009; F. E. McCarthy, 2009; Ngai, 2009). 앞서 언급한 모든 고등 교육 기관에서 서비스 러닝 설계, 교육과정, 프로그램 관리 과정은 상황과 요구를 고려하다 보면 조직과 실행 단계에서 차이가 있다. 그러나 아시아의 서비스 러닝 프로그램은 다음과 같은 많은 공통점을 가지고 있다. (1) 모든 기관에서 서비스 러닝은 잘 제도화되어 있고, 프로그램은 성공적으로 운영되고 있으며, 학생들과 지역사회의 참여는 고무적이며, 행정 및 교수진의 지원이 가능하며, 서비스 러닝은 교육과정의 필수적인 부분이다. (2) 서비스 러닝 배정은 지역사회의 요구를 고려하여 이루어진다. 또한 학생들을 기반으로 한 국제적이고 이(異)문화간 프로그램의 교류가 있다. 이것은 다문화 이해와 다양성에 대한 존중에 이바지한다. 학생들은 지역사회 문제에 대한 그들의 통찰력을 증진하고 지역 협력을 위한 길을 제공하는 지역적이고 국제적인 경험을 모두 얻는다. (3) 주기적인 평가를 통해 프로그램 활동을 개선하는 데 도움을 주는 공통적인 서비스 러닝 연구 프로그램이 있다. 교수진은 또한 자신의 연구 관심사를 촉진할 기회를 얻게 된다. (4) 성공적인 프로그램 조직 및 제도화를 통해 기관의 임무와 연계된 서비스 러닝에 대한 명확한 정의가 만들어졌다. (5) 봉사, 교실 학습, 성찰, 학점 취득을 결합한 학업 서비스 러닝에 초점을 두고 있다. (6) 서비스 러닝은 학사 일정과 교육과정에서 필수적인 부분이다. 학생은 다른 과목과 유사하게 주어진 기준을 충족함으로써 학점을 획득한다(McCarthy, 2009).

서비스 러닝과 교실 학습의 연계를 위해 각 기관은 자신의 상황과 요구를 고려한 고유한 모델과 접근법을 가지고 있다. 예를 들어, 일부에서는 프로그램이 지역사회에 기반 한 봉사 활동 배정에 의존하는 반면, 다른 일부에서는 기관에 기반한 봉사 활동 배정에 의존한다. 일부에서, 서비스 러닝은 독립적으로 이루어진다. 학생들은 일본의 국제기독교대학교뿐만 아니라 홍콩의 중화대학교의 정치대학에서 그들의 일반적인 교육의 일부로서 서비스 러닝을 수강한다. 페트라기독교대학교에서 이 프로그램은 다문화 서비스 러닝 여름 프로그램이라는 이름으로 실시된다. 이 프로그램은 이 대학의 선배 학생들에 의해 이끌어진다. 한국, 홍콩, 일본, 대만, 네덜란드 학생들도 이 프로그램에 참여한다. 이러한 사례들은 서비스 러닝 프로그램을 개발하고 실행하는 많은 방식과 모델이 있음을 보여준다. 서비스 러닝 프로그램이 서로 다른 교육 기관의 틀 속에 녹여 넣을 수 있는 여러 방식이 존재한다. 다만, 이를 위해서는 프로그램 설계와 실행을 위해 지역의 사회적, 제도적 여건을 고려해야 할 필요가 있다(McCarthy, 2009). 앞서 언급한 모든 아시아 고등 교육 기관에서 서비스 러닝 프로그램의 행정적 지원과 관리를 위해 다른 모델이 있을 수 있다. 5개 고등 교육 기관은 재정적, 행정적 지원을 받으며, 서비스 러닝 활동을 조정하는 센터를 보유하고 있다. 그중 국제기독대학교, 페트라기독대학교, 실리만대학교 등 4개 기관은 서비스 러닝 프로그램과 활동을 조정하는 별도의 서비스 러닝 센터를 보유하고 있다. 레이디도크 대학교의 서비스 러닝 프로그램은 2명의 코디네이터가 관리한다. 그들은 교무처장과 함께 일한다. 기금은 대학 재정에서 제공한다. 교수진은 지역사회 기관과의 연계를 발굴하고 유지하는 임무를 맡는다. 태국의 파압대학교에서는 부서 단위로 서비스 러닝 프로그램을 조직하고 실행한다. 초기에 각 부서의 교수진은 자신의 수업에서 서비스 러닝 구성 요소를 조직하는 임무를 맡았다. 구조 개혁 이후에 서비스 러닝은 협력학습 부서의 필수적인 부분이 되었다. 이 부서는 해당 과업을 교무처에 보고한다.

실리만대학교에서는 최고 학년에서 서비스 러닝 프로그램을 도입하였다. 프로그램의 기간, 프로그램의 설계 및 실행에 관한 결정은 교수의 선택에 달려 있다. 통합 과정에서 교수진을 보조하고 적응시키기 위해 일련의 워크숍을 실시한다. 이를 고려하여 강좌와 강의 계획서를 수정한다. 프로그램은 서비스 러닝 코디네이터에 의해 조정된다. 행정부는 서비스 러닝 프로그램의 실행에 수반되는 비용을 충당하기 위해 각 부처에 소정의 예산을 지원한다. 또한 대학교에는 시작할 활동의 종류와 직접적인 수혜자 및 의뢰인에 대해 지역사회 지도자와 함께 학생들의 상호 작용을 촉진하는 지역사회 부설 센터가 있다. 또한 2006년에 이 대학은 최초의 국제 서비스 러닝 모델 컨퍼런스를 공동 개최했다. 일본, 한국, 미국 등에서 온 많은 유학생도 이 대학의 서비스 러닝 프로그램에서 공부하고 있다. 레이디도코대학교에는 이 대학의 18개 전 학과에 각각 1개의 서비스 러닝 반이 운영되고 있다. 단과대학의 서비스 러닝 활동은 두 명의 코디네이터에 의해 관리된다. 이러한 코디네이터는 교사를 교육하고, 서비스 러닝 예산 배분을 관리하며, 봉사 활동을 감독하고, 학생들의 평가를 관리한다. 봉사 장소와 학생 연결은 지역사회 기관과의 관계 유지와 함께 해당 교직원들에 의해 배정되고 관리된다. 평가는 성공적인 봉사를 위한 표준 기준을 기반으로 하며 이를 바탕으로 학급별로 학생의 성과를 평가하고 기록한다. 레이디도코대학교는 또한 한국 서울여자대학교와 같은 다른 기관들과 협력하여 일하고 있다. 서비스 러닝 프로그램은 2001년에 파압대학교에서 시작되었다. 처음에, 그것은 영어, 사회학, 금융, 은행, 그리고 인류학과로 통합되었다. 봉사는 각 학급의 정규 교육 과정의 일부이다. 학생들은 그룹으로 일하거나 개별적으로 일해야 했다. 영어 수업에서 학생들은 파압대학교로부터 약 200킬로미터 떨어진 거리에서 영어 과외를 받기 위해 다른 곳으로 가곤 했다. 이 모델은 나중에 다른 학급에까지 확장되었다. 그리하여, 서비스 러닝은 전 학년에 걸쳐 확장되었다. 서비스 러닝 중의 학문적 활동은 정규 수업 계획서에 통합된 성찰, 과제, 저널 쓰기 등을 포함한다. 학생들은 전반적인 성과에 대해 평가받는다. 교수들은 주로 각자의 수업에서 서비스 러닝을 조직하고 관리하는 책임이 있다. 흥미롭게도 최고 행정부는 협조를 거의 하지 않으며 부서 간의 협력도 거의 없다. 하지만 그 이후에도 서비스 러닝의 효과는 학생들의 학습 측면에서 매우 뛰어났다. 그 대학교는 또한 일본의 국제기독교대학교(ICU)와 대만의 동오대학교(Soochow)와 같은 다른 대학교와 서비스 러닝 프로그램을 교환하고 있다. 홍콩의 정치대학(Chung Chi College)에서 서비스 러닝 프로그램은 2000년에 시작되었다. 프로그램 모델은 대학의 교무처에 의해 설계되고 관리된다. 대학에서 각 학생은 모두에게 의무적인 마지막 학년에 마지막 서비스 러닝 프로젝트를 이수해야 한다. 학생들은 4명으로 구성된 팀을 이루어 일해야만 한다. 각각의 학생들은 다른 교수의 수강생이어야만 한다. 봉사 활동 동안 학생들은 노인들, 사회의 불우한 계층, 장애가 있는 아이들, 청소년 범죄자들 또는 소외된 지역의 다른 아이들을 위해 일하는 비정부기구에서 봉사 활동을 하게 된다. 서비스 러닝의 전반적인 과정은 코디네이터가 자원봉사자의 지원을 받아 대학교의 학생처를 구성하는 2명의 직원과 함께 조율한다. 프로그램 운영실은 학생들이 선정된 기관과 지역사회를 방

문하여 기관이나 지역의 요구를 파악한 후 제안서를 작성할 것으로 기
대한다. 봉사 활동 기간은 6주 동안 12시간이다. 봉사 활동 기간에 대해
학생은 성찰을 한다. 학생들은 팀 보고서를 작성하여 학회지 및 최종
보고서와 함께 사무실에 제출하여 학점을 받는다. 이 대학은 또한 중국
시골에서 2주간의 집중적인 봉사 프로그램을 시행한다. 이 기간에, 학생
들은 함께 살면서 학교의 어린 학생들을 영어로 지도한다. 그들은 또한
중국인 선생님에게 영어교육에 대한 안내와 지원을 한다. 이러한 서비스
러닝 프로그램에는 일본의 국제기독교대학교(ICU), 서울여자대학교 등
다른 대학교의 학생들도 참여한다.

서비스 러닝 프로그램은 1999년 국제기독교대학교에서 시작되었다.
여기서 서비스 러닝 프로그램은 여름 동안 이루어진다. 봉사 활동은 지
역사회 사이트에서나 국제적으로 수행된다. 학생 한 명당 30일 동안 국
내외에서 봉사 활동을 해야 한다. 봉사 활동에 참여한 후 학생들은 집
중적인 성찰 워크숍이나 수업에 참석한다. 학생들의 성적 평가는 학생,
감독관이 작성한 보고서와 국제기독교대학교 공동체에서 15분 동안의
발표로 결정된다. 서비스 러닝을 위한 고급 이론 과정도 있다. 모든 수
업은 학점을 인정한다. 페트라기독교대학교는 지역봉사 활동프로그램
(Community Outreach Programme: COP)과 대학의 여러 학과에 초점을 맞
춘 서비스 러닝 모델을 따른다. 서비스 러닝 프로그램은 현재 서비스 러
닝이 제공되는 4개 과의 각각의 학기 수업에 포함된다. 지역봉사 활동프
로그램(COP)은 국제기구이며, 한국, 일본, 홍콩, 대만 및 네덜란드의 프
로그램과 연결되어 있다. 아시아에서 가장 인기 있는 서비스 러닝 모델
은 홍콩의 링난대학교(Lingnan University)[6]이다(Chan Cheung Ming et al.,

---

6 역주 홍콩에서 유일한 연구 중심 공립 대학교이다. 문과 교육을 제공하는 소

2009). 링난대학교의 서비스 러닝은 지역사회의 학생들을 참여시켜 주민과 지역사회의 요구를 해결하고 학생들의 학습을 향상시키는 데 활용된다. 링난대학교의 학생 봉사 센터는 홍콩 특별 행정구의 NGO와 정부의 협력을 받아 봉사 활동을 관리한다. 이 대학의 서비스 러닝 프로그램의 주요 목적은 다음과 같다. (1) 지역사회의 상황과 요구에 대한 이해를 함양한다. (2) 지역사회에 대한 상호 협력과 헌신을 위한 정신을 함양하며, (3) 문제 해결, 조직력과 사회적 역량을 함양하며, (4) 교실 지식을 지역사회 상황에 적용한다. 이러한 목적은 대학교의 사명과 좌우명인 '봉사를 위한 교육'과 일치한다. 학생들이 다른 기관에서 15시간 동안 개인 지도를 할 수 있는 새로운 실습 구성 요소가 2000년에 도입되었다. 이것은 그들이 새로운 삶의 상황에서 지식을 적용하는 것을 배우도록 도왔다. 링난의 서비스 러닝 모델은 연구와 평가를 강조한다. 이후 모든 과정에서 서비스 러닝을 수행하고 지원하는 서비스 러닝의 사무소가 대학에 설립되었다. 링난대학교의 서비스 러닝 모델의 구성 요소는 다음과 같다. (1) 서비스 러닝을 위한 정당성과 철학의 정립; (2) 준비, 훈련, 실습 및 평가의 4단계 실행 과정을 구성; (3) 지역사회 봉사를 위한 과정 강사와 프로그램 코디네이터가 과정을 파악하여 교수 모듈(teaching module)에 추가; (4) 학생 배치 및 관리의 제공에 관심이 있는 사회 기관을 찾아 연결; (5) 기관의 관리자와 배치, 임무, 역할 및 책임 및 조정에 대해 논의; (6) 과정을 담당하는 강사는 필요에 따라 과정의 구조를 변경하거나 수정; (7) 과정의 학문적 구성 요소를 발굴하는 과정 담당 강사와 프로그램 코디네이터가 사전 및 사후 검사 및 합산하는 평가 도구를 개발

규모 대학으로 주로 영어로 인문, 경영, 사회과학 분야의 강좌를 제공하며, 광동어나 베이징어로 진행되는 강좌도 있다.

서비스 러닝의 이론과 실제

하거나 수정; (8) 모든 당사자가 사이트에 쉽게 접근할 수 있도록 프로그램과 과정을 위한 웹사이트를 설치하여야 한다. 사이트에는 프로그램 소개, 신청서, 일지, 설문지, 일정 및 참가자 목록과 같은 프로그램 관련 문서가 업로드된다. 오리엔테이션 시간에서는 학생들에게 봉사 키트를 제공한 후 실습 단계의 일련의 워크숍, 현장 오리엔테이션 시간에 과정 강사와 프로그램 코디네이터에 의한 공식적인 소개가 이루어지며, 일반 및 특수 모두에 적용되는 봉사 활동 제안서 개발을 위한 상담 및 교육이 이루어진다. 실습 실행 중에 기관 관리자는 학생들에게 프로그램의 계획, 실행 및 평가를 안내한다. 실습은 다음 3가지 형태로 이루어진다. (a) 일대일 활동: 학생들은 인터뷰, 가정 방문 및 개인 연락처를 통해 요구 사항을 파악한다. 그들은 중재 전략을 제안한다. (b) 그룹 활동: 그룹 활동은 지역사회 프로그램에서 당사자 간의 상호 작용을 개선하기 위해 이루어진다. (C) 지역사회 프로그램: 학생들은 봉사 활동을 조직하고 수행한다. 실습이 끝나면 학생들의 피드백을 받기 위한 성찰 모임을 실시한다. 실습이 끝나면 모든 당사자가 프로그램 코디네이터에게 질문지를 제출한다. 기관 관리자와 심층 인터뷰와 포커스그룹조사(Focus Group Discussion)를 수행한다. 마지막으로 학생들은 실습 보고서를 제출하고 공식 발표를 한다. 그런 다음 모든 프로그램 코디네이터, 감독관, 강좌 강사와 학생이 참여하는 폐막식이 있다. 그들은 교수-학습 경험과 서비스 러닝 프로그램의 지역사회 영향을 평가한다. 그 후, 학습 결과에 대한 이해관계자의 평가가 있다. 평가 과정에서는 조형설계(formative design)와 종합설계(summative design)를 모두 포함한다. 평가의 하나로 프로그램 실행에 대한 소감을 밝힌 학생, 기관 관리자, 강좌 강사, 프로그램 코디네이터 등이 평가회에 참여한다.

헤버난(Hebernan, 2001)과 같은 연구자는 서비스 러닝의 6가지 모델에 대해 논의했다. 그것에는 순수 서비스 러닝 모델(학생들은 자원봉사자 또는 참여 시민으로서 지역사회에 봉사를 제공한다), 규율 기반 서비스 러닝 모델(지역사회에 정기적으로 방문하고 강좌 내용을 활용하여 성찰한다), 문제 기반 서비스 러닝 모델(학생들은 지역사회 구성원들과 팀으로 협력하고 지식과 기술을 활용하여 지역사회의 일부 문제를 해결하려고 노력한다), 캡스톤 강좌 모델(학생들은 강의실에서 얻은 지식과 이론의 실천으로 지역사회에서 봉사할 수 있도록 연결한다), 봉사 인턴십 모델(학생들은 10~20시간 일하며, 호혜성을 바탕으로 지역사회를 위해 성찰하고 활동한다), 지역사회 기반 실천 연구(학생들은 교수진과 협력하고 지역사회를 위해 봉사하면서 연구방법을 습득한다) 등이 있다. 그는 서비스 러닝 과정을 만들거나 개발하기 위해 교수진은 서비스 러닝의 적절한 모델을 탐색하고 활용해야 한다고 조언한다. 일부 연구자들은 서비스 러닝을 거래적 상호 작용모델(transactional model) 및 변혁적 모델과 같은 다른 관행과 차별화했다. 거래적 상호 작용모델은 지역사회를 봉사의 수혜자로 간주하고, 봉사 경험의 결과로 학점을 취득한 학생으로 간주한다(Hefernan & Compact, 2001). 변혁적 모델은 봉사의 결과로 학업 및 시민의 성과에 초점을 맞추고 사람들의 삶과 신념 및 조건에 변화를 불러오고자 한다(Jacoby, 2003; Millican et al., 2011). 또 다른 중요한 모델은 콜브의 경험 학습 모델이다. 이 모델은 서비스 러닝을 위한 이론적 토대를 제공한다. 이 모델은 학습이 경험을 기반으로 이루어진다는 것을 시사한다. 이 모델은 행동, 성찰, 탐구, 사고, 구체적인 경험 등 다양한 단계의 순환으로 이루어진다. 이 순환의 독특함은 개인이 새로운 지식을 구성할 수 있게 한다는 것이다. 이 순환은 학습자의 물리적, 사회적 환경과 관계의 질의 중요성을 설명한다

(Bergsteiner et al., 2010). 서비스 러닝의 뿌리는 경험적 학습과 진보적 교육에 있다. 서비스 러닝은 기능, 지식, 태도를 활용한 의미 있는 성찰을 바탕으로 봉사의 한 요소로서 지역사회와 교육 기관을 깊이 연결한 콜브의 모델을 전적으로 수용한다(Furco, 2002; Kielsmeier, 2011). 하지만, 다른 연구자들은 경험이 중요하기는 하지만, 그것이 최고의 학습을 위한 궁극적인 토대는 아니라고 생각한다. 경험 하나만으로는 옳고 그름을 파악하는 믿을 수 있는 지표가 되지 않는다. 그러므로 경험적 방법은 학습자의 효과적인 발달을 위해 강의, 토론, 사례 연구 그리고 모델링과 같은 다른 교육적인 기능과 통합되어야만 한다. 서비스 러닝은 양질의 활동을 설계하기 위한 콜브의 경험적 방법을 기반으로 준비, 행동, 성찰의 모형을 활용한다. 이 모형은 전통적인 교실 활동을 통합하고 콜브가 제시한 4가지 과정을 경험적 학습에 활용한다(Seifer & Connors, 2007). 반면에, 다른 사람들은 서비스 러닝이 특정 가치에 대한 헌신과 구조화된 성찰로 인해 교육에 대한 다른 경험적 접근과 다르다고 주장한다. 처음부터, 서비스 러닝의 주요 목표는 모든 분야에서 학문적 목표를 달성하는 것이었다(J. Eyler, 2009).

퍼코(Furco, 2002)는 로드맵으로 작동하는 서비스 러닝의 제도화 및 실현을 위한 규정 또는 로드맵을 개발했다. 규정 또는 로드맵은 서비스 러닝을 구현하기 위해 다른 기관에서 사용되거나 채택될 수 있다. 규정 또는 로드맵은 서비스 러닝 구현의 진행 상황을 평가하기 위한 기본 틀을 제공한다. 주요 요인은 (1) 철학과 사명, (2) 교수진 지원과 참여, (3) 학생 지원과 참여, (4) 지역사회 참여와 파트너십, (5) 제도적 지원 등이다. 모든 요소 중에서, 그는 교수진과 제도적인 지원이 프로그램의 성공을 위한 핵심 요소라고 생각한다. 규정은 서비스 프로그램을 실행하기 위한 단계를 명확하게 담고 있다. 그러나 각각의 캠퍼스마다 문화와 환경이 다르므로 이러한 전개가 어떻게 일어날 것인지를 암시하지는 않는다. 일부 저자들(Furco, 1996; O'Grady & Chappell, 2000; Westheimer & Kahne, 2004)은 이미 전통적인 서비스 러닝 모델을 비판해 왔다. (a) 더 나은 교수-학습의 목적을 위해 어떻게 서비스 러닝의 교육적 효과를 전략적으로 제공하는지를 보는 기술적 관점과 (b) 봉사 제공자와 수혜자의 문제와 역할이 논의되는 문화적 관점이다. 이 관점은 학생들이 다양성에 대한 존중을 높이고, 시민적 책임을 보여주며, 시민의식을 발달시키는 방법을 설명하고, 교육 기관이 시민 참여를 촉진하는 방법을 설명한다(Benson et al., 2007; Colby, 2003). 그러나 일부 저자들은 기관이 자원봉사에 손을 대기보다는 지식 생산과 보급이라는 주요 임무에 집중해야 한다고 주장한다(Fish, 2008; Neidorf, 2005). 세 번째는 (c) 정치적 관점이다. 시민 참여, 학문적 다양성, 논란, 사회 정의, 사회 문제 등에 초점을 맞추고 있다. 서비스 러닝 프로그램의 실행을 위해서는 3가지 관점 또는 측면이 모두 포함될 수 있다고 제안했다. 최근 브리트(Brit, 2012)는 서비스 러닝을 행동, 참여, 실행의 3가지 과정으로 개념화했다. 이러한 개념화는 또한 적극적이고 책임감 있는 시민이 되기 위한 서비스 러닝 참여와 경험의 중요성을 강조한다.

　서비스 러닝을 광범위하게 이끌어 온 개념적 모형은 콜브의 경험 학습 모델이다. 이 모델은 듀이의 경험적 학습 사고에서 그 뿌리를 두고 있다. 6단계의 탐구모형은 문제를 접하기, 해결해야 할 문제를 제안하기, 정보를 수집하기, 문제를 해결하기, 가설 설정하기, 가설 검증하기와 판단하기로 구성되어 있다. 이러한 단계는 구체적 경험, 성찰적 관찰, 추상적 개념화 및 능동적 실기 훈련의 4가지 중요한 순환 단계를 포함하는 학습 모델을 개발하기 위해 콜브가 활용했다. 빌리그(S. H. Billig, 2011)와 같은 연구자는 서비스 러닝 활동을 성공적으로 개발하고 실행하기 위한 8가지 원칙을 제시했다. 8가지 원칙으로는 교육 과정에서 봉사의 통합, 다양한 관점을 한데 모으기, 모든 봉사 이해 관계자를 위한 시민적, 민주적 가치 함양을 위한 경험, 문제 해결 능력을 개발하기 위한 수단으로서 봉사를 활용, 학생들이 봉사 활동의 각 단계에서 아이디어를 발휘하도록 보장, 지식이 풍부한 교수와 직원에 의한 과정을 모니터링, 봉사 경험에 대한 충분한 기간과 강도를 보장, 호혜적이고 협력적인 파트너십 등이 포함된다. 서비스 러닝의 실행은 다음과 같은 4단계를 포함한다. 첫째, 지역사회의 요구를 확인하고, 봉사와 학습 모두에 대한 목표를 설정한다. 직원과 지역사회는 책임을 명확하게 인식하고 분담하며, 필요한 경우 학생들에게 방향을 제시한다. 둘째, 수업 목표와 연계하여 의미 있는 봉사를 제공한다. 셋째, 잠재적 문제와 그 해결 방안을 분석하고 평가하는 여러 방식으로 성찰이 이루어진다. 넷째, 이 단계는 봉사 파트너들이 성과를 공유하고 미래의 문제 해결을 위한 공개적인 메커니즘을 제공하는 평가와 찬사를 포함한다(Swan & McCormick, 2009). 다른 한편, 연구는 이미 기존의 서비스 러닝 모델에 많은 중복이 있음을 밝히며, 몇 가지 설명을 제시했다. 진정한 서비스 러닝은 (1) 봉사가 지역사회와 관련이 있고, (2) 봉사가 학생의 학교 학습을 향상하게 하며, (3) 봉사가 학생에게 목적 있는 시민 학습을 제공할 때 가능하다(Hydorn, 2007). 보다 최근에 플린더스(Flinders et al., 2013)는 집단적 영향으로 이어지는 시각적 틀을 제시한 서비스 러닝의 학습 파트너십 모델을 제시하였다. 이 모델은 교육, 장학, 봉사를 밀접하게 연결하고 있다. 이 모델의 주요 구성 요소는 (a) 지역사회와 대학 파트너십, (b) 학생 학습 공동체, (c) 확대된 표적 집단(target population)[7], (d) 서비스 러닝 교육, (e) 서비스 러닝 성과 등이다. 이 모델은 교육, 장학 및 봉사 경험에 대한 응집력 있는 계획을 보장하기 위한 기본 틀을 제공한다. 모델 개발자들은 이 서비스 러닝 모델이 지속 가능한 서비스 러닝 프로그램을 연결하고 응집력 있게 조직하는 방법에 대한 기본 틀을 제공하기 때문에 모든 기관의 분야 및 유형의 봉사에서 실행되고 사용될 수 있다고 믿는다. 주요 단계는 다음과 같다. (1) 파트너십 형성, (2) 학생들을 파트너로 참여시키는 것, (3) 확대된 표적 집단에 봉사하는 것, (4) 서비스 러닝 틀을 통합하는 것, (5) 학술적 성과를 계획하고 실행하는 것(Bishop-Clark & Doited-Uhler, 2012) 등이다.

플린더스(Flinders et al., 2013)는 개별 프로그램을 개발하고 실행하기 위한 이론과 방법을 결합할 수 있는 여지가 있으므로 이 모델이 매우 유연하다고 주장한다. 이 모델의 유일한 요구 사항은 파트너 및 적극적 팀원으로서 학생의 참여이다. 그들은 공통의 봉사 의제를 위해 함께 일한다. 이 모델은 공동체와 학습 목표를 함께 달성하기 위해 팀워크와 호혜성을 강조한다. 또한 파트너십 모델은 학생들이 팀으로 일하고 공동체에서 다른 사람을 교육하면서 발전시키는 리더십 역량을 향상하고자 한다. 교수진, 리더십 팀, 지역사회, 그리고 서로와의 파트너십은 학생이 변화의 주체로서 일하는 수준을 높여준다. 실습하는 동안, 학생은 프로그램의 맥락과 역사를 제공받고 성찰을 통해 경험을 공유한다. 또한 이 모델을 통해 교수진은 시간이 지남에 따라 봉사 관행의 개선을 위한 변화에 영향을 미치고 다양한 방식으로 자료를 사용하여 봉사의 질 향상에 활용할 수 있는 학생의 발달, 프로그램 영향에 관한 지속적

---

7   역주 인적자원개발 분야에서 설계, 실행, 평가되는 제반 인적자원개발 활동의 적용 대상이 되는 집단을 의미한다.

인 연구를 수행할 수 있다. 그런데도 이 연구자들은 지속 가능한 파트너십을 위한 노력이 이루어지지 않는 한, 학생들이 실습 과정에서 개선을 위한 자율성과 목소리가 매우 제한적일 수 있거나 교수진 자체의 과도한 참여로 인해 자연스러운 기회를 놓칠 수 있다고 경고한다(Flinders et al., 2013). 브링글과 해처(Bringle and Hatcher, 1996)는 서비스 러닝의 구현 및 제도화를 위해 미국 인디아나대학교(Indiana University)와 퍼듀대학교(Purdue University)가 설계하고 구현한 모델에 대해 논의했다. 그들의 모델에서, 그들은 기관 수준에서 서비스 러닝의 개발과 실행이 인식, 원형(prototype), 지원, 확장 및 평가를 포함하는 순환으로 간주했다고 결론지었다. 이 모델은 봉사 프로그램이 주요 요소로서 기관, 교수, 학생, 지역사회에 규칙적인 활동을 집중해야 한다고 설명한다. 이 모델은 이러한 요인들을 후원자들이라고 부른다. 필자들은 이러한 후원자들이 많이 있지만, 이 4가지는 매우 필수적이라고 주장한다. 그러나 일부에서는 교육적 혁신의 대부분이 일시적이라고 경고한다. 때때로 혁신 담당자들은 혁신을 불어넣는 것을 강조하고 혁신을 유지하는 데 거의 관심을 기울이지 않는다. 따라서 성공적인 혁신 실행을 위해서는 프로그램을 유지하고 확장할 수 있는 자원에 전적인 관심을 기울여야 한다. 행정적 관점에서 서비스 러닝은 프로그램이 명확한 임무, 장기 목표, 제도적 평가 및 충분한 예산을 할당하고 있는지 확인해야 하지만, 학문적으로는 교육과정의 필수적인 부분이어야 한다(Waterman, 2014).

서비스 러닝 모델 중 일부는 자선 활동 기반 관점 또는 사회 정의 기반 관점에서 설명한다(Wang & Jackson, 2005). 유사하게, 일부 연구자는 학생 발달 모델을 추천했다. 이 모델은 서비스 러닝 참여의 5단계인 탐구, 명료화, 실행, 활성화 및 내면화를 밝히고자 한다. 그들은 성숙하고 포괄적인 서비스 러닝 프로그램이 이러한 모든 단계를 잘 조정된 방식으로 포함될 것이라고 주장한다. 그들은 학생들이 자기, 타인 및 세계에 대한 태도를 발달시키기 위해 이러한 단계를 거치게 된다고 주장한다(Delve et al., 1990). 반면에 모튼(Morton, 1995)과 같은 또 다른 연구자는 자선, 프로젝트 및 사회 변화와 같은 3가지 다른 패러다임을 설명하는 모델을 제시했다. 그는 서비스 러닝의 3가지 뚜렷한 패러다임을 생각했다. 이 패러다임은 이전의 사회 정의 관점의 확장이다. 모튼은 서비스 러닝이 학생을 단지 친절한 행위를 넘어 그들이 사회 변화를 위해 노력하는 더 오랜 참여로 이끌게 한다고 생각한다. 이러한 상황에서 학생들은 사회의 사회적 문제의 원인에 대해 관심을 보인다. 자선 패러다임은 타인들에게 선한 일을 하는 것을 강조한다. 자선 패러다임에서 학생들은 제공되는 봉사에 관한 통제를 한다. 이것은 시그몬(Sigmon, 1990)이 확인한 서비스 러닝의 원칙에서 지역사회가 봉사의 실질적인 통제자인 것과 모순된다. 이 패러다임은 댈브 등(Delve et al., 1990)이 제시한 서비스 러닝 모델의 탐구와 명료화의 두 국면과 연결된다. 프로젝트 개발 패러다임에서 학생들은 사회 문제를 정의하도록 권장을 받고, 봉사는 학생이 사회 문제를 해결하는 기제로 간주한다. 델브 모델의 실현 단계는 학생이 봉사의 영향에 대한 인식과 사회 문제 해결을 위한 헌신을 키우는 프로젝트 패러다임과 관련이 있다. 사회 변화 패러다임은 봉사 경험 내에서 학습 환경을 명확하게 설명할 뿐만 아니라 유익한 관계를 발달시키는 데 초점을 둔다(Morton & Troppe, 1996). 이 패러다임은 사회 정의 관점에서 행동, 활성화 및 내면화 단계와 관련이 있다. 이 패러다임은 사회의 장기적 사회 정의에 대한 더 큰 기여와 연결된다. 이는 서비스 러닝 모델, 서비스 러닝 패러다임(Morton, 1995), 시민성 모델, 시민성 발달

서비스 러닝의 이론과 실제

모델(Musil, 2003) 및 여러 유형의 시민 간에 일부 연계가 가능하다는 것을 보여준다. 무질(Musil)은 시민성 개발이 지역사회에 봉사를 제공함으로써 생겨난다고 제안했다. 그것은 사회에 봉사하기 위한 장기적인 헌신을 강화하고 사회 정의의 더 큰 문제를 지속해서 해결하기 위한 메커니즘이다. 아일러(Eyler)와 동료들은 서비스 러닝을 공공 정책에 영향을 미치는 시민성 지식, 기능 및 가치의 예측 요인으로 간주한다. 이는 서비스 러닝이 학생이 시민적 기능, 가치, 지식을 개발하고 사회 변화를 위한 장기적인 헌신으로 사회에 봉사하는 구조임을 보여준다. 서비스 러닝 경험의 개발 단계에 대한 델브 등(Delve et al., 1990)의 연구와 유사하게 모톤 모델(Morton, 1995)도 연속 또는 단계에 기초한 봉사 경험에 기반을 두고 있다. 이는 서비스 러닝 중 학생 자신의 위치가 성과에 영향을 미친다는 것을 설명한다. 이러한 서비스 러닝 단계는 자선에서 시작하여 프로젝트, 관계 및 발달 등의 더 낮은 수준에서 더 높은 수준으로 이동하는 사회 변화에 이르기까지 다양하다. 이 모델에서 첫 번째 단계는 지역사회에 직접적인 봉사를 제공하는 것을 의미하는 자선 활동이며, 봉사의 통제는 제공자와 함께 한다. 봉사는 시간, 범위 및 영향력 측면에서 제한된다. 이 모델에서 자선 단계의 학생은 탐색 단계에 있다. 프로젝트 단계에서는 문제를 정의하고 해결책과 전반적인 실행 계획을 제시하는 데 중점을 둔다. 이 단계에서 학생은 파트너십이 개발되는 완성 또는 활성화 단계에 있다. 봉사 프로그램의 변화 단계에서 변혁이 일어나고 중심이 관계를 발전시키는 쪽으로 이동한다. 이 단계는 서비스 러닝이 단순한 지역사회 봉사 및 자원봉사와 차별화되는 최종 내면화 단계이다. 이 단계에서는 학습, 강한 공동체 구축을 위한 팀워크, 문제 해결 및 지속 가능한 사회 변화 창출에 초점을 둔다. 앞서 언급한 두 모델

모두 학생 발달을 위한 서비스 러닝에서 참여와 다양한 유형의 경험 및 수준의 중요성을 설명하고 강조한다. 학생이 다양한 단계에 참여할 때 성공적인 결과를 얻을 가능성이 커진다는 믿을 만한 가정을 제시한다. 이론적으로 학생은 상대주의, 내면화, 더 광범위한 사회 변화를 향한 헌신의 최종 단계에 도달하기 위해 이러한 단계를 거쳐야 한다(Delve et al., 1990). 아스틴 등(Astin et al., 2000)은 그의 대학 영향 모델에서 투입(학생 배경 및 특성), 환경(프로그램, 정책, 교수 및 교육 경험), 결과(봉사 활동 및 경험 후 학생 특성)와 같은 서비스 러닝에 대한 학생 참여의 3가지 필수 요소에 대해 논의한다. PTP(Practice to Theory to Practice) 모델은 네펠캠프 등(Knefelkamp et al., 1985)에 의해 제시되었다. 이 모델은 1996년 자코비(Jacoby)가 사회봉사프로그램(CSP) 모델이라는 이름으로 수정했다. 그는 사회봉사프로그램 모델의 (1) 공동체 목소리(요구 분석), (2) 이슈, 공동체에 대한 학생들의 안내 및 훈련, (3) 행동(측정 가능해야 함), (4) 성찰(반응, 이야기, 느낌 및 사실에 대해 논의해야 함), (5) 평가(학생 성과 및 프로그램 효과) 등의 요소에 대해 논의했다.

참고 문헌

Ansari, B., & Wu, X. (2013). Development of Pakistan's technical and vocational education and training (TVET): An analysis of skilling Pakistan reforms. *Journal of Technical Education and Training*, 5(2).

Astin, A. W., & Sax, L. J. (1998). How undergraduates are affected by service participation. *Service Participation*, 39(3), 251.

Astin, A. W., Vogelgesang, L. J., Ikeda, E. K., & Yee, J. A. (2000). How service learning affects students. *Higher Education*. 144. Retrieved from https://digital-commons.unomaha.edu/slcehighered/144

Bandura, A. (2001). Social cognitive theory: An agentic perspective. *Annual Review of Psychology*, 52(1), 1–26.

Benson, L., Harkavy, I. R., & Puckett, J. L. (2007). *Dewey's dream: Universities and democracies in an age of education reform: Civil society, public schools, and democratic citizenship*. Temple University Press.

Bergsteiner, H., Avery, G. C., & Neumann, R. (2010). Kolb's experiential learning model: Critique from a modeling perspective. *Studies in Continuing Education*, 32(1), 29–46.

Billig, S. H. (2011). Making the most of your time: Implementing the K-12 service-learning standards for quality practice. *The Prevention Researcher*, 18(1), 8–14.

Bishop-Clark, C., & Dietz-Uhler, B. (2012). *Engaging in the scholarship of teaching and learning: A guide to the process, and how to develop a project from start to finish*. Stylus Publishing, LLC.

Bowen, G. (2010). Service learning in the scholarship of teaching and learning:

Effective practices. *International Journal for the Scholarship of Teaching and Learning,* 4(2), 18.

Bringle, R. G., & Hatcher, J. A. (1996). Implementing service learning in higher education. *The Journal of Higher Education,* 221–239.

Britt, L. L. (2012). Why we use service-learning: A report outlining a typology of three approaches to this form of communication pedagogy. *Communication Education,* 61(1), 80–88.

Bucco, D., & Busch, J. A. (1996). Starting a service-learning program. In B. Jacoby & Associates (eds.), *Service-learning in higher education: Concepts and practices* (pp. 231–245). San Francisco, CA: Jossey-Bass.

Calvert, V., & Kurji, R. (2012). Service-learning in a managerial accounting course: Developing the "soft" skill. *American Journal of Economics and Business Administration,* 4(1), 5–12.

Castellan, C. M. (2013). Service-learning in teacher education: Does the model matter? *International Journal of Research on Service-Learning in Teacher Education,* 1(2), 1–19.

Chan Cheung Ming, A., Lee, W. K., & Ma Hok Ka, C. (2009). Service-learning model at Lingnan University: Development strategies and outcome assessment. *New Horizons in Education,* 57(3), 57–73.

Clinton, I., & Thomas, T. (2011). Business students' experience of community service learning. *Asia-pacific Journal of Cooperative Education,* 12(1), 51–66.

Colby, A. (2003). *Educating citizens: Preparing America's undergraduates for lives of moral and civic responsibility* (Vol. 6). John Wiley & Sons.

Cone, D., & Harris, S. (1996). Service-learning practice: Developing. *Michigan Journal of Community Service Learning,* 3, 31–43.

Daly, D. M., Baker, S., & Williams, S. J. (2014). Prospects for integrating service learning into short-term international study. *Journal of Education and Learning,* 3(1), 16.

서비스 러닝의 이론과 실제

Dean, B. L. (2005). Citizenship education in Pakistani schools: Problems and possibilities. *International Journal of Citizenship and Teacher Education*, 1(2), 35.

Delve, C. I., Mintz, S. D., & Stewart, G. M. (1990). Promoting values development through community service: A design. *New Directions for Student Services*, 1990(50), 7–29.

Dewey, J. (2004). *Democracy and education*. Courier Corporation.

Donaldson, L. P., & Daughtery, L. (2011). Introducing asset-based models of social justice into service learning: A social work approach. *Journal of Community Practice*, 19(1), 80–99.

Ewelt, B. (2013). Community-based learning project teaches marketing students skills employers desire. *Jesuit Higher Education: A Journal*, 2(2), 141–147.

Eyler, J. (2009). The power of experiential education. *Liberal Education*, 95(4), 24–31.

Eyler, J., & Giles Jr, D. E. (1999). *Where's the learning in service-learning? Jossey-Bass higher and adult education series*. ERIC.

Falk, A. (2012). Enhancing the team experience in service learning courses. *Journal for Civic Commitment*, 18, 1.

Feinstein, B. C. (2004). Learning and transformation in the context of Hawaiian traditional ecological knowledge. *Adult Education Quarterly*, 54(2), 105–120.

Fenwick, T. J. (2001). Experiential learning: *A theoretical critique from five perspectives*. Information series no. 385. Retrieved from https://fles. eric. ed.gov/fulltext/ED454418.pdf

Ferrari, J. R., McCarthy, B. J., & Milner, L. A. (2009). Involved and focused? Students' perceptions of institutional identity, personal goal orientation and levels of campus engagement. *College Student Journal*, 43(3), 886.

Fish, S. (2008). *Save the world on your own time*. Oxford University Press.

Flinders, B. A., Nicholson, L., Carlascio, A., & Gilb, K. (2013). The partnership model for service-learning programs: A step-by-step approach. *American Journal of Health Sciences* (AJHS), 4(2), 67–78.

Furco, A. (1996). Service-learning and school-to-work: Making the connections. *Journal of Cooperative Education*, 32(1), 7.

Furco, A. (2002). Is service-learning really better than community service. *Service-learning: The Essence of the Pedagogy*, 23–50.

Furco, A., & Billig, S. (2002). *Service-learning: The essence of the pedagogy* (Vol. 1). IAP.

Greenman, A. (2014). *The effects of experiential, service-learning summer learning programs on youth outcomes* [Doctoral dissertation]. Northeastern University.

Hecht, D., & Grode, D. (2012). The case for prosocial education: Service learning as community building. *Handbook of Prosocial Education*, 2, 271.

Heffernan, K., & Compact, C. (2001). *Fundamentals of service-learning course construction*. Campus Compact, Brown University Providence.

Hettinger, R. K. (2006). *Service learning in university classrooms: Effects on empathy and teamwork*. The University of West Florida.

Hina, K. B., Ajmal, M., Rahman, F., & Jumani, N. B. (2011). State of citizenship education: A case study from Pakistan. *International Journal of Humanities and Social Science*, 1(2).

Hydorn, D. L. (2007). Community service-learning in statistics: Course design and assessment. *Journal of Statistics Education*, 15(2), n2.

Jacoby, B. (2003). *Building partnerships for service-learning*. John Wiley & Sons.

Jacoby, B. (2014). *Service-learning essentials: Questions, answers, and lessons learned*. John Wiley & Sons.

Jeandron, C., & Robinson, G. (2010). Creating a climate for service learning success. *American Association of Community Colleges* (NJ1), 11(4).

Kaupins, G., & Bodie, D. (2011). Administrative challenges of the service learning lab option with non-profits. *Advances in Business Research*, 2(1), 46–56.

Kazmi, S. W. (2007). Vocational education and skills development: A case of Pakistan. *SAARC Journal of Human Resource Development*, 3(1).

Keller, S., Parker, C. M., & Chan, C. (2011). Employability skills: Student perceptions of an IS final year capstone subject. *Innovation in Teaching and Learning in Information and Computer Sciences*, 10(2), 4–15.

Khilji, B. A., Kakar, Z. K., & Subhan, S. (2012). Impact of vocational training and skill development on economic growth in Pakistan. *World Applied Sciences Journal*, 17(10), 1298–1302.

Kielsmeier, J. (2011). Service-learning: The time is now. *The Prevention Researcher*, 18(1), 3–8.

Kiely, R. C. (2002). *Toward an expanded conceptualization of transformational learning: A case study of international service- learning in Nicaragua.* Cornell University.

Kiely, R. C. (2005). A transformative learning model for service-learning: A longitudinal case study. *Michigan Journal of Community Service Learning*, 12(1).

Knefelkamp, L. L., Golec, R. R., & Wells, E. (1985). *The practice-to-theory- to-practice model.* Publisher not identified.

Kovarik, M. (2010). The effect of service-learning on interdisciplinary learning and curriculum reinforcement, and its application to public school environments. *International Journal for the Scholarship of Teaching and Learning*, 4(1), 11.

Kretzmann, J. P., McKnight, J., & Network, N. I. (1993). *Building communities from the inside out.* Center for Urban Affairs and Policy Research, Neighborhood Innovations Network Northwestern University.

Kuh, G. D. (2001). Assessing what really matters to student learning inside the national survey of student engagement. Change: *The Magazine of Higher Learning*, 33(3), 10–17.

Lambright, K. T. (2008). Lessons outside of the classroom: Examining the effectiveness of service learning projects at achieving learning objectives. *Journal of Public Affairs Education*, 205–217.

Lambright, K. T., & Lu, Y. E. (2009). What impacts the learning in service learning? An examination of project structure and student characteristics. *The Journal of Public Affairs Education*, 15(4), 425–444.

Lieberman, D. (2014). The ABCDs of service-learning: Who is serving whom? *Journal of Higher Education Outreach and Engagement*, 18(4), 7–16.

Madsen, S. R., & Turnbull, O. (2006). Academic service learning experiences of compensation and benefit course students. *Journal of Management Education*, 30(5), 724–742.

Malik, A. A. (2015). Identification of the factors of quality teacher training and development of a model program in Pakistan. *VFAST Transactions on Education and Social Sciences*, 5(2).

Marullo, S. (1999). Sociology's essential role: Promoting critical analysis in service learning. In *Cultivating the sociological imagination* (pp. 11–27). American Association for Higher Education.

McCarthy, F. E. (2009). Where we are now: A review of service-learning among SLAN colleges and Universities in Asia. *New Horizons in Education*, 57(3), 8–19.

Merriam, S. B. (2004). The role of cognitive development in Mezirow's transformational learning theory. *Adult Education Quarterly*, 55(1), 60–68.

Mezirow, J. (2000). *Learning as transformation: Critical perspectives on a theory in progress. The Jossey-Bass higher and adult education series*. ERIC.

Millican, J., Bourner, T., Bamber, P., & Hankin, L. (2011). Transformative learning through service-learning: No passport required. *Education+ Training*, 53(2/3), 190–

서비스 러닝의 이론과 실제

206.

Mitchell, T. D. (2008). Traditional vs. critical service-learning: Engaging the literature to differentiate two models. *Michigan Journal of Community Service Learning*, 14(2).

Morton, K. (1995). The irony of service: Charity, project and social change in service learning. *Michigan Journal of Community Service Learning*, 2(1), 19–32.

Morton, K., & Troppe, M. (1996). From the margin to the mainstream: Campus compact's project on integrating service with academic study. *Journal of Business Ethics*, 15(1), 21–32.

Moss, L. J. (2009). *Effects of service-learning on student attitudes toward academic engagement and civic responsibility.* Florida International University.

Musil, C. (2003). Educating for citizenship. *Peer Review*, 5(3), 4–8.

Neidorf, D. (2005). What's not served in service learning'. *The Common Review*, 2, 13–19.

Ngai, S. S.-Y. (2009). The effects of program characteristics and psychological engagement on service-learning outcomes: A study of university students in Hong Kong. *Adolescence*, 44(174), 375.

O'Grady, C., & Chappell, B. (2000). With, not for: The politics of service learning in multicultural communities. In C. J. Ovando & P. McLaren (Eds.), *The politics of multiculturalism and bilingual education:* Students and teachers caught in the crossfire(pp.209–224). Boston, MA: McGraw-Hill.

Phillips, A. (2011). Service-learning and social work competency-based education: A "goodness of fit"? *Advances in Social Work*, 12(1), 1–20.

Piper, B., DeYoung, M., & Lamsam, G. D. (2000). Student perceptions of a service-learning experience. *American Journal of Pharmaceutical Education*, 64(2), 159–165.

Rice, K., & Pollack, S. (2000). Developing a critical pedagogy of service learning:

Preparing self-reflective, culturally aware, and responsive community participants. In C. O'Grady (Ed.), *Integrating service learning and multicultural education in colleges and universities* (pp. 23–43). Lawrence Erlbaum Associates.

Rocheleau, J. (2004). Theoretical roots of service-learning: Progressive education and the development of citizenship. In B. W. Speck & S. L. Hoppe (Eds.), *Service-learning: History, theory, and issues* (pp. 3–21). Westport, CT: Praeger.

Rue, P. (1996). Administering successful service-learning programs. In: B. Jacoby(Ed.), *Service-learning in higher education: Concepts and practices* (pp. 246–275). Jossey-Bass.

Saltmarsh, J., & Zlotkowski, E. (2011). *Higher education and democracy: Essays on service-learning and civic engagement.* Temple University Press.

Sandmann, L., Saltmarsh, J., & O'Meara, K. (2008). An integrated model for advancing the scholarship of engagement: Creating academic homes for the engaged scholar. *Journal of Higher Education Outreach and Engagement*, 12(1), 47–64.

Seifer, S. D., & Connors, K. (2007). *Faculty toolkit for service-learning in higher education.* National Service-Learning Clearinghouse.

Shafque, F., & Mahmood, K. (2010a). *Model development as a research tool: An example of PAK-NISEA.* Library Philosophy and Practice (e-journal). 427. https://digitalcommons.unl.edu/libphilprac/427

Shafique, F., & Mahmood, K. (2010b). The role of educational information systems for survival in information society and the case of Pakistan. *The International Information & Library Review*, 42(3), 164–173.

Sigmon, R. L. (1990). *Linking service with learning in liberal arts education.* Council of Independent Colleges, Washington, DC.

Smith, M. C. (2005). *Does service-learning promote adult development? Theoretical perspectives and directions for research*. Paper Presented at the Paper Presented at Linking Adults with Community: A Symposium on Adult Education and service-Learning, DePaul University.

Steinke, P., & Buresh, S. (2002). Cognitive outcomes of service-learning: Reviewing the past and glimpsing the future. *Michigan Journal of Community Service Learning*, 8(2), 5.

Stewart, T. (2012). Classroom teacher leadership: Service-learning for teacher sense of efficacy and servant leadership development. *School Leadership & Management*, 32(3), 233–259.

Swan, C., & McCormick, M. (2009, June). Abet outcomes via project based service learning attributes: Assessment via successful intelligence. In *2009 Annual Conference & Exposition* (pp. 14–150). American Society for Engineering Education.

Taylor, E. W. (2008). Transformative learning theory. *New Directions for Adult and Continuing Education*, 2008(119), 5–15.

Tomlinson-Clarke, S. M., & Clarke, D. (2010). Culturally focused community-centered service learning: An international cultural immersion experience. *Journal of Multicultural Counseling and Development*, 38(3), 166–175.

Turnbull, O., & Madsen, S. R. (2005). Thinking beyond the classroom in management education: Implementing academic service-learning for a comprehensive learning experience. *The Journal of Business Inquiry*, 5(1).

Turnbull, O., & Madsen, S. R. (2006). Beyond the classroom: Implementing academic service-learning. *Journal of Business Inquiry: Research, Education, and Application*, 5(1), 65–71.

Vandzinskaite, D., Mazeikiene, N., & Ruskus, J. (2010). Educational impact of service-learning: Evaluation of citizenship and professional skills development. *Socialiniai mokslai=Social Sciences*, 4, 70.

Wang, Y., & Jackson, G. (2005). Forms and dimensions of civic involvement. *Michigan Journal of Community Service Learning*, 11(2).

Waterman, A. S. (2014). *Service-learning: Applications from the research*. Routledge.

Westheimer, J., & Kahne, J. (2004). What kind of citizen? The politics of educating for democracy. *American Educational Research Journal*, 41(2), 237–269.

Zieren, G. R., & Stoddard, P. H. (2004). The historical origins of service-learning in the nineteenth and twentieth centuries: The transplanted and indigenous traditions. In B. W. Speck & S. L. Hoppe (Eds.), *Service-learning: History, theory, and issues* (pp. 23–42). Westport, CT: Praeger.

12장

서 비 스   러 닝 과
직 업 교 육

서비스
러닝과
직업교육

아시아 국가들의 직업교육의 성과는 제각각이다. 이들 국가 중 일본, 싱가포르, 한국이 직업교육 시스템을 발전시킨 가장 좋은 사례이다 (Agrawal, 2013). 학자들은 직업 및 기술 교육이 더 나은 고용을 위한 수단이라고 주장해 왔다. 이는 일본과 동아시아의 산업화를 이룬 국가들이 고용할 수 있는 기술자와 숙련된 인력으로 인해 비교적 우수하고 생존할 수 있는 경제체제를 이룩했다는 점에서도 입증되었다. 남아시아의 직업교육 시스템은 개탄스러울 정도이다. 인도, 방글라데시, 그리고 파키스탄과 같은 국가들은 상황이 더 심각하다. 연구에 따르면 파키스탄에서 기술 개발이 가장 소홀한 분야인 것을 발견했다. 이 나라는 직업과 업무 역량을 증진하는 데 실패했다. 직업교육이 직면한 도전 과제 중에는 이론과 실습을 연결하는 교육과정 등의 부족함도 있는 것으로 생

서비스 러닝의 이론과 실제

각한다. 또한 직업학교와 산업체 간의 연계도 부족한 실정이다. 파키스탄의 국가직업기술교육위원회(National Vocational and Technical Education Commission of Pakistan, 2009)도 정책 문서(policy document, 2009)에서 관련 기술의 향상, 접근성 및 고용 가능성의 향상, 통합적 접근을 통한 교육 프로그램 및 실행에 대한 품질 보증의 3가지 주요 목표를 강조하였다. 남아시아 국가들의 직업교육 시스템은 낮은 등록률, 더 많은 중도 탈락자, 교수들의 낮은 질, 성별의 차이, 그리고 적은 예산 배정을 특징으로 한다. 따라서 직업훈련은 경제 성장과 고용시장의 요구를 뒷받침할 수 없다. 따라서 직업교육의 체계는 근본적인 재검토와 재구조화가 필요하다. 지난 30년 동안, 노동에 기반한 교수·학습 접근법으로서 서비스 러닝은 전 세계적으로 엄청나게 확대되었다. 봉사 활동에 참여하는 학생들의 학업 및 직업 능력을 발달시키고, 이를 통해 학생들이 실생활의 문제들을 해결한다. 직업교육의 목표는 더 광범위하고 포괄적이다. 직업교육은 고용 또는 직업 기반 교육, 직업훈련 또는 기술교육이다. 직업교육의 기본 목표는 사람들이 다양한 전문적인 직업을 가질 수 있도록 준비시키는 것이다. 노동 시장은 기술 측면에서 계속해서 다양해지고 있다. 그 결과, 각국의 정부는 직업교육의 미래에 대해 점점 더 많은 투자를 한다.

직업교육은 학생이 창의성을 준비하고 새로운 아이디어를 창출하기 위한 기술, 지식, 문제 해결, 기업가 정신의 조합으로 정의된다. 전문적인 기술을 개발하는 것과 함께 학생은 교양 있는 시민과 생산적인 노동자가 될 수 있도록 하는 태도, 가치관, 행동을 개발한다. 문제 해결에 참여하고 팀을 이루어 함께 일을 하는 것은 오늘날의 일터에서 고용주가 필요로 하는 기술을 길러준다. 서비스 러닝은 사전 취업 기술과 취업 준비를 북돋아 준다. 연구에 따르면, 직업교육은 학생들에게 더 나은 미래

진로를 위한 지역사회 기반 접근 또는 성과 기반 교육(outcome-based education)¹을 준비시키는 것을 목표로 한다(Silicon, 1995). 서비스 러닝은 학생의 발달을 도모하기 위해 지역사회 봉사와 교실 학습을 연결하는 경험적 교수 방법이다. 학생은 교실에서 배운 자신의 기술과 기법을 실세계의 문제를 해결하기 위해 공동체 환경에서 적용한다. 학자들은 서비스 러닝이 학생 발달에 미치는 영향을 평가하기 위해 여러 노력을 기울였다. 기술 및 직업교육 분야에서 이루어진 성과는 아직 미흡하다. 여러 문화권과 여러 학문 분야에 걸친 서비스 러닝에 대한 보다 포괄적인 탐구가 필요하다. 교육 방법으로서 서비스 러닝은 교실에서 배우고 개발한 지식과 기술을 사회에서 봉사와 연결하는 것을 기반으로 한다. 본 연구에서는 학습을 풍요롭게 하고, 시민의 책임감을 가르치고, 공동체를 활성화하기 위한 지도 및 성찰과 의미 있는 지역사회 봉사를 통합하는 학점 취득형, 교육 과정 기반형 교수·학습 전략으로 서비스 러닝을 규정한다. 기술교육이나 직업교육의 토대는 강력한 전문적 기술을 가진 양질의 노동자나 시민을 준비하는 철학에 기반을 두고 있다. 사람, 프로그램, 과정, 가치 등 4가지로 구분된 기술교육 또는 직업교육을 기본적으로 이끄는 많은 원리가 있다. 공동체 책임은 직업 및 기술 교육자들이 학생들에게 가르치는 중요한 개념 중 하나이다. 공동체 책임의 개념은 인간과의 상호 작용, 프로그램 설계 및 계획, 그들의 학생들에게 가치를 심어주는 것과 관계가 있다. 기술 및 직업교육의 철학은 직접 해보는 학습 경험의 관점에 기반을 둔다. 이 유형의 교육은 학생이 자신의 기술과 지식을 실제 상황에서 적용할 수 있는 학습 분위기를 조성하기 위해 교실, 실험실, 현장 관련 경험을 활용한다. 이것은 학생이 일터에서 미래의 직업적

---

1 **역주** 학습자의 목표 성취에 중점을 둔 교육을 의미한다.

서비스 러닝의 이론과 실제

인 책임을 지니도록 준비시킨다. 직업 및 기술 교육자들은 시민으로 책임과 의무를 다하는 남성과 여성이기도 한 시민을 육성하기 위해 노력한다. 일반적으로 이러한 유형의 교육 프로그램은 교실에서 프로그램 관련 이론을 활용한다. 그리고 기술 및 진로교육에서 가장 많이 활용되고 있는 교수 이론은 콜브의 경험 이론이다. 기술 또는 직업의 다양한 과정에 재학 중인 학생은 경험 학습 이론의 모든 단계인 실제 상황과의 상호 작용이 필요한 실습과제를 설계하여 강사의 지도를 받는다. 앞서 2001년부터 2007년까지 연구자들은 기술 및 직업교육에 관한 많은 연구를 수행하고, 학생의 성취와 지속성 또는 교육과정 설계를 탐구하였다. 그러나 최근 기술 또는 직업교육 분야의 연구는 사회적으로 책임 있는 시민을 위한 서비스 러닝의 영역과 그 혜택을 포함하지 않는다. 일부 활동은 지역사회에서 이루어지고 있지만 성찰이 없는 경우도 있다. 연구자들은 봉사나 지역사회 활동에서 경험 학습의 구성 요소로서 성찰을 생략하는 것은 학생에게 학습의 기회를 제공하지 못할 것이며, 성찰 경험이 없는 것은 실제 학습과 연결되지 않을 것이라고 주장한다. 체험학습에서 가장 중요한 점은 성찰이 있는 행동이라는 것이다. 서비스 러닝은 경험적 성격으로 인해 기술교육 및 직업교육과 자연스러운 관계를 맺는다. 학생을 지역사회 현장으로 데려가는 체험교육은 그의 지식과 기능을 활용하여 교실 학습과 외부 세계의 삶을 연결하는 것을 가능하게 한다(Eyler, 2009). 아일러는 나아가 체험교육이 학생을 살아있는 활동에 참여시키고 문제 해결 능력을 개발하므로 책임감 있는 시민을 육성하는 열쇠라고 주장한다(Eyler, 2009).

직업 및 기술교육의 개념은 기본적으로 체험교육의 철학에 기초하고 있다. 플라톤과 아리스토텔레스도 자신의 사회와 공동체를 위해 헌신할 수 있는 그러한 사람을 배출하기 위한 실천적 교육을 주창하였다. 전통적인 교실 환경을 벗어나 학습 과정에 참여하는 학생을 현실 세계로 끌어들여야 한다는 생각이 늘어나고 있다. 그러한 유형의 경험은 학생이 전문적인 기술과 시민적 책임을 개발할 수 있는 실제적인 환경을 제공한다. 최근 체험교육의 개념과 틀을 효과적으로 활용하는 이러한 교수-학습 방법론 중 하나가 서비스 러닝이다. 서비스 러닝은 지역사회 봉사 참여를 통한 학생의 시민 참여를 장려하기 위한 가장 적합한 전략이다. 서비스 러닝은 지난 10년간 파키스탄 펀자브[2]의 직업훈련기관(VTI)의 교육 프로그램에 통합되었다. 선구적인 노력은 파키스탄의 교육체계에 서비스 러닝의 개념을 받아들이고 소개하기 위해 예스 네트워크 파키스탄(YES-Network Pakistan)[3]에 의해 이루어졌다. 서비스 러닝은 전국의 여러 기관에 통합되었다. 파키스탄 직업훈련위원회(PVTC)는 또한 펀자브 지방에 있는 직업훈련기관(VTI)에 서비스 러닝을 통합했다. 서비스 러닝 과정은 학생이 조직적인 방식으로 지역사회의 사회 문제를 해결하는 데 참여할 뿐만 아니라 적극적이고 책임감 있는 시민이 되고, 더 나은 미래를 만들고, 적극적인 직업인으로서 사회에 이바지할 수 있도록 구성되어 있다. 이들 기관에서는 서비스 러닝 프로그램이 교육과정의 공인된 부분으로 통합되어 있다. 서비스 러닝 과정의 지속 시간은 실제 수업 10

---

2   역주 인도 북서부의 한 지방으로 현재는 인도와 파키스탄에 나뉘어 속해 있다.

3   역주 이것은 젊은이들의 변화를 일으키는 최고의 자원으로 여겨지고 있으며, 교육 기관과 직업기관이 변화를 일으키는 캠퍼스가 되도록 돕고 있다. 그것은 그들의 문화, 프로그램, 그리고 운영에 있어서 변화를 만드는 틀을 받아들일 뿐만 아니라 지역적이고 세계적인 변화를 이끌 지도자들의 공동체를 만들고자 한다. https://yesnetworkpakistan.org/(검색일: 2024.4.6.)

시간과 사회에 봉사하기 위한 현장 근무 40시간을 포함하여 총 50시간이다. 점수 배점은 출석 10%, 돌발적인 퀴즈 10%, 현장 활동 50%, 학생의 현장 활동에 대한 발표 30% 등을 기준으로 한다(Bukhari et al., 2021). 서비스 러닝 과정의 주요 목표는 학생들이 사회에서 지도자 역할을 할 수 있도록 하는 것과 파키스탄 직업훈련위원회의 교장과 교사들이 청소년 개발 서비스 러닝 프로그램을 개발하고 실행하며 평가할 수 있도록 하는 것이다. 직업훈련기관(VTI)의 서비스 러닝 모델은 (1) 문제 선정: 지역사회를 살펴보고 방치된 문제를 찾는 것; (2) 조사 수행: 문제에 대해 사람들에게 묻고 검증하는 것; (3) 가능한 해결책 목록을 작성하는 것; (4) 사회적 수용성(social acceptability)을 창출하는 것; (5) 반대자를 밝히기 위해 봉사 활동에 반대할 사람을 찾고 그들과 신중하게 상호 작용할 수 있는 사람을 찾는 것; (6) 광고: 미디어에서 작업을 공유하는 것; (7) 자원을 조달하는 것; (8) 해결책을 찾아 실천하는 것; (9) 성찰하는 것; (10) 축하하는 것 등(YES-Network, Pakistan, 2011)의 단계로 이루어진다. 기존 서비스 러닝에 더해 직업훈련기관의 모델은 표 12.1과 같은 지침에 따라 실행된다. 직업훈련기관에 다니는 학생은 서비스 러닝 프로그램을 기반으로 타인의 삶에 변화를 주기 위해 실질적으로 혁신적이고 창의적인 지역사회 기반 봉사 프로젝트를 설계하고 실행하는 데 참여하고 있다. 파키스탄의 직업훈련기관은 훈련된 교관의 부족, 적절한 추수 지도의 부족, 불충분한 교육 및 작업장 문제와 같은 많은 문제에 직면해 있다. 직업훈련은 현재 고용시장의 요구 사항을 충족시키지 못한다. 직업훈련은 학생이 훈련을 마친 후에 직업을 가질 수 있도록 필요한 지식과 기술을 갖추고 있지 않다. 교육 시장 타당성의 부족으로 인한 심각한 생산성 기술과 고용 가능성 간의 격차가 있다. 미래에도 파키스탄 교육의 주요 위기는 졸업생들 사이에 고용 자격을 갖춘 기술의 부재이다.

표 12.1 직업훈련기관에서 서비스 러닝 프로그램 지침

활동	기준
기간	학생들은 서비스 러닝 프로젝트에 40시간을 소비한다. 그들은 지역사회의 요구를 파악하고, 해결책을 제시하는 분야에 반드시 전체 시간의 약 80%를 사용해야 한다.
팀워크	학생들은 2명 이상 5명 이하의 팀을 이루어 일을 한다.
방법	학생들은 지역 파트너를 확인하거나 지역사회와 함께 일한다.
의미 있는 봉사	학생들은 필요에 기초한 봉사를 제공한다.
청소년 주도	학생들은 활동을 설계하고 실행하며, 교사는 관찰한다.
다양성	봉사 활동은 학생들 사이에서 다양성에 대한 존중을 장려한다.
성찰	여기에는 골똘한 생각을 불러일으키는 지속적인 성찰이 포함된다.
모니터링	학생들은 방문, 수혜자 피드백을 통해 모니터링되며, 강사들에 의해 일일 진도를 검토받는다.
보고서	학생들은 보고서를 제출한다.
축하	모든 이해관계자가 모여서 축하한다.
팀별 발표	학생들은 최종 프로젝트를 발표하며, 봉사 활동의 질은 발표가 끝날 때 질의응답으로 평가된다.

보다 최근에 파키스탄 국가직업기술훈련위원회(PVC, 2015)는 국가가 기술 개발의 어려움에 직면해 있고 기존의 인력이 국가 및 국제 기준에 부합하지 않는다는 것을 인정했다. 그 이유 중 하나는 직업훈련 정책이 제대로 시행되지 않고 있다는 것이다. 이 위원회는 국가 및 국제 고용시장을 위해 숙련된 인력을 양성하기 위한 개혁을 모색한다. 직업훈련은 인적 자원 개발을 위한 중요한 도구이며, 노동력의 생산성 향상에 필수적이다(Kazmi, 2007). 직업훈련은 노동의 효율성과 기술을 향상하고, 경제 발전에 더 잘 참여할 수 있도록 준비시킨다. 그러나 다른 한편으로,

서비스 러닝의 이론과 실제

남아시아의 기술훈련 및 직업훈련 상태 수준이 한 연구에서 드러났다. 특히 파키스탄은 낮은 수준의 기술 개발로 인해 현재 세계 및 국내 시장의 높은 경제 성장과 증가하는 수요를 지원하지 못한다고 지적한다. 직업훈련기관은 양질의 기술훈련 대신 등록 숫자를 늘리는 데 중점을 두고 있다(Kazmi, 2007). 파키스탄의 기술 개발과 직업훈련은 전반적인 개인, 조직 및 국가 발전에 미치는 영향이 미미하다. 숙련되고 교육받은 노동자는 국가가 경제를 낮은 수준에서 높은 수준으로 발전하는 데 도움이 된다. 반면, 최근 연구에 따르면 파키스탄에서 직업교육은 오랫동안 소외의 문제에 직면해 왔다.

직업교육 기관들은 취업을 위한 졸업생들의 시장에서 필요한 기술이 아닌 기초적인 기술만을 가르친다. 싱가포르, 대만, 태국, 한국, 말레이시아와 같은 국가들은 기술 기반 교육을 통한 인적 자원 개발에 대한 높은 투자로 인해 세계 시장에서 높은 경제 성장을 달성했다는 연구 결과가 발표되었다. 남아시아의 파키스탄은 비숙련 노동력으로 사회경제적 발전에서 뒤처졌다. 훈련된 인력이 부족하고 노동 시장에서 높은 생산성을 달성하는 데 필요한 관리자, 전문가, 지식을 갖춘 인력을 길러내지 못했다. 파키스탄은 1인당 국민소득이 낮고, 문맹률이 낮아 175개국 중 136위를 차지하고 있다. 직업훈련 및 기술교육으로의 국가 우선순위를 바꾸는 것이 매우 필요하다. 국가는 현재 국내 총생산의 2% 미만을 교육에 지출하고 있다. 이러한 목적을 달성하기 위해서는 교육에 대한 추가적인 예산을 배정하도록 정책 입안자와 지도자들의 생각이 바뀌어야 한다. 이는 비전 2030 문서에서도 드러나 있다. 최근 UNESCO 보고서에서 파키스탄은 인적자원 측면에서 부유한 국가로 선언되었으나, 이러한 인적자원의 낮은 훈련 상태에 대해서도 심각한 우려를 나타냈다. 그 보고서는 또한 파키스탄이 일반적으로 열악한 경제, 증가하는 빈곤율, 문맹, 성 차별 등과 같은 많은 문제에 직면하고 있다는 것을 강조한다. 그러나 교육 부문에서 중요하게, 파키스탄은 관리, 실행, 통치, 그리고 봉사의 접근과 제공의 부족에 있어서 문제에 직면하고 있다. 보다 눈에 띄는 것은 경영 정책의 실행과 도전은 본질적으로 지역적 특성이 있다는 것이다. 가장 많은 청소년 인구를 가지고 있음에도 불구하고 높은 기술과 생산성을 얻을 기회는 제한적이라는 결론에 이른다. 주요 원인으로는 교육 발전에 대한 관리, 감시, 실행 및 감독이 부실하다는 것이다.

서비스 러닝의 이론과 실제

참고 문헌

Agrawal, T. (2013). Vocational education and training programs (VET): An Asian perspective. *Asia-Pacific Journal of Cooperative Education*, 14(1), 15–26.

Eyler, J. (2009). The power of experiential education. *Liberal Education*, 95(4), 24–31.

Gillis, A., & Mac Lellan, M. (2010). Service learning with vulnerable populations: Review of the literature. *International Journal of Nursing Education Scholarship*, 7(1).

Kazmi, S. W. (2007). Vocational education and skills development: A case of Pakistan. *SAARC Journal of Human Resource Development*, 3(1).

Silcox, H. (1995). The need to consider service learning in developing future vocational education programs. In W. Kinsley & K. McPherson (Eds), *Enriching the curriculum through service learning* (pp. 25–28). Alexandria: VA, American Society of Curriculum and Development.

13장

서비스 러닝 실행에 영향을 미치는 요인

서비스 러닝 실행에
영향을 미치는
요인

서비스 러닝은 도전적인 활동이다. 서비스 러닝의 실행 과정은 항상 많은 요인에 의해 영향을 받는다. 봉사 시간의 노출 유형과 양, 직간접적인 지역사회 접촉의 성격 등도 학생의 성과에 영향을 미치는 것으로 보인다(Mabry, 1998). 많은 서비스 러닝 프로그램이 최소 봉사 시간을 충족해야 하는 것으로 관찰되었다. 따라서 보다 혁신적 통합학습을 위해서는 서비스 러닝 경험이 본질적으로 널리 확산하여야 한다고 제안한다(Einfeld & Collins, 2008). 다른 사람들도 서비스 러닝 경험에 대한 장기적 참여가 봉사 학습자들 간의 보다 중요하고 지속적인 변화를 유발한다고 주장했다(Aberle-Grasse, 2000; Philiavin, 2005). 또 다른 연구에서는 더 많은 시간을 갖고 서비스 러닝 프로그램에 참여하는 학생이 고용시장에서 고용주에게 좋은 평가를 받고 긍정적인 태도를 보이며, 봉사 프로그램과 개인적 책임 및 지역사회의 요구에 관여하는 것으로 나타났다(Fenzel & Peyrot, 2005).

또 다른 연구는 봉사 사이트에서 더 많은 시간을 보낸 학생들이 봉사 사이트가 자신과 지역사회에 더 유용하게 영향을 준다고 제안했다(Jenkins & Shehehey, 2009; Swick & Rowls, 2000). 봉사 참여로 인한 학생들의 기대와 만족도도 봉사 결과에 영향을 미친다. 학생들의 만족도와 봉사 배정 및 성찰 정도는 향후 지역사회 활동에 대한 몰입감을 증가시킨다(Seck-yum & Ngan-pun, 2005). 성찰에 대한 격려도 긍정적인 사회 정의 인식을 발달시키는 데 이바지하는 것으로 나타났다(Fernández & Mayhew, 2007).

서비스 러닝 프로그램의 실행을 관리하는 것은 복잡한 문제이다. 연구자들은 서비스 러닝의 관리와 그것이 원하는 목표를 달성할 수 있는 여러 가지 방법이 있다고 생각한다(Butin, 2010). 서비스 러닝 프로그램의 관리자는 지역사회, 지역사회 자원, 도전, 핵심 지지층, 파트너, 정치적 역동성에 대해 완벽하게 이해하고 있어야 한다. 관리자는 학생의 학습과 발달을 촉진하는 교육 기관의 목표와 균형을 맞출 줄도 알아야 한다. 교육과 행정의 긴장 관계를 균형 있게 유지하기 위해서는 행정가가 제도적 하위문화 사이를 중재하고, 교수의 자율성과 행정 책무성과 관련된 문제를 해결해야 한다. 초기에는 행정적 업무가 다양하고, 프로그램 개발의 필요에 따라 달라진다. 서비스 러닝 프로그램은 기관 관리자, 교수, 학생 및 지역사회 구성원과 같은 모든 핵심 인력의 지원이 있어야 한다. 관리자들은 서비스 러닝 프로그램에 관련된 모든 사람들 사이에 어느 정도의 협력과 지원이 창출될 수 있는지 결정하는 데 도움을 줄 수 있다.

연구에 따르면, 서비스 러닝은 서비스 러닝 프로젝트가 수업 내용이나 자료와 통합되는 정도에 영향을 받는다. 봉사 제공자가 현장에서 보내는 시간과 성찰의 양도 서비스 러닝 과정에 더 큰 영향을 미치기 때문에 봉사 시간을 고려하는 것은 매우 중요하다. 학생이 서비스 러닝 프로젝트를 수행하는 역량도 서비스 러닝이 통합되는 과정 내에서 그가 생각한 성공을 분명히 보여준다.

서비스 러닝 프로그램의 실행은 매우 도전적이고 많은 문제로 가득 차 있다. 예를 들어, 서비스 러닝 관리자들과 교사들은 고품질의 봉사 프로그램을 설계, 조직하고 실행하는 데 있어서 어려운 과제를 안고 있다. 또한 서비스 러닝 프로그램에는 자금 부족, 행정 지도부 교체, 퇴직 및 전보, 상황의 필요에 의한 교육과정 변화, 교사 유인책, 국가 우선순위 및 정책의 변경, 학생 이주, 새 학교 개교, 행정 직원과 교사 간의 관계, 학생 범위의 변경 등의 부정적 영향을 미치는 요소로 인해 서비스 러닝 프로그램이 소기의 목적을 달성하지 못하는 것으로 판단된다. 서비스 러닝의 실행은 관리자, 교수진, 학생 모두에게 똑같이 도전임이 드러났다. 예를 들어, 교사들은 다른 훈련 방법에 비해 서비스 러닝이 더 많은 시간이 소요된다는 것을 발견했다. 일부 교수진은 서비스 러닝의 설계와 촉진을 어려운 과제로 여긴다. 심지어 학생들은 서비스 러닝이 번잡하고 예측하기 어렵다는 것을 알게 되었으며, 과제 수행에서 모호함과 불확실성에 직면한다. 때때로 의뢰인 중 일부가 요청에도 응하지 않으면 학생들은 당황한다. 따라서 학생들은 사회 변화에 대한 문제 전략을 제대로 이해하지 못하게 된다. 관리자는 모든 이해 당사자의 관심과 어떤 문화의 사회적 다른 요구를 계속해서 들어주기 어렵다. 그 이유는 계획 수립이 모든 집단의 대표자들이 참여하는 것이 아니라 고립된 상태에서

서비스 러닝의 이론과 실제

이루어지기 때문이다. 관리자는 서비스 러닝을 효과적으로 실행하기 위해 모든 이해 당사자와 조정하고 피드백을 신중하게 체계화해야 한다고 제안한다(Chains EU ap. 2011; Krisnawati, 2009). 서비스 러닝은 전 세계적으로 다양한 방식으로 관리되고 있다. 예를 들어 아시아 상황에서 서비스 러닝을 실행하기 위한 과정과 전략이 학생의 경험을 평가하고, 모든 이해 당사자가 참여하는 교육과정을 실행하기 위한 과정에 효과적으로 통합된 서비스 러닝 행정의 모델은 링난대학교에 의해 제공된다(Chan et al., 2009). 반대로 유럽과 캘리포니아 주립대학교의 경우 서비스 러닝 프로그램을 운영위원회에서 관리한다. 운영위원회는 워크숍 제공, 교부금 작성, 회의 개최, 캠퍼스 보조금 수여 등을 편리하게 하는 서비스 러닝 코디네이터를 임명한다. 1990년부터 포틀랜드 주립대학교에서 서비스 러닝 프로그램은 학문적 우수성 센터(Center of Academic Excellence)의 산하에서 운영되고 있다. 센터는 평가와 지역사회 참여 전략을 교수 및 연구 활동에 통합하여 대학 생활의 핵심으로 프로그램을 활용한다(Kecks & Spring, 2006). 챈들러 길버트커뮤니티대학(Chandler Gilbert Community College)[1]의 모든 부서는 제도화 과정을 효과적으로 관리하기 위해 서비스 러닝 프로그램의 통합에 관한 오리엔테이션을 받는다. 이를 위해 서비스 러닝 모델의 전략, 절차, 캠퍼스 행사, 기념품, 학생·직원·지역사회 기관의 참여 등을 설명하는 짧은 비디오가 활용된다. 이는 모든 캠퍼스 가족과 이해 당사자가 프로그램과 그 목표를 이해하는 데 도움이 된다(Waters & Brigden, 2013).

서비스 러닝 프로그램의 제도화 과정은 항상 어려운 과제였다(Barnett et al., 2010). 서비스 러닝은 아직 전 세계 많은 교육 기관의 학문적, 제도

1 　**역주** 미국 애리조나주 마리코파 카운티에 위치한 공립 커뮤니티 대학이다.

적 관행과 규범 일부가 아니다(O'Meara & Niehaus, 2009). 9개의 연구 캠퍼스를 대상으로 한 설문조사에서 서비스 러닝의 개발과 실행과 관련하여 가장 자주 인용되는 문제는 승진 및 종신 재직 기간 보장의 부재와 교수진에 대한 유인책의 부족인 것으로 나타났다. 따라서 교수진의 관점에서 볼 때 서비스 러닝은 학문적인 것이 아닐 수 있다. 서비스 러닝 과정을 정의하고 밝히는 것, 봉사 배정과 관련된 어려움을 관리하는 것, 지역사회 현장을 오가는 이동 수단을 조정하는 것 등은 서비스 러닝 프로그램 구현 과정에서 직면한 몇 가지 문제이다(Zhang et al., 2011).

서비스 러닝 프로그램을 실행하는 동안 행정 기관이 직면한 다른 문제들 중 하나는 기관의 전략적 계획을 위한 서비스 러닝 연구실의 필요성 여부와 연구실의 허용이다. 일부 기관에서와 마찬가지로, 서비스 러닝 프로그램은 권장될 뿐 우선순위가 아니다. 우선순위에서 밀림으로 인해, 교수들이 서비스 러닝에 대한 학점을 책임 시수에 추가하기가 어렵다. 교수들은 서비스 러닝이 시간이 많이 소요되고, 최우선 순위인 연구를 위한 자신의 시간을 빼앗는다고 생각한다(Kaupins & Body, 2011). 그들은 학문적으로 필요한 자격을 갖추기 위해 연구 논문을 작성할 필요가 있다. 그래서 서비스 러닝은 그들의 기존 책임 시수에 교수진이 거의 받아들일 수 없는 부가적인 업무를 추가한 꼴이다. 의뢰인을 찾는 일은 행정 직원이든 단독으로든 학기마다 어려운 일이다. 때때로 의뢰인은 학기가 끝나기도 전에 사라져 함께 일할 의뢰인이 없이 학생만 남게 된다. 이런 상황이 교수진을 당황스럽게 만든다. 이런 상황은 자금 부족이나 해외 이주 등의 이유로 발생할 수 있다. 방학, 개인적인 문제와 같은 의뢰인의 일정이나 프로젝트에 관한 관심 부족 등으로 학기 중간에 일부 의뢰인이 사라질 수도 있다(Clark, 2000). 또 다른 문제는 서비스 러

서비스 러닝의 이론과 실제

닝 관리자가 첫 번째 의뢰인이 사라지면 대체할 후속 의뢰인이 없다는 것이다. 이것은 학생을 좌절시키고 프로젝트에 대한 흥미를 잃게 만든다. 학생은 실망하게 되고 이는 학생의 학습에도 영향을 미친다(Kecks & Spring, 2006).

학자들은 지역사회에 의미 있는 봉사를 제공하고 학생에게 좋은 학습 기회를 제공하기가 종종 어렵다고 생각한다. 지역사회의 관점에서 효과적인 학생 참여와 같은 서비스 러닝 프로그램의 효과적인 실행에는 많은 장애가 있다. 때때로 학생들은 지역사회에 관한 관심과 혜택을 보여주지 않고, 일부는 스스로 실천해야 할 의무감을 가지고 있지만 교수진과 학생들이 자신이 맡은 역할을 수행할 능력이 부족하기도 하다(Strom, et al., 2009). 때때로 서비스 러닝 프로그램은 관련된 모든 사람에게 더 큰 좌절감을 줄 수 있다. 예를 들어, 교사는 봉사를 제공하는 것에 부담을 느낄 수 있고, 지역사회 기관은 학생들과 함께 일하는 것에 부담을 느낄 수 있으며, 심지어 학생들도 사람들의 진정한 필요를 충족시키기 위해 불필요한 일에 집중하고, 더 큰 그림을 무시할 수 있다(Strom, et al., 2009).

서비스 러닝의 원활한 실행에 영향을 미치는 또 다른 잠재적 요인은 학생 자퇴이다. 학생들은 여러 이유로 자퇴한다. 예를 들어, 프로젝트 실행 중에 학생이 자신에게 할당된 역할을 수행하지 않는다는 것을 알았을 때 어떤 의뢰인은 거부당할 수도 있다. 따라서 의뢰인은 학생이 흥미를 느끼지 못하거나 자퇴할 때도 지원책을 마련해야 한다. 30~40시간 동안 준비해야 하는 학생은 사무적인 과제를 수행하는 데 흥미를 잃을 가능성이 높아서 때로는 학생의 과제와 인적자원 관리 사이에 연결고리를 만드는 것이 어렵기도 하다. 따라서 서비스 러닝 관리자는 사전에 문제를 알고 훨씬 앞서 확실하게 지원할 의뢰인을 제공하거나 지원책을 마련하는 것이 중요하다(Butin, 2010).

서비스 러닝을 개발하고 유지하는 일은 문제가 많다. 서비스 러닝이 강력하고 효과적인 교육적 접근법이지만, 학자들과 교육자들은 그것을 설계하고 실행하는 동안 관리자와 교수진이 직면한 많은 문제와 도전을 발견했다. 일부 강사는 서비스 러닝 프로그램 구현에 대한 전문 지식과 기술 지식이 부족하므로 주제 도입을 주저한다. 따라서 서비스 러닝 프로그램의 효과적인 모니터링 및 평가에 대한 관리자 간의 불확실성으로 인해 서비스 러닝 프로그램을 관리하는 것이 더욱 어려워진다(Zlotkowski, 1996). 이와 관련하여 로빈슨(T. Robinson, 2000)은 서비스 러닝 프로그램이 거의 성공하지 못하고, 잠재적으로 위협을 가하는 많은 요인으로 인해 프로그램 실행에 있어 실패의 가능성이 항상 존재한다고 경고한다. 예를 들어, 봉사 학습자의 학업 성과는 다른 학습자들과 다르게 평가될 필요가 있다. 책이나 문학을 읽고 어떤 주제에 관해 쓰는 실험실에서나 교실에서 자신의 시간을 보내는 다른 사람과 달리, 봉사 학습자들은 지역사회에서 시간을 보내고 그들이 보고, 행동하고, 배우는 것에 대한 성찰의 형태로 그들의 경험을 연관시킬 필요가 있다. 그래서 학생들의 시간, 시간의 질 대 양, 그리고 프로그램 모델 사이에 더 많은 상반된 관계가 존재한다. 이 모두는 서비스 러닝 프로그램 목표와 그 실행에 심각한 영향을 미친다. 전통적인 교실에서 강의를 습관적으로 하는 사람들조차도 일상적인 일에 적극적인 학습을 포함하는 것을 어려워한다(Root & Thorme, 2001).

따라서 서비스 러닝 프로그램의 절차는 봉사 활동 기간에 훈련하고 관리할 직원 시간, 직원 역량, 제도적 목표와 의로인 봉사와 시기의 불일치, 학사 일정 문제뿐만 아니라 프로젝트 관리 등에 의해 영향을 받는 다(Tryon et al., 2008). 또 다른 연구에서 램과 휴이(Lam and Hui, 2010) 는 문화적 충격, 낯선 봉사 공동체, 언어 장벽, 상호 대화, 위험과 불확 실성 관리, 자원 관리, 상세한 계획 관리, 공동체와 기관 간의 협업, 서 비스 러닝이 시작되는 맥락에 대한 이해와 같은 잠재적 영향 요인을 밝 히고 있다.

아시아의 상황에서 서비스 러닝 실행에 영향을 미치는 문제 중 일부 는 프로그램 연결 개발, 자금 및 자원 창출, 연구의 필요성에 대한 지역 사회 의식 개선 및 일관성이다. 이러한 문제는 학생, 강사와 기관에서도 똑같이 직면하고 있다. 구체적으로 말해서, 학생은 시간 제약, 봉사 장 소까지의 거리, 재정적 비용 및 일부 직장의 노동력 착취와 같은 문제에 직면한다. 강사들이 직면한 문제는 과중한 업무 부담, 학생들의 참여율, 학생들의 봉사 프로그램 참여 관리 및 지역사회 사이트와의 연결의 세 부 사항 안내 부족, 체계적인 교육 및 준비 부족, 대학의 재정 및 학술 지원 부족 등이다. 의뢰인의 참여가 때론 서비스 러닝 실행을 방해하기 도 한다. 지역사회 기관이 직면한 문제는 서비스 러닝 활동 중 학생 역 할에 대한 이해 부족, 기관에 의한 학생의 잘못된 활용, 프로젝트 현장 의 상시적인 학생 활용 부족 등이다. 이상의 논의를 바탕으로 서비스 러 닝은 복잡하고 다차원적인 활동이라고 결론지을 수 있다. 다른 교육 프 로그램에 비해 서비스 러닝은 번잡하고 예측 불가능하다(Clark, 2000).

서비스 러닝 프로그램의 실행을 관리하는 데 사용할 수 있는 이상적 인 모델은 없다. 그러나 사용할 수 있는 조건에서는 다른 적절한 조치 를 채택함으로써 문제를 최소화하여 관리할 수 있다. 이를 위해서는 명 확한 조직 전략을 규명하고, 드높은 열정과 행정적 헌신을 가지고 그 조직 전략을 적용해야 한다(Holland & Ritvo, 2008). 서비스 러닝 관리자의 관점에서 제도적 준비와 헌신은 문제를 파악하고 봉사의 실천에 영향을 미치는 요인을 파악하기 위한 전략적 계획을 수립하는 데 필요하다. 서비스 러닝 프로그램에 대한 교수진의 관심을 높이고 유지하기 위해, 행정 기관은 서비스 러닝에 대한 교수진의 헌신을 끌어낼 수 있는 더 높은 급여, 승진 및 정년 보장 등을 고려할 수 있다. 관리자는 서비스 러닝 프로그램에 참여하는 의뢰인, 학생 및 교수진에게 분명히 기대해야 한다(Worth, 2013). 기법의 하나는 프로젝트의 확인, 과제 유형, 학습 결과 그리고 학생, 교직원, 지역사회 조직에 대해 명확하게 정의된 역할과 의무와 관련된 서면 합의서를 도출하는 것이며, 그렇게 함으로써 프로그램 강사 또는 교수진은 서비스 프로그램의 예측 불가능성과 혼란스러움을 크게 줄일 수 있다(Clark, 2000). 이러한 합의서에도 불구하고 의뢰인과 학생 배경 및 노력의 차이로 인해 학습 경험 결과의 양과 질은 여전히 예측할 수 없다. 이 분야에 관한 많은 연구가 필요하며, 이는 지금까지 탐구가 덜 되었다. 이는 서비스 러닝 실행 문제에 대한 몇 가지 해결책을 제공하는 데 도움이 될 것이다(Clark, 2000; Worth, 2013). 이 부분에 관한 연구가 어느 정도 이루어졌지만, 기존 연구에서 부족한 점은 서비스 러닝을 교육 기관의 핵심적인 측면으로 함에 있어 교수진, 행정 관료, 직원, 학생 등의 역할과 의무와 관련된 교육 기관의 방향을 어떻게 정치적, 문화적으로 전환할 것인가에 대한 이해가 부족하다는 것이다. 또한 봉사 프로젝트에 관련된 교수진의 급여 인상과 승진을 위해서도 노력해야 한다. 이 결정은 최고 지도부의 손에 달려있는데 최고 지도부는 교수진의 승진, 급여 인상, 사명 및 비전과 연계하여 서비스 러닝의 문제를 해결하기 위해 효과적인 방안으로 활용할 것을 결정했고, 이를 주요 교육적 노력 방향으로 선언할 수 있다. 이 두 가지 이슈 역시 프로그램 개발과 실행에 깊은 영향을 미치므로 서비스 러닝의 인정과 체제 문제를 명확히 살펴볼 필요가 있다(Clark, 2000; Holland & Ritvo, 2008).

서비스 러닝 프로그램의 성공적인 구현

연구에 따르면 학생들에게 양질의 서비스 러닝 경험을 제공하기 위해서는 의미 있는 봉사 경험을 구성하고 설계하는 것이 중요하다. 의미 있는 봉사 경험을 만들기 위해서는 서비스 러닝 프로그램을 잘 설계해야 한다(Teranishi, 2007). 서비스 러닝 프로그램을 잘 설계하고, 관리하고, 평가하지 않으면 학생, 교수진, 기관은 시간과 자원을 낭비할 수 있다. 서비스 러닝 프로그램은 또한 학생에게 정서적, 정신적으로 깊은 영향을 미칠 수 있다. 그래서 잘못 설계된 봉사 경험은 고정관념을 촉발하고 학생과 교수들에게 개인적인 충격과 불안을 초래할 수 있다. 따라서 서비스 러닝 프로그램이 학생에게 권장되기 전에 그 프로그램을 조사하고 분석하는 것은 매우 중요하다(C. M. Cress, 2003). 연구에 따르면 지역사회의 요구에 대한 적절한 준비와 훈련 없이 서비스 러닝 활동에 투입된 학생들은 부정적인 결과를 초래하고, 이는 봉사 활동에 대한 지역사회의 불만으로 이어질 수 있다(Cress, 2003). 테라니시(Teranishi)는 자신의 서비스 러닝 경험을 성찰한 학생들이 사회에서 공동체, 다양성, 사회 정의 문제에 대해 더 큰 이해와 인식을 지니고 있음을 지적했다. 테라니시는 성찰, 과정 산출물과 시민 책임 사이에 강한 연관성이 있다고 결론지었다. 학생의 서비스 러닝 배정과 서비스 러닝의 질 사이에는 밀접한 관계가 있다. 헌신하려는 마음은 서비스 러닝 프로젝트에 적합한 곳에 학생 배정을 위한 핵심 사안이다. 커뮤니티 사이트와 서비스 러닝 프로그램의 관계는 상호 신뢰와 노력을 바탕으로 형성하고 성장하는 데 절대적으로 필요하다(Munter, 2002). 서비스 러닝은 행정 기관의 업무 문서와 장기적 계획을 바탕으로 개발되어야 한다(Bringle & Hatcher, 1996).

성공적인 실행을 위해서는 서비스 러닝 프로그램이 신중하게 설계될 필요가 있다. 프로그램 실행자는 서비스 러닝 프로그램 실행에 영향을 미치는 잠재적 요인, 즉 지역사회와 그 필요 및 맥락을 깊이 이해해야 한다. 이는 지역사회 지도자들과 의미 있는 파트너십을 구축함으로써 해결할 수 있다. 이러한 목적을 달성하기 위해서는 프로그램 관리자를 만나 문제와 과제를 논의하고, 모든 파트너 간의 친밀감을 형성하고, 신뢰를 형성하고, 호혜 의식을 고취하는 것이 필수적이며, 최종적으로 모든 사람이 동등한 기여자로서 대우받아야 한다(Dipadova-Stocks, 2005). 아시아의 서비스 러닝 상황에서 연구자들은 준비, 지역사회에 대한 안내, 학생에게 안내, 배정, 팀 정신 개발 등을 제시한 바 있다. 이는 서비스 러닝 경험의 성공을 위해 매우 중요한 것으로 문화적 민감성을 고려해야 한다. 이들은 서비스 러닝의 성공과 지속가능성에 계속해서 영향을 미치는 실행 과정의 단면이다. 따라서 이러한 관계를 활성화하고 모든 이해 당사자의 참여를 인정해야 할 필요가 있다(Chan Chung Ming et al., 2009).

일부 다른 학자들은 봉사 프로그램의 성공 여부를 결정하는 데 중요한 역할을 하는 10가지 요소를 언급했다. 이러한 요소는 적극적인 리더십, 헌신, 솔선수범, 의사소통, 교수의 지원, 현장 지원, 협력, 프로젝트 조기 확인, 팀 구성, 결과 예측 등이다. 이들의 연구는 팀 형성 과정에서 의사소통, 시간표 작성, 프로젝트의 역동성과 그룹의 역동성 등의 요인

서비스 러닝의 이론과 실제

이 핵심적인 역할을 한다는 것을 보여주었다(Lattanzi et al., 2011).

연구자들은 성공적인 봉사 프로그램 구현을 위해서는 이론이 봉사 활동을 안내해야 한다는 데에 동의하였다. 이것이 가장 어려운 과업이라고 할 수 있다. 미국의 캠퍼스 콤팩트(Campus Compact)[2]와 같이 일부 서비스 러닝 유형론이 존재하지만, 서비스 러닝과 관련된 공통된 핵심 이론에 대해서는 필자들 간에 합의가 이루어지지 않고 있다. 성별, 인종, 연령 또는 사회 계층에 기반을 둔 문화 간 적응과 관련된 이슈가 있다. 일부 과정의 학습 단위는 캠퍼스 콤팩트와 버클리대학교(University College of Berkeley)에서 제공되지만, 이러한 학습 단위는 지역의 요구에 따라 수정 및 검증을 요구받으며, 서비스 러닝 코스 강사 양성과 함께 다른 맥락에서 활용은 또 다른 중요한 차원이다(Chan et al., 2009). 연구에 따르면 양질의 서비스 러닝 프로그램은 한 학기 동안 지역사회 파트너와 최소 24시간의 직접적인 상호 교류의 기간, 잘 구성된 성찰 및 신중하게 설계된 사이트 선택 평가와 같은 요소를 포함한다고 한다. 즉, 의미 있는 서비스 러닝은 대부분 학생이 주도권을 쥐고, 책임감을 입증하고, 현장 관리자 및 지역사회 구성원과 함께 동료로서 일할 수 있도록 허용되는 그런 곳에서 가능하다. 프로그램 구조나 설계가 서비스 러닝 경험의 질에 중요한 역할을 하는 것으로 보인다(Baker-Boosamra et al., 2006). 따라서 성공적인 서비스 러닝 설계 및 경험은 일반적으로 교실 경험과 지역사회 봉사의 참여-연결, 봉사 경험에 대한 저널링-성찰

---

2   역주 공공 서비스를 통해 학생들이 시민권의 가치와 기술을 개발할 수 있도록 돕기 위해 헌신하는 미국의 단과대학과 종합대학교 총장들의 연합체이다. 1985년 설립된 캠퍼스 컴팩트는 682개 단과대의 미국 전체의 회원을 보유하고 있으며, 21개의 주 프로그램과 주립 커뮤니티 칼리지 센터를 통해 임무를 수행하고 있다.

(journaling- reflections)[3], 다양한 사람들과 함께 일할 수 있는 다문화 경험, 상호 수용 가능한 프로젝트를 개발하기 위해 지역사회 및 학생과 함께 일할 수 있는 지역사회 파트너십 등을 포함한다(Corso, 2008). 철저한 수업 토론과 성찰일지의 기록 등을 통해 봉사의 대상자와 함께 학생을 직접 참여시킴으로써 학생의 선택권을 부여한다면, 인디아나대학교(Indiana University)의 서비스 러닝 매뉴얼에 언급된 바와 같은 서비스 러닝은 성공적으로 실행될 수 있다(Levesque-Bristol et al., 2010). 따라서 성공적인 서비스 러닝 배정을 위해서는 다음과 같은 몇 가지 지침을 따라야 한다. (1) 배정의 질: 학생들이 봉사 활동을 위한 장소의 선택권 여부, 어떻게 봉사 활동을 수행할 수 있는지, 책임감을 지니고 지역사회 구성원 및 서비스 러닝 실무자와 팀을 이루어 작업할 수 있는지를 의미한다. (2) 적용: 학생들이 공동체 공간에서 강의실에서 배운 내용을 연결할 수 있는지, 수강 목적과 결과가 기관의 파트너에게 제대로 알려졌는지, 학생이 원하는 결과를 위해 노력할 수 있는 전략을 수립하고 있는지 등을 의미한다. (3) 다양성: 학생이 다양한 의뢰인, 학생 및 직원과 함께 작업하고 있는지, 함께 성찰할 수 있는지 등을 의미한다. (4) 공동체의 목소리: 학생이 그 배정이 정말로 공동체의 필요나 관심사를 반영한다는 것을 알고 있는지, 공동체의 평가 자료를 읽고 공동체의 수요 평가를 수행할 수 있는지 등을 의미한다. (5) 성찰: 학생이 적절한 성찰의 기회를 가질 수 있는지, 자신의 기여를 비판적으로 평가할 수 있는지, 자신의 약점과 강점을 파악할 수 있는지 등을 의미한다(Roehlkepartain, 2009). 최근의 필자들도 서비스 러닝 프로그램의 성공 여부는 기본적으로 지역사회와 발전된 관계의 유형에 달렸다고 본다. 봉사 프로그램의 질과 효과

---

3   역주 자아 발견과 개인적 성장을 위한 도구를 지칭한다.

는 지역사회 파트너와의 관계의 질에 의해 결정될 것이다(Beran & Lubin, 2012).

학자들은 교수들이 지역사회 구성원들을 수혜자가 아닌 필수적인 파트너로 생각한다면, 이것이 긍정적인 결과를 낳는 길을 열어줄 것이라고 믿는다(Bluin & Perry, 2009). 다른 연구에서 동일한 저자들은 서비스 러닝 과정 강사들이 직면한 3가지 주요 과제를 언급했다. 첫째로 학생 행동 불량, 둘째, 서비스 러닝 과정 목표와 조직 목표 사이의 적합성 부족, 셋째, 서비스 러닝 과정 강사와 조직 간의 의사소통 부재 등이다. 그들은 또한 프로그램 실행기간 동안 파트너 간의 적절한 계획과 명료한 의사소통을 통해 서비스 러닝 프로그램 실현에 영향을 미치는 문제를 해결할 수 있다고 제안했다(Bluin & Perry, 2009). 또한 서비스 러닝 프로그램의 성공적인 실행을 위해서는 다음과 같은 방안이 중요하다고 주장한다. (1) 프로그램의 임무에 대해 파트너들과 사전에 접촉하고, 학생들에게 임무와 지역사회 영향에 대해 교육하여 학생들의 동기와 몰입도를 높이는 것이다. (2) 지역사회 파트너의 임무, 활동의 범위, 봉사의 필요성 등이 초기 회의에서 논의되어야 한다. 원하는 학습 결과가 봉사 활동의 임무와 범위에 부합한다면, 또 다른 공동체를 고려해 볼 수 있다. (3) 지역사회 파트너들이 봉사 경험을 통해 얻게 될 희망과 기대를 파악한다. 이러한 목표에 대해 사전에 명확히 하는 것이 필수적이다. (4) 학생들의 지식, 기능, 역량 등의 실체와 관리 수준이 지역사회 파트너에게 제공되어야 한다. 이는 프로그램 실행에 긍정적인 영향을 미칠 것이다. (5) 학생들을 관리하기 위한 저울과 같은 접시(pan)가 개발되어야 한다. 이 접시 위에 지역사회의 투입이 담길 수 있다. 또한 거기에는 실질적으로 관여하고 진행 중인 경험을 평가해야 하는 현장 관리관도 있어야 한다. (6) 평가 계획은 지역사회 파트너와 공유되어야 한다. 이 평가는 사용된 평가 기준과 학생들의 수행평가에 관한 것이다. (7) 서비스 러닝 프로그램을 시작하기 전에 학생들이 지역 파트너 기관의 대표와 만나는 것이 중요하다. 지역 파트너는 기관의 임무와 활동 범위, 기관을 위한 절차, 지침 및 행동 규칙, 학생의 봉사가 기관의 요구를 충족시키는 데 어떻게 도움이 될 것인지에 대해 학생과 공유해야 한다. (8) 만약 있다면, 그 기관과 그 기관의 활동에 관한 매뉴얼이 학생에게 제공될 수 있다. 이것은 학생이나 지역사회와 관련된 예상치 못한 문제나 이슈를 해결하기 위해 대안을 마련하는 데 도움이 될 것이다. (9) 작업 장소나 현장과 함께 시간표를 작성해야 한다. (10) 학생, 교수, 지역사회 파트너 간에 서비스 러닝이 있어야 한다. 모든 봉사 파트너의 기대에 대한 설명을 위한 명확한 의사소통이 있어야 한다. (11) 지속적인 봉사 운영을 모든 파트너에게 전달하기 위한 긴급 보고 체계를 구축해야 한다. 학생은 문제가 생기면 소속 기관 사무실 또는 소속 교수에게 연락할 수 있다. (12) 기관과 지역사회 파트너 사이에 지속적인 활동에 대한 정기적인 의사소통이 이루어져야 한다. (13) 최종 보고서, 발표, 포트폴리오, 웹 개발 등의 평가 시에는 지역사회의 구성원을 초청하여 참여하도록 해야 한다. (14) 지역사회 파트너의 노력을 인정한다. (15) 축하의 날을 마련하고, 학생들을 격려하기 위해 학생들에게 감사의 편지를 보낸다. 또한 지역사회 파트너가 서비스 러닝 파트너로서 참여를 인정한다(Mills, 2012). 미국 지역사회 대학 협회 경험의 연구 보고서에 따르면 대부분의 지역대학에서 서비스 러닝 프로그램의 실행을 위해 수년에 걸쳐 다양한 전략 모델이 사용된다. 전략적 모델은 행정 및 지원, 환경, 지역사회 협력, 교육과정 통합, 교수진 발굴 및 참여 프로그램 개발 및 관리, 학생 참여 및 리더십, 서비스 러닝의 지속

가능성 및 제도화 등의 범주로 나누어졌다(G. Robinson, 2000).

연구에 따르면 서비스 러닝 배치의 목표를 달성하기 위해서는 교육 기관의 전체 커리큘럼과 일치해야 하는 명확한 강좌 목표를 숙지하여 모든 파트너에게 기대치를 상호 전달하고, 명확하고 검증 가능한 학습 목표를 설정하고, 조직 활동 범위뿐만 아니라 학습 목표와 임무 간의 명확한 연결을 창출하고, 학습 전략과 강좌 목표 간의 연결을 발굴하고, 전략 및 평가 절차를 명확하게 설정하고, 평가 절차를 신중하게 선택하는 것이 필요하다는 점을 밝혀 왔다. 연구에 따르면 모든 지역사회 기반 봉사 활동은 학습 목표의 개발에 특별한 심사숙고가 필요하다. 이를 위해서는 과정을 시작하기 전에 지역사회 조직과의 파트너십을 발전시키는 것이 중요하다. 기관은 봉사 활동을 통해 서비스 러닝 과정의 학습 결과와 학생들의 참여와 관련된 기대에 대한 필요한 정보를 얻어야 한다. 그러므로 성공적이고 양질의 지역사회 봉사 활동 배정은 학생이 솔선수범의 정신을 발휘하고, 책임을 지고, 동료와 의뢰인과 함께 일할 수 있도록 해준다. 학생은 또한 지역사회의 요구를 더 잘 이해하기 위해 지역사회의 평가와 그 밖의 다른 자료를 읽을 기회를 얻어야 한다. 서비스 러닝 프로그램이나 프로젝트는 학생에게 강의 계획서에 명확하게 언급되어야 할 몇 가지 요구 사항을 제공해야 한다는 사실은 인디애나대학교의 서비스 러닝 매뉴얼의 안내문에 분명히 밝혔다. 동일한 저자는 또한 모범적이고 성공적인 서비스 러닝 과정을 위해서는 다음과 같은 사항이 필요하다고 주장했다. 구체적인 목표로서 봉사 활동 내용을 확인하고, 봉사를 평가하는 방식과 봉사 활동 중 또는 이후에 무엇이 측정되는지 설명하고, 봉사 배정 및 프로젝트의 성격을 명확하게 설명해야 하고, 특히 교통, 요구한 시간 및 지역사회 접촉과 관련된 장소 배정 또는 봉사 프로젝트에서 학생의 역할과 책임을 설명해야 하고, 봉사 활동 배정이 충족해야 할 요구 사항을 명확하게 정의하고, 학생이 자신의 학습에서 보여줄 예상 방식을 명료하게 밝혀야 한다. 이는 저널, 논문 및 프레젠테이션을 통해 전달할 수 있으며, 그 전달 내용으로는 봉사 활동 배정과 과정 내용을 연결하는 과정의 과제를 발굴하고, 성찰 방법에 대한 세부 정보를 제공하고, 봉사 활동 중에 지역사회의 기대와 자신의 전문적인 태도 및 행동에 대해 학생에게 알리는 것 등이다. 토론과 성찰 활동을 위한 정기적인 시간이 마련되어야 한다. 이것은 학생이 이론과 실천을 얼마나 잘 연결하는지를 알기 위한 기본적인 결정 요소이다.

이와 관련하여 봉사 활동 동안에 더 나은 성찰을 위해 다음과 같은 제안을 한다. (1) 봉사 시작 전 봉사 활동의 기대 효과에 대해 성찰할 기회 제공한다. (2) 봉사와 그 영향에 대해 자주 토론할 기회 제공한다. (3) 학생에게 봉사 현장에서 강의실에서 배운 이론을 활용할 기회를 제공한다. (4) 저널, 작품, 프로젝트, 다른 활동에 대해 자주 피드백을 제공해야 한다. 성찰은 비판적이어야 하며, 또한 학생의 억측에 도전해야 한다. 성찰 활동은 서면 과제, 그룹 토론, 시청각 발표, 자기 평가, 내러티브, 사례 연구, 비디오, 사진 에세이, 웹 페이지 등의 성찰과 같은 다양한 형태를 취할 수 있다. 이와 관련하여 캠퍼스 컴펙트는 성찰과 서비스 러닝에 대한 지침을 제공하는 광범위한 웹사이트를 개발했다. 서비스 러닝 분야에서 가장 어려운 활동은 봉사 활동에 대한 평가나 판단이다. 봉사 활동을 평가하기 위한 여러 자료가 있어야 한다. 서면 성찰은 학생이 자신의 경험에 대해 성찰할 수 있도록 하는 가장 효과적인 방법이다. 과제를 평가하기 위해 규정을 사용할 수도 있다. 모리(Molee et al., 2010)는 봉사 경험을 더 잘 평가하고 판단하기 위해 다양한 수준에서 블룸 교육목표

서비스 러닝의 이론과 실제

분류법(Bloom Taxonomy)에 기초한 다음 규정을 사용할 것을 권장했다. (1) 봉사 경험에 대한 성찰을 바탕으로 더 나은 방법으로 이해되는 학문적 개념을 파악하고 기술하는 것, (2) 학문적 개념을 경험에 적용하는 것, (3) 봉사 경험에 따라 학문적 개념을 분석하고 종합하는 것, 그리고 이에 대한 보다 나은 이해와 진전된 이해를 도모하는 것, 마지막으로 (4) 자료나 개념이 적절한지 평가하고, 가능하다면 행위를 개선하기 위한 전략을 개발하는 것 등이다. 서비스 러닝 관리자는 교육과정과 강좌를 개선하기 위해 서비스 러닝을 활용해야 한다. 서비스 러닝 프로그램이 세심한 계획과 명확한 방향성, 집중력을 가지고 개발된다면, 이 프로그램은 공동체 삶의 질과 교육의 질을 높여 진정한 차이를 만들어 낼 수 있다. 서비스 러닝의 이점을 극대화하기 위해 일부 저자들(S. H. Billig et al., 2005)은 실천해야 할 요소를 다음과 같이 제안했다. 교육 목표를 명료화하고, 학생들은 도전적인 과제에 참여하고, 학생들이 수행하는 서비스 러닝 활동은 공동체의 요구를 충족해야 하고, 서비스 러닝 활동은 모든 참가자에게 상당히 긍정적인 결과를 지닌다. 또한 다양한 효과적인 내용과 기능 측정 전략과 기준을 사용하여 구체적인 평가 전략과 척도를 명확히 함으로써 이러한 목표를 달성할 수 있음을 시사하며, 학생이 독립적인 결정을 할 기회를 제공하고, 학생이 문제에 대해 공개적이고 비판적으로 토론할 기회를 제공하며, 학생의 기여를 인정하고 다양한 방식의 성찰을 수행할 수 있음을 시사한다. 서비스 러닝 프로그램의 성공적인 구현을 위해서는 협업, 호혜성, 연결 및 다양성 등이 프로그램 구성 요소로 포함되어야 한다(Castellan, 2013). 미시간대학교의 공중보건대학은 성공적인 서비스 러닝 프로그램의 가장 필수적인 요소로 다음을 꼽았다. 공동체를 중요한 단위로 인식하며, 공동체의 강점과 자원을 기반으로 하며, 공동체 자체가 파악한 요구에 반응하며, 파트너 간의 협력을 장려하며, 모든 파트너의 상호 이익을 위한 지식을 통합하며, 공동 학습을 촉진하며, 그리고 모든 파트너에게서 나온 결과와 장기간의 헌신을 공유한다. 연구에 따르면 서비스 러닝 프로그램을 효과적으로 수행하기 위해 다음과 같이 실천할 것을 권장했다. 임무와 비전, 실천의 질, 지원과 리더십, 교수진에 대한 역할과 보상, 복잡성 인지, 학생 지원과 리더십, 지역사회 참여, 잘 규정된 과업, 규정된 결과, 국가와 지역의 요구를 주시하는 것 등이다(Schneider, 1998).

　모범적인 서비스 러닝에는 다음과 같은 내용이 포함되어야 한다고 제안한다. 즉, 표현된 목표; 서비스 러닝을 측정하는 방법을 명확하게 규정한 평가 절차; 명확하게 기술된 서비스 러닝 배정; 이동 방법과 관련하여 학생의 역할과 책임에 대한 명확한 설명; 봉사 배정이 부딪히게 되는 지역사회 접촉, 지속 시간, 명료하게 규정된 지역사회 요구; 학생이 봉사 활동을 통해 배운 내용을 어떻게 보여줄지에 대한 명시(논문, 저널 및 프레젠테이션 사용); 성찰 과정에 대한 명확한 설명을 포함하여 강좌 내용과 봉사 목표를 연결하는 과제를 제공; 학생 과업의 공개적 전파 등이 포함된다. 다른 연구자들은 명확한 임무, 목표, 지원 기관의 환경 및 문화, 행정 지원, 지역사회 참여, 자원 수집 및 평가 전략 개발이 서비스 러닝 프로그램의 구현을 성공적으로 관리하는 데 핵심적인 역할을 한다고 분명히 결론지었다. 관리자는 서비스 러닝 프로그램의 개발, 실현 및 지원에 관한 결정을 내리는 동안 서비스 러닝의 가능한 결과를 고려해야 한다. 이를 위해서는 서비스 러닝이 효과적인 교육 전략이라는 주장을 뒷받침할 수 있는 경험적 증거를 확보하는 것이 중요하다. 교수진은 지역사회 파트너 및 학생과의 관계를 발전시키고 증진하기 위해 추가적인 시간과 노력을 기울여야 한다. 관리자는 교수가 봉사 활동에 참여하도록 동기를 부여할 필요가 있다(Arthur, 2009). 또한, 다른 연구(Jurgens & Schwitzer, 2002)는 서비스 러닝 프로그램 구현의 성공을 극대화하기 위해 다음과 같은 요소를 고려해야 한다고 지적했다. 명확한 교육 목표; 도전 과제에 학생을 참여시키는 것; 학생이 진정한 지역사회의 요구를 충족하고 중요한 결과를 가져올 수 있도록 허용하는 것; 서비스 러닝 프로젝트의 모든 측면에서 의사 결정에 학생의 참여를 보장하는 것; 다양한 성찰 활동을 수행하는 것; 그리고 동료, 기관과 지역사회 전반에 대한 학생의 시민 봉사를 인정하는 것 등이다(Billig et al., 2005).

다양한 영역과 상황에서 서비스 러닝 프로그램을 구현하는 방법은 다르지만, 저자들은 이미 성공적이고 잘 조직된 서비스 러닝 활동이 4단계로 구현되어야 함을 제안했다. 이 단계는 준비, 봉사, 성찰, 칭찬이다. 준비 단계는 지역사회나 학교의 문제 부문을 확인하고, 문제 부문의 우선순위를 정하고, 문제를 선택하고 집중하며, 요구와 자원을 평가하는 것으로 구성된다. 요구에 대한 평가 후에는 학습 과제의 우선순위를 정한다. 이 단계에서는 다양한 출처로부터 정보를 수집, 분석 및 종합한다(Gibson et al., 2001). 저자들은 이 단계에서 학생들이 지역사회에 환원하는 것을 느낄 수 있도록 민주적 참여와 협동심을 특별히 고려하여 학습 과정을 세심하게 설계하고 실행해야 한다고 조언한다. 이 단계에서 학생들은 또한 협력을 위해 외부 자원을 활용할 수 있으며, 특정 요구를 확인하고 충족시키는 데 도움을 줌으로써 지역사회의 조직 및 기관과 의미 있는 파트너십을 발전시킬 수 있다. 이 단계에서 학생은 직접 봉사, 간접 봉사 또는 지원 봉사 활동을 수행할 것인지 결정해야 한다. 직접 봉사에서, 학생들은 도움이 필요한 사람들과 함께 일한다. 간접 봉사에서, 학생들은 문제 확인을 위한 자원을 얻고, 해결책을 제안한다. 지원 봉사에서, 학생들은 발표 등을 통해 문제를 해결하고 지역사회에 문제를 인식시키기 위해 일한다. 실제 봉사 단계에서 학생들은 현장에서 봉사를 제공하는 데 참여한다. 연구에 따르면 봉사의 성공적인 실행을 위해서는 학습을 통해 진정한 변화가 일어날 수 있도록 봉사 활동이 의미 있고, 도전적이며 매력적이어야 한다(Bridgeland et al., 2008; Conrad & Hedin, 1991; Magarrey & Francis, 2005). 다른 연구자들은 성찰 단계가 학생이 봉사 프로젝트에서 이론과 실천 사이의 연결고리를 만들어 내는 중요한 단계라고 제안하였다. 이 단계는 학생이 봉사 활동의 결과로 자신이 봉사한 다른 사람과 학생 자신의 학습을 평가할 수 있게 해준다. 성찰은 학생이 봉사 경험으로부터 의미를 만들고 그 의미를 사회의 더 넓은 사회적 문제와 연결하는 지점이기도 하다(Roberts, Mason, & Marler, 1999).

더 나아가서 성찰의 중요성을 강조한 연구자들은 성찰이 서비스 러닝 참여 이전, 동안, 이후에 이루어져야 한다고 제안하였다. 학생이 비판적으로 사고할 수 있는 다양한 성찰적 활동을 설계하고, 그 경험을 실제 상황과 연관시킴으로써 봉사 참여의 성공을 높일 수 있다. 성찰적 활동에는 서면 저널, 그룹 토론, 공동체 발표, 콩트, 그래픽 발표 등이 있다(Furco, 2003). 서비스 러닝 활동의 마지막 단계는 칭찬하기이다. 이 단계는 제공되는 봉사에 대한 인식을 포함한다. 학생들의 완료된 봉사에 대한 교실, 학교 전체 또는 지역 전체를 이해하는 형태로 나타날 수 있다. 이 단계는 다른 사람들을 돕고 개인적 성취감과 만족감을 증진하기 위한 혜택을 강화한다. 서비스 러닝이 학생들에게 많은 혜택을 가져다주는 것으로 밝혀졌지만, 봉사의 리더가 서비스 러닝 프로그램의 개발과

서비스 러닝의 이론과 실제

실행에 대해 어떻게 프로그램상의 결정을 내리고, 더 깊은 이해를 얻고, 혜택과 과제를 알고, 문제를 극복할 방법을 고안하는지에 대한 조사는 거의 없었다. 향후 연구를 통해 서비스 러닝의 효과와 그 시사점을 규명한다면 유용할 것이다(Henderson & Brookhart, 1997). 효과적인 서비스 러닝 프로그램 실행을 위해 기본적으로 따라야 할 4가지 요소 또는 원칙은 (1) 참여, (2) 성찰, (3) 호혜성, (4) 대중적 확산 등이다.

퍼코(Furco, 2003)는 서비스 러닝 프로그램을 설계하면서 봉사의 수혜자와 봉사의 강조점이라는 두 가지 중요한 사항을 고려하였다. 또 다른 연구에서는 서비스 러닝의 도전을 극복하고 성공적인 실행을 위한 일정한 권고 사항인 포괄성, 복잡성, 시간표, 규모, 협업, 성찰, 평가 등을 제시하였다(Cline & Cross, 2008; Howard, 2001). 서비스 러닝은 봉사 또는 학습 목표 달성 그 이상이다. 성공적인 서비스 러닝은 많은 요인에 의존한다. 그 요인은 관련된 지역사회 봉사, 비판적 성찰을 통한 과정에 대한 더 나은 이해와 감사, 그리고 봉사는 호혜성을 보이며, 시민의 책임을 증진해야 하는 것 등이다(Howard, 2001). 봉사와 학습을 결합하는 데 사용할 수 있는 10가지 원칙은 다음과 같다: (1) 책임 있는 봉사 행동과 도전적인 봉사 행동에 참여하는 것, (2) 봉사에 대한 비판적 성찰을 위한 구조화된 기회 제공, (3) 명확한 서비스 러닝 목표를 정교화하는 것, (4) 파트너가 그들의 요구를 규정할 수 있도록 하는 것, (5) 모든 파트너에 대한 책임을 명확히 하는 것, (6) 변화하는 조건을 고려하여 봉사 제공자와 봉사 요구를 조화시키는 것, (7) 진정하고 적극적인 헌신을 기대하는 것, (8) 봉사 요구와 학습 목표를 충족하기 위한 훈련, 관리, 모니터링, 지원, 인정 및 평가를 포함하는 것, (9) 시간 보장은 프로그램을 실행하는 데 적응성 있고 적절하며, 모든 파트너에게 적합한 것, (10) 모든 파트너가 프로그램 참여에 몰두하는 것 등이다(Howard, 2001). 서비스 러닝은 실생활 환경의 경험과 교실을 연계하는 구조화되고 능동적이며, 협력적이며, 응용된 교육이다(Kuh, 2003). 서비스 러닝의 기본 목적은 학생의 시민적 책임과 기술을 증진하고 지역사회의 역량을 증진하는 것이다(Howard, 2001). 그런데도 서비스 러닝은 자선적이고 강제적인 자원봉사라는 비판을 받고 있다(Pompa, 2005). 연구자들은 서비스 러닝의 서로 다른 모델들을 확인하였다. 일반적으로, 이 모델들은 4개의 주요 모델 그룹으로 나뉘는데, 이들 중 일부는 여기서 언급되어야 할 만큼 매우 중요하다. 이 모델들은 서비스 러닝의 기본 이념인 그 속성과 목적을 분명히 밝힌다. 각각의 모델은 서비스 러닝 활동의 목적과 관련하여 고유한 가설이 있다. 먼저, 전문가 모델이다. 그것은 직업훈련, 학생들의 인지 능력을 가르치고 연마하는 데 초점을 맞추고 있다. 두 번째는 시민참여 모델이다. 이는 참여적 시민성과 사회 정의에 초점을 맞추고 있다. 세 번째는 시민 및 사회변화모델이다. 이는 적극적 시민성의 발달을 위한 교육적 접근으로서 서비스 러닝의 진화를 위한 역사적 토대를 제공한다(Kenworthy et al., 2010; Prentice & Robinson, 2010).

효과적인 서비스 러닝 프로그램 실행을 위한 주요 과제 중 하나는 인적자원을 개발하고 관리하는 것이다. 서비스 러닝 관리자들이 반드시 염두에 두어야 할 인적자원 관련 문제가 많다. 관리자들은 봉사 제공자뿐만 아니라 학습자를 반드시 고려해야 한다고 조언한다. 이를 위해서는 봉사를 제공하기 위해 지역사회에 참여하기 전에 적절한 교육과 준비를 받아야 한다. 또한 관리자는 교수를 비롯한 직원의 도움을 받아야 하며 상호 호혜적인 방식으로 지역사회 구성원을 참여시켜야 한다. 또한 관리자는 서비스 러닝 프로그램의 성공을 위해 갈등 해결에 대한 다양한 접근 방식을 모색할 수 있다. 서비스 러닝 프로그램의 지속가능성을 위해 학생, 교수, 지역사회 지도자의 발굴을 위해 지속적인 접근방법도 선택해야 한다. 이를 위해 참여와 리더십에 대한 인정과 보상의 방법을 도입할 수 있다. 학생 모집과 훈련은 모든 서비스 러닝 프로그램의 필수적인 요소이다. 따라서 선배 학생이 졸업하고 신입생이 입학하기 때문에 서비스 러닝 프로그램에 참여하는 학생들의 지속적인 훈련이 필요하다. 관리자는 봉사 프로그램 참여 학생의 신규 모집 공고, 서비스 러닝 과정 및 기회를 안내하는 책자 발간 등을 통해 도움을 줄 수 있다. 행정 부서는 서비스 러닝 프로그램에 대한 분석과 학생 및 기관의 훈련 및 준비의 필요성을 이해하고, 서비스 러닝 경험에 대한 선제 조건을 결정하고, 서비스 러닝 프로그램에 참여할 사람에게 봉사 환경의 어려움과 문제에 대한 사전 봉사 활동 안내를 제공하는 것과 관련한 책임감을 지녀야 한다. 행정적 준비 노력은 봉사 활동 동안 학생을 관리할 책임을 갖고 있는 교수진과 잘 조율해야 한다. 학생 리더십 개발은 모든 서비스 러닝 프로그램의 주요 목표 중 하나이다. 모든 성공적인 봉사 프로그램은 이러한 목표에 더 많은 관심을 기울인다. 한 가지 성공적인 모델은 집중적인 재교육 서비스 러닝 프로그램이다. 이 프로그램은 경험 많은 선배 학생의 전문성을 활용하여 신입생들에게 오리엔테이션을 제공한다. 이는 선배 학생들이 프로그램 지도자가 될 수 있도록 보다 빠르게 돕는다. 학생들이 봉사 지도자가 될 수 있도록 지원하는 효과적인 방법은 서비스 러닝 프로젝트 학생들이 함께 모여 그들이 직면한 문제에 대해 논의하는 둥근 탁자를 통해서이다. 선배 학생들은 봉사 활동 중 어려움을 극복하고 서로를 지원하기 위한 전략을 개발한다. 유명한 학생 리더십 개발 포럼인 캠퍼스 아웃리치 기회 연맹, 창의적인 서비스 러닝

세미나 등이 있다. 이는 학생 지도력 함양을 위한 더 큰 기회를 제공한다. 학생들이 다른 학생들의 역량 개발의 기회를 제공함으로써 모든 서비스 러닝 프로그램의 핵심 목적인 지역사회, 봉사, 시민성에 대한 자신의 학습을 크게 확대할 수 있다. 관리자는 서비스 러닝 활동을 장려하는 데, 상주 보조원, 학생 코디네이터 및 오리엔테이션 지도자와 같은 도우미의 봉사를 활용할 수 있다. 이는 서비스 러닝 프로그램의 성공에 상당한 보탬을 줄 것이다. 더 나아가 관리자는 봉사 프로그램의 효과적인 실행과 전환 관리와 관련하여 전문가의 조언과 지침을 얻기 위해 개별 프로그램 자문 위원회의 봉사를 활용할 수 있다. 관리자는 또한 전환, 도전 및 변화를 예측하고 관리하는 데 봉사 제공 집단을 돕는 적극적인 조처를 취할 수 있다. 교수진의 충원 및 교수의 리더십 육성은 모든 서비스 러닝 프로그램의 중요한 구성 요소이다. 기관들은 교수진 육성과 서비스 러닝 프로그램 참여를 위해 서로 다른 접근법을 사용한다. 직업 생활과 별개로 서비스 러닝에 관여하는 교수진을 발굴하는 것도 하나의 방법이다. 그러나 여기서도 서비스 러닝 관리자의 역할은 매우 중요하다. 관리자는 서비스 러닝 기회에 대한 충분한 정보를 제공할 오리엔테이션 프로그램에 참여함으로써 좋은 안내를 제공할 수 있다. 이를 위해 원탁 토론, 캠퍼스 전체 구성원에게 메일을 보내는 것, 인터넷 메시지 등을 활용하여 프로그램 임무와 목표를 전파할 수도 있다. 행정 부서의 지원과 함께 서비스 러닝 프로그램의 성공을 위해서는 교수진의 리더십이 필수적이라고 생각된다. 미국 고등 교육협회(the American Association of Higher Education), 독립 대학위원회(council of Independent Colleges) 및 캠퍼스 컴팩트와 같은 서비스 러닝 프로그램을 통해 많은 조직은 교수진 리더십 함양에 애쓰고 있다(Beehive et al., 2007). 지속 가능한 지역사회 관계를 증진하기 위한 생산적인 방법의 하나는 지역사회 리더십을 개발하는 것이다. 이러한 목적을 달성하기 위해 서비스 러닝 관리자는 기술적 지원을 제공할 수 있다. 이러한 목적을 달성하기 위해 관리자와 교수진은 학부모 교사 협회(Parent Teacher Associations), 이웃 감시 프로그램(Neighborhood Watch Programmes), 시민협회(Civic Associations) 및 캠퍼스 리더십협의회(Campus Leadership Council)와 같은 포럼의 봉사를 활용할 수 있다. 또한 이러한 단체는 존재하지 않는 곳이라면 어디서나 기관-공동체 관계를 돈독히 하기 위해 조직될 수 있다. 학생들을 참여시키기 위해 자원 및 문제 평가, 목표 설정, 효과적인 지지, 정치적 지지 획득, 지역 기금 모금원 확인 등을 중심으로 리더십 수련을 진행할 수 있다. 서비스 러닝 관리자는 지역사회 구성원 및 지도자와 함께 일하는 것 외에도 다양한 지역사회 기관과 협력할 수 있다. 기관들을 정기적으로 참여시키기 위해, 관리자들은 기관 자원봉사자들이 학생의 학습과 지역사회 발전을 위한 서비스 러닝의 영향력과 잠재력을 알 수 있도록 훈련을 제공하고, 오리엔테이션을 실시할 수 있다. 어떻게 하면 학생들과 효과적으로 협력할 수 있고, 지역사회에 학생들을 데려올 수 있는지와 같은 여러 다른 문제도 있다. 이러한 목적을 위해, 기관 대표들은 교수진과 학생들을 만나고 서비스 러닝 프로그램의 영향에 대해 들을 수 있도록 캠퍼스에 초대될 수 있다.

서비스 러닝 관리자가 직면하는 또 다른 주요 과제는 학생과 지역사회 간의 갈등을 해결하는 것이다. 훈련과 준비에도 불구하고 서비스 러닝 프로그램 중 많은 이슈에 대해 학생과 지역사회 구성원 간에 갈등이 생긴다. 이는 지역사회 구성원이나 기관의 관리자들이 학생의 역할을 이해하지 못하고 지역사회 생활의 단순한 침입으로 간주하거나 학생이 지역사회 경계를 넘거나 지역사회나 기관의 구성원에게 부적절하게 발언할 때 발생한다. 행정적 개입이 없다면 학생들이 의욕을 잃고 봉사에서 이탈하여 해결되지 않은 갈등으로 인해 지역사회에 대한 불만이 발생할 수 있으므로 행정가들이 문제를 빈틈없이 해결할 수 있도록 중재적 역할을 수행하고, 의뢰인뿐만 아니라 학생과 교수의 마음을 잘 헤아려야 한다고 조언한다(Butin, 2010). 서비스 러닝 프로그램의 성공을 위한 중요한 조건 중 하나는 교수와 학생의 봉사 활동 참여에 대한 인식이다. 봉사 활동 관리자는 학생들이 서비스 러닝 프로그램에 참여할 기회와 자금을 제공하고, 협의회에서 발표할 수 있으며, 교수진과 함께 학술 논문을 공동으로 작성할 수 있는 등의 방법으로 학생의 인식을 개선할 수 있다. 교수진의 인식 개선은 약간 어렵다. 관리자는 서비스 러닝에 관련된 교수진에게 승진, 표창, 교수 소식지 기사, 학문 발전을 위한 미니 보조금, 강좌 또는 연구 조교 제공 또는 강좌 소개의 발표 기회를 제공할 수 있다. 행정적 지원으로는 서비스 러닝 프로그램을 성공적으로 시작, 개발 및 실행하는 데 필요한 토대를 제공한다. 이를 위해 핵심 지원은 학생처, 학내 부서, 진로센터, 학생 활동, 홍보, 재정 지원, 인턴십 프로그램 등이 포함된다. 관리자는 캠퍼스 밴, 교육 및 행사를 위한 공간, 인쇄 및 우편 서비스, 보도 자료 및 기금 모금과 같은 가용 자원에 접근하는 방법을 알고 있다. 지속 가능한 서비스 러닝 프로그램을 구축하기 위해서는 효과적인 행정 지원이 핵심이다. 권한과 영향력 때문에 관리자는 서비스 러닝 프로그램의 성공적인 실행을 위한 의제를 긍정적으로 형성하는 것이 핵심이다. 서비스 러닝 프로그램을 설계하기 전에 관리자는 프로그램의 목표, 강조점, 임무 및 비전, 장소의 위치, 훈련된 교수진, 학생 오리엔테이션, 지역사회 오리엔테이션, 학생 발달 결과, 중앙 집중식

서비스 러닝의 이론과 실제

또는 분산식 프로그램인지 그리고 교육과정 또는 협동과정 봉사 프로그램인지에 따른 프로그램의 성격 등의 프로그램 핵심 요소를 명확히 해야 한다.

성공적인 서비스 러닝 프로그램은 관련된 사람들의 기간, 강도, 몰입 등에서 다양한 학습 기회를 포함하는 것으로 여겨진다. 이와 관련하여 서비스 러닝 모델의 발전적 틀은 학생들에게 연속적인 서비스 러닝이 제공되어야 함을 제안하였다. 단기 서비스 러닝은 학생들이 행동과 성찰을 할 수 있도록 한다. 반면, 장기 서비스 러닝은 지속적인 몰입을 발달시키고, 상호 호혜성의 개념과 사회문제의 원인을 이해하고, 사회의 문제를 해결하는 데 핵심적인 역할을 하는 데 도움을 준다. 모든 서비스 러닝 파트너에 관한 명료하게 정의된 기대와 관계는 프로그램의 품질과 지속가능성에 대한 기회와 확률을 크게 증가시킨다. 또한 서비스 러닝 프로그램의 성공을 위해 관리자는 프로그램 적응을 위해 적절한 계획, 절차 선택, 시간 약속, 경험 기간, 감독, 보고, 훈련, 오리엔테이션, 성찰, 평가, 현장 이동 수단의 위치 및 잠재적 위험 분석을 제공해야 한다고 제안한다. 학생들은 예상되는 학습 결과에 대한 지식을 가지고 있어야 하며, 지역사회 파트너들은 선택, 적용, 모니터링, 감독, 피드백, 재원 및 인적 자원의 보장, 성찰 활동 및 평가에 대한 역할을 알아야 한다. 코디네이터로 활동하는 교수진은 학생들의 기울어진 목표에 대해 명확하게 알아야 하며, 어떻게 하면 지역사회의 요구와 연계할 수 있으며, 어떻게 하면 프로그램의 지속적인 평가, 감독, 모니터링을 할 수 있으며, 어떻게 하면 학생들과 지역사회 모두에게 의미 있는 경험을 보장할 수 있는지에 대해 분명히 해야 한다. 상당한 시간이 소요되는 중요한 과제 중 하나는 서비스 러닝 프로그램의 명칭과 위상에 관한 결정을 내리는 것이다. 명칭은 제도 및 공동체 문화와 그 목적을 고려하여 선택되어야 한다고 조언한다. 그 명칭은 프로그램의 이미지를 간결하고, 매력적이고, 사려 깊어야 한다. 프로그램 사무실의 현장 위치는 학생, 교수, 직원 및 지역사회 구성원과 같은 이해관계자가 접근할 수 있어야 한다. 나아가 장소 선정 시 기관이 아닌 지역사회에 위치해야 한다고 조언한다. 이는 프로그램이 서비스 러닝 파트너로서의 지역사회 역할에 기반하고, 주도한다는 인상을 심어주는 데 도움이 될 것이다.

성공적인 서비스 러닝 프로그램의 또 다른 핵심 요소는 처음부터 적합한 직원을 선발하는 것이다. 조정, 계획, 실행 및 관리를 담당하는 사람이 서비스 러닝 프로그램과 그 목표에 대해 명확한 이해를 지녀야 한다. 프로그램의 규모와 상관없이 전임교원이나 행정 보조원에 대한 고려가 있어야 한다. 인력이 충원되지 않을 시, 교수의 지도를 받는 대학원 조교와 같이 신뢰할 만한 다양한 대안 인력이 있어야 한다. 또한 자문위원회를 구성하는 것이 서비스 러닝 프로그램의 성공적인 실행을 위한 방향을 제시하는 데 매우 유용할 수 있음을 시사한다. 이 위원회는 임무, 비전, 목표 설정, 장소 선정, 지역사회 봉사 파트너 확인, 서비스 러닝 프로그램 실행을 위한 자금 및 자원 모집 등을 지원할 수 있다. 더욱이 지역사회 파트너는 서비스 러닝 프로그램에 대한 재정적 지원을 모으는 핵심적인 역할을 할 수 있다. 이와 관련하여 지역사회에 있는 기관, 재단, 기업은 그들의 지원과 도움을 제공할 수 있다(Butin, 2010). 프로그램의 기본 틀을 개발한 후 프로그램, 임무, 비전, 목표와 관련된 자료를 개발해야 한다(Furco, 2002). 이것은 홍보 및 그래픽 디자인 부서의 도움과 지원으로 가능할 수 있다. 이것은 프로그램 로고, 안내서 및 기타 필요한 자료를 만드는 데 도움이 될 것이다. 프로그램은 자체적으로 판매

되지 않는다는 것을 명심해야 하며, 이를 위해서는 프로그램 임무, 비전 및 기타 구성 요소를 홍보하는 필수 마케팅 전략이 있어야 한다. 효과적인 서비스 러닝 프로그램을 개발, 실행 및 관리하기 위해서는 적합한 학생의 선발, 배정 및 적절하게 배치된 추적 시스템이 필요하다. 학생 배정 전에 학생의 본질적인 기능, 지식 및 기타 성향을 탐색하고 지도해야 한다고 조언한다. 학생은 프로그램 사이트에 대한 자신의 역할, 책임과 한계, 잠재적 위험, 문제에 대한 지식, 공동체 사이트에서의 역동성과 문화, 행동과 복장, 모든 파트너에 대한 감사, 상호 호혜성을 지니도록 교육받아야 한다(Butin, 2010). 서비스 러닝에서 핵심 요소 중 하나는 바로 성찰이다. 이 성찰이 없으면 서비스 러닝은 하나의 봉사일 뿐이다. 프로그램 관리자와 교수진은 학생들이 수행하는 다양한 성찰이 새로운 경험과 사전 지식 사이의 연결고리를 만들도록 도와주어야 한다. 서비스 러닝 프로그램의 일부인 모든 사람에 의해 제공되는 봉사에 대한 인정이 있어야 한다. 봉사에 대한 인정하는 방식은 학생에 대한 표창, 뛰어난 기여에 대한 장학금, 저녁 식사 또는 리셉션, 뉴스레터에 인물 소개, 특별 명칭 부여, 성적 증명서 표기, 감사 편지, 봉사 증명서나 교수의 표창 등을 포함할 수 있다.

서비스 러닝의 성공을 위해서는 처음부터 평가 전략을 개발하는 것이 바람직하다. 간단한 기법을 사용하여 평가 전략을 설계하고 수행해야 한다. 관리자는 평가가 학생의 발달뿐만 아니라 프로그램 개선에도 도움이 될 수 있는 그러한 자료를 가져와야 한다는 것을 명심해야 한다. 자문 위원회와 함께 프로그램 조정은 프로그램의 성공, 원하는 결과 및 모니터링이 필요한 목표 영역을 위한 절차를 수립해야 한다. 또한 지속적인 품질 개선을 위해 총체적으로 질 관리를 채택하는 것이 도움이 될 수 있다고 조언한다. 이를 위해서는 이해관계자들과 그들의 요구를 파악하고, 지속적인 개선 목표를 설정하고, 프로그램이 어떻게 진행되고 있는지 모니터링하고 개선 조처를 하는 3가지 방법이 있다. 프로그램 목표와 활동, 성과, 강점, 관심 분야, 동반관계 배치, 과정, 프로그램 평가 결과 및 장기 목표를 강조하는 언론 스크랩과 함께 연간 보고서를 작성해야 한다. 보고서는 서비스 러닝 프로그램의 모든 파트너 사이에서 공람되어야 한다. 이 모든 것을 수행하기 위해 서비스 러닝 프로그램 관리자는 프로그램을 성공적으로 조정하는 데 필요한 지식과 기능을 보유해야 한다고 제안한다. 그들은 지역사회의 요구뿐만 아니라 학생들의 학습결과 발달에 일관되고 집중적인 관심을 보여야 한다. 또한, 관리자는 서비스 러닝 프로그램이 성공적으로 관리되고 실행될 수 있도록 다양한 관리의 중요성에 관심을 기울여야 한다. 잘 관리된 모든 서비스 러닝 프로그램은 기관, 지역사회와 그 이상의 다른 수단으로는 불가능한 의미있는 협력 관계를 맺어야 한다고 여겨진다. 서비스 러닝 프로그램은 가장 관리하기 어려운 프로그램이지만 관리해야 할 가장 보람 있는 프로그램이기도 하다. 관리자는 서비스 러닝 프로그램 개발과 실행을 위해 어떻게 계획하고 목표를 설정해야 하는지에 대한 명확한 지식을 가지고 있어야 한다. 계획과 목표 설정은 서비스 러닝 프로그램의 효과적인 관리를 결정하는 핵심 요소 중 하나이다. 전략적 계획은 프로그램 개발을 위한 유용한 틀을 제공한다. 전략적 계획은 프로그램의 임무와 목표를 달성하기 위한 약점과 강점, 외부적 맥락, 기회를 파악하는 데 도움을 준다. 프로그램 개발과 실행을 위한 명확한 틀을 개발하고, 과제와 정치적 문제를 해결하기 위해서는 계획 단계에서 모든 이해관계자의 참여가 필요하다. 목표 설정은 계획 단계에서 모든 이해관계자의 합의를 도출하는 데 도움이 된다. 목표 설정은 '이용할 수 있는 자원, 시간, 공간과 성취해야 할 것과 우선순위에 해당하는 것을 어떻게 달성할지에 대해 기관이 명확하게 할 수 있도록 해준다(Butin, 2005).

　서비스 러닝 프로그램의 성공적인 관리는 지역사회와 기관 간의 효과적인 조율에 달려있다. 모든 서비스 러닝 이해관계자의 지식이 없는 개별적인 주도권 다툼으로 인해 많은 문제가 발생한다. 효과적인 조율을 통해 프로그램 관리자는 많은 도전을 극복하고 서비스 러닝 프로그램 발달에 기여할 수 있는 경험, 지식 및 발전하는 정보를 지역사회와 공유할 수 있을 것이다. 조율의 결여는 지역사회에서 기관의 신뢰를 상실할 수 있다. 기관의 조율에는 학부 단위, 거주 생활, 캠퍼스 부서, 학생 리더십, 학생–지역사회 봉사단체, 교수단체 간의 조율이 포함되어야 한다. 더 나은 조율과 전략적 계획은 교수, 학생과 지역사회 구성원의 대표를 포함하는 서비스 러닝 자문 위원회가 서비스 러닝 관리자의 지원을 받아 제공할 수 있다. 조율은 서비스 러닝 교육과정 위원회로부터도 이루어질 수 있다. 조율은 기존의 서비스 러닝 과정의 신규 승인 및 질의 향상을 위한 지원을 제공할 수 있다. 지역사회 파트너십을 개발하는 것은 서비스 러닝 프로그램의 또 다른 핵심 요소이다. 봉사 활동의 성패는 기관과 지역사회의 파트너십 성격에 달려있다. 서비스 러닝 관리자들은 기관들의 관계, 유형, 임무 및 전통의 본질을 파악해야 한다. 중요한 행정적 과제는 어떻게 하면 학년 주기에 따른 혼란을 최소화할 수 있느냐 하는 것이다. 이 문제는 전형적인 학생의 서비스 러닝 참여가 학기제 또는 주간제로 이루어져 있어 효과적인 지역사회 참여의 저해 요인이 된다. 학기가 끝나면 학생들의 참여가 종료되고, 지역사회 이슈와 현실이 완성되지 않은 채로 남게 된다. 따라서 관리자는 서비스 러닝 프로그램을 통해 지역사회에 지속 가능한 지원을 제공할 계획을 세워야 한다. 이를 위해 이러한 프로그램은 더 긴 기간과 순환적 전환을 갖는 프로그램으로 설계되어야 한다. 프로그램 평가는 서비스 러닝 프로그램의 또 다른 핵심 구성 요소이다. 서비스 러닝 관리자들이 직면한 도전 중 하나는 봉사 프로그램에 대한 평가이다. 평가는 프로그램의 가치를 평가하고 주요 의사 결정에 도움을 준다. 평가는 보통 두 가지 목적, 즉 학생의 학습과 개발을 위한 것과 지역사회의 관점에서 서비스 러닝의 가치를 판단하기 위한 것이다. 평가 프로젝트의 공통적인 7가지의 함정이 있다. 7가지의 함정으로는 계획성 미흡, 복잡한 평가 설계, 자료 수집의 세부 사항에 대한 주의 부족, 평가자의 미숙, 수집된 자료의 활용 미흡, 프로그램 개선보다는 프로그램 보호에 치중, 결과의 제시 미흡 등이다. 서비스 러닝 프로그램의 성공을 위해서는 관리자가 평가를 프로그램 목표와 원하는 결과로 연결해야 한다. 또 다른 중요한 과제는 서비스 러닝 프로그램의 종료이다. 서비스 러닝 관리 앞에서 어려운 결정 중 하나는 서비스 러닝 프로그램을 언제 종료할 것인지를 결정하는 것으로 보인다. 연구자들은 그러한 결정이 프로그램 임무, 지역사회의 요구를 충족시키는 서비스 러닝 프로그램의 역량, 가용 자원, 학생의 학습 목표에 기초해야 한다고 조언한다. 또한, 학생들이 봉사 활동에 대한 흥미를 잃은 것으로 확인된 경우, 지역사회 참여가 저조한 것으로 보이는 경우, 프로그램 운영 기금이 고갈되는 경우, 과제 간 대립하게 될 때, 가용 자원이 더 이상 남아 있지 않은 경우, 또는 프로그램 평가가 원하는 임무나 목표에 따라 영향을 거의 또는 전혀 미치지 않는 경우 등 다양한 조건에서 프로그램 종료가 결정되어야 한다고 조언한다. 이런 상황이 장기적인 지역사회 관계 유지를 위해 프로그램을 종료하기에 적절한 시기이다. 이러한 상황을 피하려고 대부분의 성공한 관리자들은 지속해서 자원을 찾고, 프로그램 평가와 기금 조성 과정 사이에 강한 연계 고리를 만들고, 대안적 자원 창출을 위해 지역사회 구성원들을 만나고, 일부 지역사회 구성원이나 학생이 서비스 러닝 활동에 관련된 일부 행정 업무의 합리성을 지지하거나 자원봉사를 하도록 동기를 부여한다.

서비스 러닝 관리의 어려운 과제 중 하나는 책무성과 자율성 사이의 균형을 이루는 것이다. 책무성과 관련된 필수적인 사항은 안전 및 보안, 제도적 자원의 약속과 활용이다. 문제는 학생의 목소리를 낼 기회의 가능성, 리더십 역할, 의사 결정에 관한 사항이다. 관리자는 더 많은 책무성이 학생들의 리더십을 저해할 수 있고, 너무 많은 자율성이 지역사회 구성원들과 학생들에게 해를 끼칠 수 있는 부적절한 기준을 초래할 수 있음을 주의해야 한다. 이러한 상황을 극복하기 위해 관리자는 기존의 제도적 리더십 문화를 평가하고 도움이 될 수 있는 몇 가지 조언 전략을 생각해 볼 수 있다. 학생들은 서비스 러닝 프로그램 실행 중에 지도자의 역할에 저항하는 것으로 관찰되었다. 학생들은 행정적 책임을 감당하기보다는 봉사에 더 많은 시간을 할애하기를 원한다. 이러한 문제가 처음에 해결되지 않으면 큰 복잡성과 많은 중요한 업무에 대한 소홀로 이어질 수 있다. 그래서 이 상황을 극복하기 위해, 관리자들은 학생 단체들이 관리상의 책임을 수행하기 위해 순환적인 리더십 모델을 개발하도록 장려할 수 있다. 이 모델은 사용하기에 매우 어렵다. 그러나 그것은 학생에게 리더십 역할들에 대해 배울 기회를 제공하는 데 도움을 줄 수 있다. 이와 관련하여, 관리자들은 또한 학생에게 봉사의 질과 혜택에 대해 서비스 제공자와 조직원을 인터뷰하도록 권장할 수 있다. 또 다른 어려운 과제는 학생 단체들이 리더십 교체에 도움을 주도록 조언하는 것이다. 학생들에게 지도자 역할에 대한 적절한 훈련을 제공하지 못하고 성공적인 계획이 제대로 이루어지지 않으면, 실패하고 준비가 부실한 프로그램으로 전락할 수 있다. 이러한 상황을 극복하기 위해 학생들에게 부과하기보다는 지도자 역할에 관심이 많은 학생에게 효과적인 리더십 개발 활동을 할 필요가 있다. 서비스 러닝 졸업생에 대한 의사 결정에는 많은 행정적인 문제가 수반된다. 이를 위해, 관리자가 봉사 현장에서 누가 내키지 않은 내담자, 학생, 직원과 자원봉사자인가를 구별해야 하는 것이 중요하다. 기관은 프로그램을 시작하기 전에 서비스 러닝에 참여한 학생 및 다른 사람들의 배치 및 관리 시스템을 결정할 필요가 있다. 멀리 떨어진 곳에서 집중적인 서비스 러닝 프로그램의 실행은 재정, 여행 및 교통, 주거, 음식, 보급 환경, 의사소통, 건강 및 지역사회의 요구와 학생의 학습 결과 간의 조화 등과 관련하여 행정적인 어려움을 초래할 수 있다. 그러한 상황에 대처하기 위해, 관리자들은 그러한 상황에 놓이기 전에 학생에게 제공될 수 있는 정보를 수집함으로써 일부 행정 부서나 기관 구성원들과 연락을 취할 수 있다. 관리자들은 또한 서비스 러닝 프로그램의 설계, 개발 및 실행 전반에 걸쳐 지역사회의 요구와 학생 학습 결과 사이에서 균형을 이루도록 노력해야 한다.

저자들은 서비스 러닝이 3가지 중요한 목표를 가지고 있다고 본다. 지역사회에 대한 봉사 제공, 학생의 비판적 사고와 문제해결력 제고, 민주 시민의 준비 등이다(Hardway, 2004). 일부에서는 서비스 러닝 모형의 주요 목표가 교실과 실제 경험을 연결하는 것이라고 주장한다(Dauenhaur et al., 2010). 이러한 서비스 러닝의 이해는 지역사회 기반 에이전시 모델을 의미한다. 서비스 러닝의 지역사회 기반 에이전시 모델은 혁신적 학습의 개념을 기반으로 한다. 이러한 유형의 모델에서는 학생과 함께 의뢰인을 소개함으로써 교실에서 배운 지식을 실제 상황에 활용할 수 있다. 이 모델과 전통적인 모델의 가장 큰 차이점은 이 모델이 지역사회에 기반을 둔 기관이나 조직과의 협력의 어려움을 완화함으로써 변화를 불러온다는 것이다. 이 모델은 또한 교수진이 기관 정책의 제약 없이 과정의 효율성과 그 실행을 검토하기 위한 몇 가지 적절한 조치를 채택할 수 있도록 허용한다. 이 모델은 또한 학생들이 기관이나 지역사회 조직의 정책을 검토하여 개선해야 할 부분을 찾도록 장려한다. 이러한 정책 유연성은 학생이 필요한 정책 실천을 하고 실제 삶에 적용을 이해하도록 한다(Nino et al., 2011). 서비스 러닝 프로그램의 필수 요소는 의미 있는 봉사, 호혜성, 리더십 개발, 성찰, 파트너십 등이다. 모든 서비스 러닝은 지속 가능하고 성공하기 위해 이러한 기준을 충족해야 한다(Bittle et al., 2002; Seifer, 1998). 서비스 러닝 참여자들은 공유 자원에 접근할 수 있어야 하며, 긴밀한 협업을 해야 하며, 관계에 대한 신뢰를 키워야 한다고 제안한다. 교수진은 긍정적인 상호 작용과 업무를 할 수 있는 환경을 조성하고, 효과적인 협업의 모델을 만들며, 다양한 수업전략을 적용하고, 학생들을 지도하며, 학습에 대한 관리와 평가를 하고, 문제를 해결하고, 학생들과의 신뢰를 구축해야 한다. 의미 있는 파트너십은 모든 참가자가 봉사 활동에 긍정적으로 참여할 수 있도록 하며, 이는 서비스 러닝을 통해 변화의 목적을 더 깊이 이해하는 데 도움이 된다. 또한 양질의 서비스 러닝 프로그램의 핵심 요소는 다음과 같다. 핵심 요소에는 한 학기 동안 최소 24시간 지속, 구조화된 성찰, 봉사 현장에 대한 신중한 평가 등이 있다. 성공적인 봉사 프로그램은 학생들이 솔선수범하여 책임감을 보이고, 관리관 및 지역사회 구성원과 하나의 팀 파트너로 일할 수 있도록 한다. 앞서 언급한 관점은 프로그램 특성과 구조가 성공적인 서비스 러닝 프로그램의 핵심 요소임을 더욱 뒷받침한다(Teranishi, 2007). 다른 중요한 요소는 참여, 일기 쓰기, 다문화 경험, 지역사회 파트너십이다(Corso, 2008). 성공적인 서비스 러닝을 위해 지역사회 파트너십은 다음을 포함해야 한다. ㉠ 시간의 경과에 따라 목표와 새로운 목표를 정의하고, ㉡ 임무, 가치, 목표, 결과 및 책임에 대해 상호 합의하고, ㉢ 상호 신뢰, 존중 및 약속을 하고, ㉣ 요구를 해결하고, ㉤ 파트너의 역량을 강화하고, ㉥ 동등한 토대 위에서 자원을 공유하고, ㉦ 명확하고 열린 의사소통을 하고, ㉧ 파트너십을 위한 원칙 및 절차에 대해 합의하고, ㉨ 모든 파트너로부터 피드백을 받고, ㉩ 혜택을 동등하게 공유하고, ㉪ 상호 합의로 토론 종결 과정을 계획하는 것 등이다. 연구에 따르면 서비스 러닝 프로그램은 많은 요인으로 인해 원하는 결과를 달성하지 못하는 것으로 나타났다. 그 이유 중 하나는 명확한 비전과 사명 의식이 부족하거나 프로그램이 기본적인 기관의 임무로 완전히 통합되지 않았기 때문이다. 또한 프로그램 참가자 간의 불평등한 관계가 프로그램 실패의 원인 중 하나라고 보인다(Butin, 2010). 일부 연구자들(Honnet & Poulsen, 1989)에 따르면, 성공적인 봉사 프로그램의 지표는 다음과 같다. (1) 학생들이 봉사 활동에 대해 성찰할 구조화된 기회; (2) 프로그램은 명확한 사명과 목표를 지니고 있다; (3) 요구를 지닌 사람들이 스스로 요구를 규정하는 것을 허용한다; (4) 각 사람의 책임이 명확하게 정의되고 명료화된다; (5) 봉사에 대한 모든 파트너의 지속적인 헌신; (6) 봉사와 학습 목표를 달성하기 위해 서비스 러닝 담당자의 교육, 감독, 관리, 지원, 인정 및 평가 등이 있다; (7) 시간 약속 또는 기간은 모든 파트너에게 유연하고 적절해야 한다; (8) 모든 파트너가 참여하고 헌신을 보여야 한다 등이 지표에 포함된다.

캠퍼스 아웃리치 기회 연맹은 지역사회 서비스 러닝 프로그램의 성공적인 운영을 위해 다음과 같은 중요한 요소들을 개발했다. 이러한 요소들은 전 세계 100개 이상의 기관에서 실행되고 있다. (1) 공동체 목소리: 서비스 러닝 프로그램의 성공과 발달은 공동체가 서비스 러닝 프로그램에 효과적으로 포함되는 것을 필요로 한다. (2) 오리엔테이션 및 훈련: 서비스 러닝 프로그램의 성공적인 구현을 위해서는 공동체, 이슈 또는 공동체 그룹에 대해 학생들을 위한 적절한 오리엔테이션과 훈련이 있어야 한다. (3) 의미 있는 행동: 서비스 러닝은 의미 있고 지역사회에 유용해야 한다. 이는 그들이 봉사 프로그램에 적극적으로 참여하도록 동기를 부여할 것이다. (4) 성찰: 서비스 러닝 프로그램의 필수 구성 요소이다. 성찰은 반응, 이야기, 느낌, 사실 및 문제를 다루어야 한다. (5) 평가: 평가는 학생의 학습과 프로그램의 효과를 효과적으로 측정해야 한다. 프로그램 개선, 성장 및 변화에 대한 방향을 제시하기 위한 자료로 사용되어야 한다. 서비스 러닝의 우수한 관행에 대해 논의하면서 하워드(Howard, 1993)는 다음과 같이 강조한다. (1) 봉사 배정을 위한 적절한 기준이 있어야 한다; (2) 봉사 활동 중에 학생들에게 지원이 제공되어야 한다; (3) 과정에 대한 지역사회의 안내를 최대한 많이 해야 한다; (4) 교수진의 교육적 역할이 재평가되어야 한다; (5) 학생들을 위한 명확한 학습 목표를 설정해야 한다. 국가봉사협의회(The Corporation for National Service)는 조직과 서비스 러닝 프로그램을 개선하기 위한 일련의 원칙을 제공한다. 이를 위해 다음과 같은 원칙이 필요하다. 의뢰인의 요구가 적절하게 충족되어야 하고, 파트너는 봉사를 위해 훈련되고 동기 부여되어야 하며, 측정할 목표와 목적이 있어야 하며, 지속적인 성과의 향상을 위해 모든 파트너에게 정기적으로 전달되어야 하며, 효과적인 의사소통

문화가 있어야 한다. 이런 원칙은 지속적인 개선을 위해서는 필수적이며, 직원들은 지역사회의 요구를 이해하고, 지역사회는 교수와 학생을 이해하고 다음의 일에 협력해야 한다. 건설적인 비판과 지속적인 실천으로부터 배움이 있어야 한다. 모든 파트너는 활기차고 동기가 충만한 팀처럼 일해야 한다(Xing & Ma, 2010).

연구에 따르면 서비스 러닝 프로그램의 성공적인 실행을 위해서는 서비스 러닝 프로그램을 시작하기 전에 지역사회 요구 분석을 수행해야 한다. 이것은 지역사회 영역으로 들어가기 전에 역사, 문제, 전통, 가치관, 민족성, 문화, 지역사회 자원 및 사회경제적 역학에 대한 학습을 포함한다. 서비스 러닝 프로그램을 설계하기 전에 이러한 요인들에 대한 철저한 탐색이 필요하다. 이를 위해 인구조사 자료, 소득, 인종 정보, 교육 수준, 가족 상태, 민족 구성과 같은 실제 사실을 수집할 수도 있다. 이러한 목표는 서비스 러닝 과정의 이론과 직접적으로 관련된 서비스 러닝 구성 요소를 개발함으로써 성취될 수 있다고 생각한다(Crone, 2013). 이것은 이론을 실천과 완전히 통합하고 학생들, 지역사회, 기관들이 봉사 활동으로부터 혜택을 받을 수 있도록 하는 더 포괄적인 기반을 제공할 것이다. 연구자들은 성공적인 프로그램이 또한 긍정적이고 지속 가능한 파트너십에 달려있다고 주장했다. 이를 위해서는 교육자와 관리자가 오히려 지역사회를 위해 함께 해야 한다는 것을 깨닫는 것이 중요하다. 이를 위해서는 지역사회 대표자를 기획하는 자리에 초대해야 한다. 이러한 관계는 지역사회와 기관 모두 프로그램 개발과 실행에 이바지해야 한다는 호혜성의 개념에 기초해야 한다. 둘 다 동등한 주주인 것을 믿어야 한다. 누구도 우월하다고 느끼거나 열등하다고 느껴서는 안 된다. 그렇지 않으면 프로그램의 목적 전체가 사그라지게 된다. 긍정적인 관계를 발전시키기 위해서는 의사소통이 명확해야 하며, 모든 파트너가 참여해야 하는 서비스 러닝 작업의 진행 상황을 논의하기 위한 모든 파트너 간에 정기적인 회의를 소집해야 한다(Butin, 2010; Mulling & Wiger, 1995). 학생들은 봉사 사이트에서 지역사회 자산, 규범 및 절차에 대한 지역사회 오리엔테이션을 제공받아야 한다. 이것은 봉사를 수행하는 것에 대한 자신감을 키울 것이다. 학생들은 이웃과 더 큰 지역사회를 알아야 한다. 학생들은 지역사회의 하인이 아니라 지역사회 개발에 기여자인 것을 알아야 한다(Furco, 2002). 서비스 러닝은 교육활동일 뿐만 아니라 지역사회 봉사 활동임을 명심해야 한다. 따라서 지역사회 구성원, 지도자, 서비스 제공자, 교수진은 학생에게 자기 경험을 토론하고 공유하도록 늘 관심을 가져야 한다(Mulling & Wiger, 1995; Butin, 2010). 지역사회와 기관 간의 성공적인 파트너십을 개발하는 과정에서 많은 기관이 다양한 함정과 오해에 빠져 결국 좌절로 끝나기도 한다. 캠퍼스 컴팩트는 지역사회와 기관 간의 효과적인 파트너십을 위한 3가지 모델, 즉 클리어링하우스 모델(clearinghouse model), 파트너십 모델, 협력 모델을 개발했다. 클리어링하우스 모델에서는 지역사회와의 관계를 발전시키기 위해 학생과 교수에게 제공할 데이터베이스를 만든다. 이 모델은 요구에 기반을 둔 모델이며, 파트너의 역량을 기반으로 한다. 따라서 파트너 간의 우월 열등 콤플렉스(a superior inferior complex)를 촉진하기 때문에 여러 상황에 적합하다. 파트너십 모델은 서로의 자원을 충족시키기 위해 연결된 경험을 바탕으로 더 의도적인 관계를 장려한다. 협력 모델에서 파트너들은 더 상호 의존적으로 된다. 지배의 개념이 없으며, 오히려 모든 파트너는 프로그램의 가치 있는 구성원이다(Bringle & Hatcher, 1996). 또한 지역사회 구성원들은 프로그램을 시작하기 전에 지역사회 조직, 비전, 임무, 철학, 구조, 직원 및 봉사에 대해 학생, 교수와 관리자에게 어느 정도의 오리엔테이션을 제공해야 한다. 서비스 러닝 프로그램의 또 다른 필수 요소는 평가이다. 평가는 서비스 러닝 프로그램의 가장 중요하지만, 종종 간과되는 측면이다. 학생 평가와는 별개로, 프로그램의 성공을 위해서는 서비스 러닝 프로그램, 그 유용성 및 다른 측면에 대한 지역사회 구성원의 지속적인 피드백이 있어야 한다. 이러한 측면은 종종 무시된다. 인터뷰, 토론 세션, 봉사를 받은 지역사회에 대한 질적·양적 평가를 통해 지역사회 피드백을 받을 수 있다. 이는 프로그램 개발과 개선에 도움이 된다(Butin, 2010). 퍼코(Furco, 2002)는 성공적인 서비스 러닝 프로그램 구현을 위해 다음과 같은 규정을 개발했다: (1) 철학과 임무, (2) 교수 지원과 참여, (3) 학생 지원과 참여, (4) 지역사회 참여와 파트너십, 그리고 (5) 기관 지원 등이다. 윙스프레드(Wingsfread)는 효과적인 서비스 러닝 프로그램에 임무, 파트너십, 새롭게 정의된 장학금, 참여적 교수—학습, 지원과 제도 변화 등이 포함된다고 제안했다(Brukardt, 2004; T. Stewart & Wubbena, 2014). 서비스 러닝 프로그램을 성공적으로 운영하기 위해서는 성찰, 임무, 지역사회 참여, 학생 참여, 교수 참여, 명확한 평가 등을 고려할 필요가 있다(Butin, 2010).

서비스 러닝의 이론과 실제

참고 문헌

Aberle-Grasse, M. (2000). The Washington study-service year of Eastern Mennonite University. *The American Behavioral Scientist*, 43(5), 848.

Arthur, H. F. (2009). *The impacts of service learning on personal growth, civic responsibility, and spiritual development of freshman students at a faith-based university*. Trevecca Nazarene University.

Baker-Boosamra, M., Guevara, J. A., & Balfour, D. L. (2006). From service to solidarity: Evaluation and recommendations for international service learning. *Journal of Public Affairs Education*, 479–500.

Barnett, M., Silver, P. T., & Grundy, T. S. (2010). Implementing service-learning pedagogy: A case example. *Journal of Higher Education Outreach and Engagement*, 13(4), 117–134.

Beran, J., & Lubin, A. (2012). Shifting service-learning from transactional to relational. *Journal of Jewish Communal Service*, 87(1/2), 88–92.

Bheekie, A., Adonis, T.-A., & Daniels, P. (2007). Contextualising undergraduate pharmacy training in service-learning at the University of the Western Cape. *Education as Change*, 11(3), 157–167.

Billig, S. H., Root, S., and Jesse, D. (2005). The relationship between quality indicators of service-learning and student outcomes: Testing professional wisdom. In S. Root, J. Callahan, & S. H. Billig (Eds.), Advances in Service-Learning Research: Vol. 5. *Improving service-learning practice: Research on models to enhance impacts* (97–115). Greenwich, Conn.: Information Age.

Bittle, M., Duggleby, W., & Ellison, P. (2002). Implementation of the essential elements of service learning in three nursing courses. *Journal of Nursing Education*,

41(3), 129–132.

Blouin, D. D., & Perry, E. M. (2009). Whom does service learning really serve? Community-based organizations' perspectives on service learning. *Teaching Sociology*, 37(2), 120–135.

Bridgeland, J. M., Dilulio Jr, J. J., & Wulsin, S. C. (2008). Engaged for success: Service-learning as a tool for high school dropout prevention. *Civic Enterprises*, 12, 168–174.

Bringle, R. G., & Hatcher, J. A. (1996). Implementing service learning in higher education. *The Journal of Higher Education*, 221–239.

Brukardt, M. J. (2004). *Calling the question: Is higher education ready to commit to community engagement?* Milwaukee Idea Office, University of Wisconsin-Milwaukee.

Butin, D. W. (2005). *Service-learning in higher education: Critical issues and directions*. Palgrave Macmillan.

Butin, D. W. (2010). *Service-learning in theory and practice: The future of community engagement in higher education*. Palgrave Macmillan.

Butin, D. W., & Pompa, L. (2005). *Service-learning as crucible: Reflections on immersion, context, power, and transformation*. (pp. 173–192). Palgrave Macmillan US.

Castellan, C. M. (2013). Service-learning in teacher education: Does the model matter? *International Journal of Research on Service-Learning in Teacher Education*, 1(2), 1–19.

Chan Cheung Ming, A., Lee, W. K., & Ma Hok Ka, C. (2009). Service-learning model at Lingnan University: Development strategies and outcome assessment. *New Horizons in Education*, 57(3), 57–73.

Chang, S.-P., Anagnostopoulos, D., & Omae, H. (2011). The multidimensionality of multicultural service learning: The variable effects of social identity, context and pedagogy on pre-service teachers' learning. *Teaching and Teacher Education, 27*(7), 1078–1089.

Clark, S.C. (2000). The more we serve, the more we learn: Service learning in a human resource management course. In P. C. Godfrey & E. T. Grasso (Eds.), *Working for the common good: Concepts and models for service-learning in management* (pp. 133–147). Washington, DC: American Association for Higher Education.

Cline, R. C., & Kroth, M. (2008). The challenges of using service learning in construction management curricula. *International Journal for Service Learning in Engineering, Humanitarian Engineering and Social Entrepreneurship, 3*(1).

Conrad, D., & Hedin, D. (1991). School-based community service: What we know from research and theory. *Phi Delta Kappan, 72*(10), 743–749.

Corso, G. S. (2008). *Learning outcomes in college academic service-learning experiences: So much may factor into assessing such experiences.* Online Submission. Retrieved from https://files.eric.ed.gov/fulltext/ED501290.pdf

Cress, C. M. (2003). Critical thinking development in service-learning activities. *Inquiry: Critical Thinking Across the Disciplines, 23*(1/2), 87–93.

Crone, T. S. (2013). The effects of service-learning in the social psychology classroom. *Journal of Service-Learning in Higher Education, 2.*

Dauenhauer, J. A., Steitz, D. W., Aponte, C. I., & Fromm Faria, D. (2010). Enhancing student gerocompetencies: Evaluation of an intergenerational service learning course. *Journal of Gerontological Social Work, 53*(4), 319–335.

Dipadova-Stocks, L. N. (2005). Two major concerns about service-learning: What if we don't do it? And what if we do? *Academy of Management Learning & Education, 4*(3), 345–353.

Einfeld, A., & Collins, D. (2008). The relationships between service-learning, social justice, multicultural competence, and civic engagement. *Journal of College Student Development*, 49(2), 95–109.

Fenzel, L. M., & Peyrot, M. (2005). Comparing college community participation and future service behaviors and attitudes. *Michigan Journal of Community Service Learning*, 12(1), 23–31.

Fernández, S. D., & Mayhew, M. J. (2007). Pedagogical practices that contribute to social justice outcomes. *The Review of Higher Education*, 31(1), 55–80.

Furco, A. (2003). Issues of definition and program diversity in the study of service-learning. In Shelley H. Billing & S. Alan (Eds.), *Studying service-learning: Innovations in education research methodology* (pp. 13–33). Lawrence Erlbaum.

Gibson, M. K., Kostecki, E. M., & Lucas, M. K. (2001). Instituting principles of best practice for service-learning in the communication curriculum. *Southern Journal of Communication*, 66(3), 187–200.

Henderson, J. E., & Brookhart, S. M. (1997). *Service learning for aspiring school leaders: An exploratory study*. Paper presented at the annual meeting of American Educational Research Association, Chicago. March 24–28.

Holland, T. P., & Ritvo, R. A. (2008). *Nonprofit organizations: principles and practices*. Columbia University Press.

Honnett, E. P., & Poulsen, S. J. (1989). *Principals of good practice for combining service and learning*. https://eric.ed.gov/?id=ED399954

Howard, J. (1993). Praxis I. *A Faculty Casebook on Community Service Learning*. OCSL Press, University of Michigan, Office of Community Service Learning, 2205 Michigan Union, Ann Arbor, MI 48109.

Howard, J. (2001). Academic service-learning: Myths, challenges, and recommendations. *Teaching Excellence*, 12(3).

Jenkins, A., & Sheehey, P. (2009). Implementing service learning in special education

서비스 러닝의 이론과 실제

coursework: What we learned. *Education*, 129(4), 668.

Jurgens, J. C., & Schwitzer, A. M. (2002). Designing, implementing, and evaluating a service-learning component in human service education. *Human Service Education: A Journal of the National Organization for Human Service Education*, 22(1), 35–45.

Kaupins, G., & Bodie, D. (2011). Administrative challenges of the service learning lab option with non-profits. *Advances in Business Research*, 2(1), 46–56.

Kecskes, K., & Spring, A. (2006). Continuums of engagement at Portland State University: An institution-wide initiative to support departmental collaboration for the common good. In *Engaging departments: Moving faculty culture from private to public, individual to collective focus for the common good.* Anker.

Kenworthy, A. L., DiPadova-Stocks, L. N., & Beatty, J. E. (2010). For which future? Exploring the implicit futures of service-learning. *International Journal of Organizational Analysi*s, 18(2), 181–197.

Krisnawati, L. D. (2009). Service-learning in Duta Wacana Christian University: Past, present, and future states. *New Horizons in Education*, 57(3), 74–81.

Kuh, G. D. (2003). What we're learning about student engagement from NSSE: Benchmarks for effective educational practices. *Change: The Magazine of Higher Learning*, 35(2), 24–32.

Lam, S. K., & Hui, E. K. (2010). Factors affecting the involvement of teachers in guidance and counseling as a whole-school approach. *British Journal of Guidance & Counseling*, 38(2), 219–234.

Lattanzi, J. B., Campbell, S. L., Dole, R. L., & Palombaro, K. M. (2011). Students mentoring students in a service-learning clinical supervision experience: An educational case report. *Physical Therapy*, 91(10), 1513–1524.

Levesque-Bristol, C., Knapp, T. D., & Fisher, B. J. (2010). The effectiveness of service-learning: It's not always what you think. *The Journal of Experiential Education*, 33(3), 208.

Mabry, J. B. (1998). Pedagogical variations in service-learning and student outcomes: How time, contact, and reflection matter. *Michigan Journal of Community Service Learning*, 5, 32–47.

Magarrey, M., & Francis, R. (2005). Service learning and student academic success. *Academic Exchange Quarterly*, 9(3), 245–249.

Mills, S. D. (2012). The four furies: Primary tensions between service-learners and host agencies. *Michigan Journal of Community Service Learning*, 19(1), 33–43.

Molee, L. M., Henry, M. E., Sessa, V. I., & McKinney-Prupis, E. R. (2010). Assessing learning in service-learning courses through critical reflection. *The Journal of Experiential Education*, 33(3), 239.

Mulling, C., & Wiger, F. (1995). *Do no harm*. National Gathering of College Educators and Service-Learning.

Munter, J. (2002). Linking community and classroom in higher education: Service-learning and student empowerment. *Journal of Nonprofit & Public Sector Marketing*, 10(2), 151–164.

Nino, M., Cuevas, M., & Loya, M. (2011). Transformational effects of service-learning in a university developed community-based agency. *Advances in Social Work*, 12(1), 33–48.

O'Meara, K., & Niehaus, E. (2009). Service-learning is . . . how faculty explain their practice. *Michigan Journal of Community Service Learning*, 16(1), 17–32.

Piliavin, J. A. (2005). Feeling good by doing good: Health consequences of social service. In A. M. Omoto (Ed.), *Processes of community change and social action* (pp. 29–50). Lawrence Erlbaum Associates Publishers.

Prentice, M., & Robinson, G. (2010). Improving student learning outcomes with service learning. *Higher Education*. 148. https://digitalcommons. unomaha.

서비스 러닝의 이론과 실제

edu/slcehighered/148

Roberts, R. W., Mason, J. W., & Marler, P. L. (1999). A true specialist: Teaching sociology through a service-learning project involving the construction of a pit latrine. *Teaching Sociology*, 27(4), 407–416.

Robinson, G. (2000). Stepping into our destiny: Service learning in community colleges. *Community College Journal*, 70(3), 8–12.

Robinson, T. (2000). Service learning as justice advocacy: Can political scientists do politics? *PS: Political Science & Politics*, 33(3), 605–614.

Roehlkepartain, E. (2009). *Service-learning in community-based organizations: A practical guide to starting and sustaining high-quality programs*. Learn and Serve America's National Service-Learning Clearinghouse. Retrieved July 18, 2010, from https://digitalcommons.unomaha.edu/cgi/viewcontent.cgi?article=1140&context=slceslgen

Root, R., & Thorme, T. (2001). Community-based projects in applied statistics: Using service-learning to enhance student understanding. *The American Statistician*, 55(4), 326–331.

Schneider, M. K. (1998). Models of good practice for service-learning programs. *AAHE Bulletin*, 50(10), 9–12.

Seifer, S. D. (1998). Service-learning: Community-campus partnerships for health professions education. *Academic Medicine*, 73(3), 273–277.

Sek-yum, S. N., & Ngan-pun, N. (2005). Differential effects of service experience and classroom reflection on service-learning outcomes: A study of university students in Hong Kong. *International Journal of Adolescence and Youth*, 12(3), 231–250.

Stewart, T., & Wubbena, Z. (2014). An overview of infusing service-learning in medical education. *International Journal of Medical Education*, 5, 147.

Strom, P., Strom, R., Wing, C., & Beckert, T. (2009). Adolescent learning and the internet implications for school leadership and student engagement in learning. *NASSP Bulletin*, 93(2), 111–121.

Swick, K. J., & Rowls, M. (2000). The "voices" of pre-service teachers on the meaning and value of their service-learning. *Education*, 120(3), 461.

Teranishi, C. S. (2007). Impact of experiential learning on Latino college students' identity, relationships, and connectedness to community. *Journal of Hispanic Higher Education*, 6(1), 52–72.

Tryon, E., Stoecker, R., Martin, A., Seblonka, K., Hilgendorf, A., & Nellis, M. (2008). The challenge of short-term service-learning. *Michigan Journal of Community Service Learning*, 14(2).

Waters, S. E., & Brigden, J. J. C. (2013). Assessing the community partner in academic service-learning: A strategy for capacity-building. *PRISM: A Journal of Regional Engagement*, 2(2), 1.

Worth, M. J. (2013). *Nonprofit management: Principles and practice*. Sage.

Xing, J., & Ma, C. H. K. (2010). Service-learning in Asia: Curricular models and practices (Vol. 1). Hong Kong University Press.

Zhang, G., Zeller, N., Griffith, R., Metcalf, D., Williams, J., Shea, C., & Misulis, K. (2011). Using the context, input, process, and product evaluation model (CIPP) as a comprehensive framework to guide the planning, implementation, and assessment of service-learning programs. *Journal of Higher Education Outreach and Engagement*, 15(4), 57–84.

Zlotkowski, E. (1996). Linking service-learning and the academy: A new voice at the table? *Change*, 28(1), 20–27.

14장

결 론 및 제 언

결론
및
제언

서비스 러닝의 개념은 일반적으로 1960년대 초의 듀이와 1970년대 후반의 시그몬(Robert Sigmon)과 램지(William Ramsey)의 경험적 교육사상에서 생겨났다. 이후 서비스 러닝은 조직화한 봉사를 통해 시민성 성장을 도모하고 지역사회에 이바지하기 위한 경험적 교수법으로 더욱 폭넓은 인기를 얻었다. 이론적으로 서비스 러닝의 개념은 듀이의 경험적 교육 이론에 뿌리를 두고 있다. 그는 경험과 실천적 참여를 효과적인 학습과 발전의 토대로 여겼다. 듀이는 학생이 지역 서비스 러닝에 참여할 때 더 나은 시민성 기능을 배울 수 있다고 믿었다. 듀이는 또한 전통적인 교육체계에 있는 학생이 경험하고 있지만, 실제 상황과의 부적절한 연결성으로 인해 이러한 경험이 효과적이지 않다고 믿었다. 그는 경험과 실천에 초점을 둔 능동적인 학습의 과정을 믿었다는 것을 의미한다. 체험

학습 교육으로서 서비스 러닝은 이러한 목표의 실현을 가장 잘 해냈다. 듀이의 경험주의 이론은 서비스 러닝의 과정에 대한 이해를 어느 정도 제공한다. 그는 서비스 러닝을 사회철학, 시민성, 공동체, 민주주의의 문제와 연결했다. 듀이는 학습과 봉사 사이의 매우 밀접한 관계를 탐구했다. 그의 유명한 실용주의 철학은 지식을 행동과 연관시키고 개인을 사회에 연관시키며, 이것은 그의 경험주의 이론에 의해 더욱 명백하게 드러났다. 그러므로, 그의 교육사상은 서비스 러닝의 개념을 더욱 공고히 한 시민 참여와 민주주의를 위한 기본 원칙을 제공하였다.

서비스 러닝은 학생이 공동체에 봉사를 제공할 뿐만 아니라 봉사의 어려움을 성찰함으로써 공동으로 일하고, 시민적 책임감을 기르고, 새로운 지식과 기능을 획득할 수 있는 학점을 취득하는 경험적인 교육 방법이다. 미국 서비스 러닝 정보센터(National Service-Learning Clearinghouse)는 서비스 러닝을 지역사회 봉사 목적과 학문적 내용을 연결하는 교육 방법으로 정의한다. 기본적인 의도는 학생과 지역사회 모두에게 이익을 주는 것이다. 학생은 배움의 기회를 찾고, 지역사회는 봉사를 얻는다. 서비스 러닝은 가치, 기능, 지식에 대한 자기 성찰, 자기 발견, 습득, 이해를 기반으로 하는 구조화된 프로그램이다.

앞서 언급했듯이, 서비스 러닝은 지난 20년 동안 광범위하게 인기가 있었다. 1980년대 중반, 서비스 러닝은 학교 졸업생들 사이에 봉사 의식을 고취하기 위한 전국적인 확산과 함께 대학 캠퍼스에서 빠르게 실행되었다. 흥미롭게도, 1999년까지, 전 세계 32% 이상의 공립학교들이 교육 과정에 서비스 러닝을 통합했다. 서비스 러닝의 인기는 2003년 월드 리포트 잡지가 교육과정에 서비스 러닝을 포함하는 미국의 많은 대학교와 독립 대학들을 열거할 정도로 높아졌다.

게다가, 듀이를 제외하고, 서비스 러닝은 아담스(Jane Addams)와 데이(Dorothy Day)의 저작에서도 유래한다. 아담스는 사회 운동가이자 존엄한 상을 받은 사람이었다. 그는 헐하우스(Hull house)[1]라고 불리는 가난한 사람들을 위한 구호 센터를 설립했다. 도로시는 또한 불우한 인간의 권리를 위해 싸웠던 사회 운동가였다. 이러한 활동가들의 노력 결과로 서비스 러닝의 개념은 1960년대 초부터 교육적 실천으로 뿌리내리기 시작하여 1970년대에 마침내 생겨났다. 이후, 전국 학생 자원봉사 프로그램과 전국 서비스 러닝 센터를 포함한 많은 기관이 교육 방법으로서의 많은 이점을 인정하여 이를 채택했다. 서비스 러닝의 발전에 이바지한 모든 이론 중에서 콜브의 경험 학습 이론은 서비스 러닝의 거대한 체계가 자리 잡은 진정한 토대를 제공한다. 듀이와 마찬가지로 콜브도 경험을 통해 학습한다고 설명한다. 이는 행동, 성찰, 탐구, 숙고로 구성되는 순환 고리이다. 이 순환 고리는 학생이 그 경험으로부터 새로운 지식을 구성할 수 있도록 해준다. 서비스 러닝은 계획, 실행, 성찰 및 보고가 있는 순환 과정으로 구성되어 학습과 발달의 기초를 제공한다.

유명한 연구자인 피아제의 교육 개념은 서비스 러닝 실천에도 정보를 주었다. 그에 따르면, 개인은 환경과 상호 작용하고 경험으로부터 의미를 구성한다. 피아제는 이를 수용이라고 부른다. 그의 강조점은 서비스 러닝의 과정을 이해하는 데 유용한 지점이다. 이와 유사하게 에릭슨(Erickson)도 환경과의 상호 작용이 개인의 심리·사회적 발달에 핵심이라고 주장했다. 유명한 브라질 교육자 프레이리도 서비스 러닝 분야에 이바지했다. 그의 교육목표는 문해력, 교육, 비판적 성찰, 그리고 집단적 사회 행동을 통한 개인과 사회의 정치적인 변화를 포함했다. 그의 교육 철

---

1   역주 1889년 시카고에 세운 복지시설이다.

학은 경험, 성장, 탐구, 의사소통, 중재, 문제 해결, 인식 제고, 그리고 혁신을 설파한다. 이 모두는 서비스 러닝의 개념에 이론적으로 풍요로움을 제공했다.

앞서 언급한 논의로부터, 서비스 러닝 프로그램과 관련된 이론의 많은 부분이 경험 학습 모델에서 발전했다. 경험 학습은 학습자가 경험으로부터 지식, 기능, 가치를 구성하는 과정이다. 따라서, 서비스 러닝은 학생들이 그들의 학습을 지역사회에 적용하고, 경험을 얻고, 구성하고, 그들의 지식을 재구성하는 것을 가능하게 해준다. 예를 들어, 1938년 듀이는 문제 해결 과정의 여러 단계를 설명하는 자신의 경험 학습 이론을 제시했다. 그 단계로는 문제를 접하고, 문제를 정의하고, 정보를 수집하고, 정보를 평가하고, 가설을 개발하고, 가설을 검증하고 결론을 도출하는 것 등이다. 듀이에 따르면, 교육의 주된 목적은 학생들의 추론 능력과 문제 해결 능력의 개발이다. 이러한 사고는 구성주의 이론에 근거하고 있다. 구성주의 학습은 학습자가 문제에 직면하고 문제를 해결할 수 있도록 돕기 위한 경험, 협업, 성찰의 활용을 강조한다. 연구에 따르면 학생은 학습이 실생활 문제를 해결하는 능력을 향상할 때 동기 부여가 된다고 한다. 듀이는 또한 문제 해결과 발견이 장려되는 학습 환경에 공감했다. 학습은 개별적인 경험이지만 연구에 따르면 사람은 다른 사람과의 상호 작용과 협력을 통해 배운다고 한다.

좀 더 정확하게 말하면, 경험 학습 모형에서 콜브는 구체적 경험, 반성적 관찰, 추상적 개념화, 능동적 실험의 4단계를 논의했다. 이 단계들은 학습하는 과정을 나타낸다. 학생은 또한 봉사 경험 중에 문제의 해결책을 찾은 후 관찰하고, 문제를 찾고, 해결책을 계획하고, 문제에 대한 작업을 시작하고, 결론에 대해 성찰하는 동일한 과정을 경험한다. 좀 더 정확하게 말하면, 경험 학습 모형에서 콜브는 구체적 경험, 반성적 관찰, 추상적 개념화, 능동적 실험의 4단계를 논의했다. 각 단계는 학습하는 과정을 나타낸다. 학생들은 관찰하고, 문제를 찾고, 해결책을 계획하고, 문제에 대한 작업을 시작하고, 문제의 해결책을 찾은 후 결론에 대해 성찰하는 단계를 지역사회에서의 봉사 경험 기간에 같이 겪게 된다. 기본적으로 듀이의 탐구 과정에 대한 아이디어는 콜브(David Kolb, 1984)로 하여금 경험 학습 모형을 제시하도록 이끌었다. 콜브에 따르면 학습은 경험의 전환을 통해 지식이 생성되는 사회적 과정이다. 개인적 지식과 사회적 지식 사이에는 상호 작용이 있다. 이러한 경험은 개인의 다양한 잠재력을 발달시키는 데 중요한 역할을 한다. 명백하게, 콜브는 그의 경험 학습 모델에 영향을 미친 프레이리와 비고츠키의 역할을 인정한다. 콜브에 따르면, 프레이리는 개인과 환경 사이의 거래로서 어떻게 학습이 발달을 형성하는지를 가장 잘 설명했다. 비고츠키에 따르면 그의 근접발달영역(zone of proximal development) 개념으로, 문제 해결의 개인적인 독립적 능력에 의해 결정되는 실제 발달과 교사의 지도하에 또는 동료와의 협력을 통해 문제 해결로 결정되는 잠재적 발달 수준 사이의 틈이 있다는 것이다.

보다 최근에, 이론가들은 교육자들에게 비고츠키의 봉사 철학에 대해 알려주었다. 그의 생각은 서비스 러닝의 개념에 크게 영향을 미쳤다. 그의 생각은 특히 고등 교육 기관이 소외되고 가난한 지역사회의 어려움에 대한 의식을 높이고, 그것을 해결하는 방법에 대한 틀을 제공했다. 듀이에 따르면, 서비스 러닝은 오늘날의 본격적인 대중 교육으로 성장했다. 놀랍게도, 교육 방법으로서, 그것은 지역사회를 실험실로 사용하여 구체적인 지식과 추상적인 지식의 균형을 맞추는 방법을 알아봄으로써 학생이 시민성을 배울 수 있도록 돕는다.

학문적 교육으로서, 서비스 러닝은 학생의 문제 해결 능력과 시민의식을 지닌 시민을 계발한다. 서비스 러닝은 또한 학생이 적극적이고 교양 있는 시민이 되도록 돕는다. 많은 학자에 따르면, 서비스 러닝의 주요 목표는 호혜성, 협력, 그리고 팀워크를 통해 사회 개혁에 이바지하는 것을 포함한다. 문헌에 따르면 대인관계와 의사소통 능력은 오늘날의 졸업생들이 취업 시장에서 취업하는 데 필요한 가장 중요한 생활 기능이다. 많은 연구가 서비스 러닝이 학생이 자신과 지역사회 구성원 사이에서 상호 작용할 때 지역사회 봉사 경험 동안 학생의 의사소통 능력을 향상한다고 보고했다. 다른 연구에서도 서비스 러닝이 또한 학생의 대인관계와 문제 해결 능력을 증가시킨다고 발표했다. 많은 저자도 리더십 기능 발달을 서비스 러닝의 직접적인 결과로 보았다. 리더십은 한 집단을 이끌고 팀 내 다른 사람들에게 책임감을 느끼는 능력이다. 서비스 러닝은 서비스 러닝 프로그램에 참여한 학생의 리더십 기능 개발을 증가시킨다는 결론이다. 이 연구는 서비스 러닝 프로그램에 참여한 후 학생이 리더십에 대한 이해와 비전이 향상되었다고 느꼈음을 발견했다.

서비스 러닝은 사회의 사회문제에 대한 학생들의 인식과 이해에 관한 긍정적인 태도 변화를 불러올 수 있는 유용한 도구이다. 더욱 이러한 변화는 사회 정의 개념과 그 실행과 관련된 학생의 관점에서 볼 수 있다. 봉사 경험의 결과로 학생은 구조적 불평등과 사회의 다른 관련 문제를 인식하게 된다. 예를 들어, 학생은 사회의 자원 배분 과정을 비판하고 인종, 피부색, 신념 등의 측면에서 어떠한 차별도 없이 효과적인 정의로운 분배를 요구하는 목소리를 높일 수 있다. 학생은 공동체의 사회 구조의 과정을 배울 때, 자신의 가정과 사회에서 실천되는 편견을 살피고 비판적으로 성찰한다. 기존의 관행과 사회 구조에 대한 비판적 고찰은 서비스 러닝의 주요한 성과 중 하나인 다양성과 사회 정의에 대한 이해를 발전시킨다.

고등 교육에 서비스 러닝에 포함될 사안에 대한 제안

서비스 러닝의 통합은 고등 교육 기관의 발전을 위해 다양한 유형의 혜택을 제공할 수 있다.

- 서비스 러닝 참여는 고등 교육을 받는 학생의 인종적, 계급적 편견의 감소를 증가시키고 다양성에 대한 그들의 존중을 증가시킬 수 있다.
- 고등 교육 측면에서 서비스 러닝 프로그램에 참여한 학생이 출신 배경이 다른 사람의 관점을 들을 수 있도록 할 필요가 있다.
- 학생이 다른 배경을 가진 사람과 직접 접촉하면 고정관념이 줄어들고 다양성에 대한 존중이 높아질 것이라고 제안한다.
- 이러한 경험이 학생이 다양한 지역사회에서 봉사를 수행할 때 긍정적인 변화를 불러올 것이므로 서비스 러닝이 통합될 수 있다고 제안한다. 이는 다양한 문화적 관행을 관찰함으로써 학생의 다양성과 학습 수용성에 대한 인식을 높일 것이다.
- 학생이 낙후한 지역사회에서 서비스 러닝 경험에 참여할 수 있도록 허용해야 한다고 제안한다. 이런 경험은 연구에서 서비스 러닝에 참여하는 학생이 봉사 활동에서 다양한 그룹과 함께 일하기를 원한다는 것을 밝혀졌기 때문에 학생이 함께 일하는 다른 사람에

대해 선입견의 부정적인 가정을 극복하는 데 도움이 될 것이다.

- 학생이 서비스 러닝에 참여할 수 있도록 장려하고 지원하며, 다른 사람과 함께 일하는 방법을 배우고, 타인의 문화를 존중하며, 공공 재산을 보호하며, 건강한 삶과 선택에 대한 인식을 키울 필요가 있다.

- 서비스 러닝의 참여가 학생의 시민 의식과 기능을 향상한다는 연구 결과가 이미 입증되었기 때문에, 고등 교육 기관에서 서비스 러닝의 통합은 학생이 문화적 다양성에 대해 배울 수 있고, 윤리적 다양성에 대한 관용을 보여줄 수 있을 것이다.

- 고등 교육 기관은 서비스 러닝에 참여함으로써 사회 정의와 다양성과 관련된 사회적, 정치적 문제를 보다 깊이 있는 수준에서 비판할 수 있는 능력도 향상되므로 서비스 러닝을 교육과정에 통합할 것을 권고 받았다.

- 문제 해결을 수행하는 데 있어 높은 수준의 기능이 필요하므로 학생은 서비스 러닝에 참여할 수 있어야 한다. 서비스 러닝 동안의 상호 작용, 토론 및 활동은 학생의 사회적 및 정치적 문제를 효과적으로 분석하는 능력을 향상한다. 마지막으로, 서비스 러닝은 모든 이해관계자가 학생의 기능과 정치적 이해를 연마하는 데 이상적인 환경을 제공하는 데 도움이 될 수 있다고 결론지었다. 서비스 러닝 프로젝트에 참여하는 학생은 지역 정책 문제에 대해 긍정적인 관점을 가지고 있으므로 보다 민주적인 시민이 될 수 있다는 것이 매우 분명하다.

이 책은 파키스탄의 아흐마드(Ahmad)와 굴(Gul) 교수가 공동으로 집필하여 2024년에 처음으로 출판된 『Service−learning: Theory and practice』를 우리말로 완역한 것이다. 서비스 러닝은 교실에서의 학습과 지역사회에 대한 봉사를 연결하는 교수·학습 방법이다. 서비스 러닝은 학습자의 사회적·도덕적·정치적·시민적·지적·인성 발달에 매우 효과적이기에, 1960년대 중반 이후로 학계에서 급속한 인기를 누렸다. 서비스 러닝은 특히 민주시민교육에서 매우 중요하다. 그 이유는 서비스 러닝이 학생들의 학습 경험을 향상하고, 사회적 책임감을 증진하며, 민주 시민으로서의 역량을 발달시키기 때문이다.

역자들이 보기에 서비스 러닝이 민주시민교육에서 중요한 이유는 크게 보아 다섯 가지다. 첫째, 서비스 러닝은 학생들에게 실생활 경험을 제공한다. 서비스 러닝은 학생들에게 이론적 지식뿐만 아니라 현실 세계에서의 경험도 제공한다. 학생들은 실제 사회적 문제나 이슈를 직접 경험하고, 이를 해결하기 위한 실질적인 노력을 경험함으로써 학습을 더욱 의미 있고 실제적으로 만든다.

둘째, 서비스 러닝은 학생들의 사회적 책임감을 강화한다. 서비스 러닝은 학생들에게 사회적 책임감을 심어준다. 학생들은 지역사회에 대한 봉사 활동을 통해 사회적으로 도움이 필요한 이웃에게 봉사를 제공함으로써 자신의 역할을 깨닫고, 사회에 기여하는 중요성을 이해하게 된다.

셋째, 서비스 러닝은 학생들의 지역사회 참여를 촉진한다. 서비스 러닝은 학생들을 지역사회 참여와 협력에 관여하도록 권면한다. 학생들은 함께 문제를 해결하고 목표를 달성하기 위해 협력하며, 지역사회 구성원으로서 책임과 역할을 이해하고 실천할 수 있다.

넷째, 서비스 러닝은 학생들이 학습 내용을 적용하도록 유도한다. 서비스 러닝은 학습 내용을 현실 세계의 상황에 적용하는 기회를 제공한다. 학생들은 수업에서 배운 이론과 개념을 실제 상황에 적용하고, 실생활 문제에 대한 해결책을 찾아내는 능력을 기를 수 있다.

끝으로, 서비스 러닝은 학생들의 시민적 역량을 발달시킨다. 서비스 러닝은 학생들의 시민적 인성과 역량 발달을 촉진한다. 학생들은 자신의 능력과 자원을 활용하여 다른 사람들에게 도움을 주는 경험을 통해 자신감을 키우고, 리더십, 커뮤니케이션, 문제 해결 등의 기술을 발달시킬 수 있다.

이 책은 다양한 맥락에서 서비스 러닝이 어떻게 이해되고, 실행되고, 평가되는지에 대한 이론, 연구, 사례를 탐구한다. 이 책은 서비스 러닝의 원칙, 철학적 과제, 기회 및 적용에 대한 광범위한 논의를 통해 교육 기관에서 서비스 러닝을 구현하고 통합하는 데 필수적인 지침을 제공한다. 이 책은 서비스 러닝 이론, 서비스 러닝의 개념, 서비스 러닝에 대한 도전 과제, 서비스 러닝의 적용, 전문성 개발로서의 서비스 러닝, 커뮤니케이션으로서의 서비스 러닝 등과 같은 핵심 주제를 담고 있다. 이 책은 교수법, 교육학, 사회학, 사회사업 분야에서 일하는 교수, 학생, 지역사회 조직, 연구자들이 관심을 가질 만한 책이다.

번역 기간의 단축을 위해 우리는 먼저 분업에 충실하였다. 그래서 2023년 겨울 방학 동안에 이 책의 1~7장은 추병완 교수가 8~14장은 이범웅 교수가 각각 번역하였다. 그 후 우리는 공동 작업을 통해 용어를 통일하고 문맥을 다듬는 데 주력하였다. 아울러, 독자에게 상세한 설명이 필요한 곳에는 역주를 표기하는 작업을 수행하였다. 역자들이 서로 알게 된 것이 1985년 3월이므로, 40년 가까운 긴 세월을 우리는 동고동락하며 지내왔다. 이 책의 번역 작업은 이제 얼마 남지 않은 정년 퇴임 전에 학문적 인연의 공동 열매를 더 얻기 위한 두 사람의 의기투합에서 비롯하였다. 단기간에 번역을 마치다 보니 더러 어색한 표현이 있을 수

서비스 러닝의 이론과 실제

도 있으며, 그것은 모두 우리의 책임이다. 끝으로, 서비스 러닝에 관한 가장 최근의 저서가 우리말로 세상에 나올 수 있도록 지원해 준 춘천교육대학교 시민교육역량강화사업단과 하우 출판사 관계자 모두에게 깊이 감사드린다.

2024년 5월

추병완·이범웅